Dietmar Kahsnitz (Hrsg.)

Integration von politischer und ökonomischer Bildung?

Dietmar Kahsnitz (Hrsg.)

Integration von politischer und ökonomischer Bildung?

VS VERLAG FÜR SOZIALWISSENSCHAFTEN

Bibliografische Information Der Deutschen Bibliothek
Die Deutsche Bibliothek verzeichnet diese Publikation in der Deutschen Nationalbibliografie;
detaillierte bibliografische Daten sind im Internet über <http://dnb.ddb.de> abrufbar.

1. Auflage Dezember 2005

Alle Rechte vorbehalten
© VS Verlag für Sozialwissenschaften/GWV Fachverlage GmbH, Wiesbaden 2005

Lektorat: Frank Schindler

Der VS Verlag für Sozialwissenschaften ist ein Unternehmen von Springer Science+Business Media.
www.vs-verlag.de

Umschlaggestaltung: KünkelLopka Medienentwicklung, Heidelberg
Satz: Beate Glaubitz
ISBN-13: 978-3-531-14667-6   e-ISBN-13: 978-3-322-80756-4
DOI: 10.1007/978-3-322-80756-4

Inhalt

Dietmar Kahsnitz

Einführung: Ökonomische und politische Allgemeinbildung im gesellschaftlichen Umbruch. Konzeptionelle Herausforderungen und Probleme der Lehrerqualifikation

I

1. Seit Mitte der 90er Jahre besteht in Deutschland ein gesellschaftsweiter und parteienübergreifender Konsens darüber, dass die Jugendlichen in der allgemeinbildenden Schule umfassendere Kenntnisse über die Wirtschaft, über deren Funktionszusammenhänge, deren Bedeutung für die Gesellschaft und den Einzelnen und über ihre Handlungs- und Mitgestaltungsmöglichkeiten erwerben sollen. In Bevölkerungsumfragen sprach sich die Mehrheit für die Einführung eines Unterrichtsfachs Wirtschaft aus. Unternehmen und Wirtschaftsverbände intensivierten ihre Kooperation mit Schulen und Schülern, z.B. über Betriebserkundungen, Betriebspraktika, Juniorunternehmen, Weiterbildungsmaßnahmen für Lehrer usw. Von einer besseren wirtschaftlichen Bildung erhofft man sich eine positivere Einstellung zur Wirtschaftsordnung, zu Globalisierungsprozessen und -folgen, eine größere Aufgeschlossenheit für gesellschaftliche Reformen, eine höhere individuelle Anpassungsbereitschaft und mehr Eigen- und Mitverantwortung. Wirtschaftliche Bildung wird als ein wichtiger Beitrag zur Bewältigung unabwendbarer gesellschaftlicher Wandlungsprozesse verstanden.

2. Ausgelöst wurden die Forderungen nach einer erheblich besseren ökonomischen Bildung an den Schulen durch die verschlechterte wirtschaftliche und soziale Lage in Deutschland seit der Mitte der 90iger Jahre sowie durch eine zunehmende Unzufriedenheit mit dem Wirtschafts-, Beschäftigungs- und Sozialsystem. Nach dem Ende der kurzen Vereinigungskonjunktur wurden die Konsequenzen des zunehmenden internationalen Wettbewerbs bzw. der Globalisierung im Gefolge des Falls des eisernen Vorhanges immer deutlicher spürbar. Die Arbeitslosigkeit stieg, ebenso die Kosten ihrer „sozialen Abfederung" wie z.B. für Unterstützungszahlungen an Arbeitslose, arbeitsmarktpolitische Maßnahmen der Bundesanstalt für Arbeit, vorgezogenen Ruhestand etc. Zusätzlich zur Überalterung der Bevölkerung machte die Arbeitslosigkeit Beitragserhöhungen und höhere Bundeszuschüsse bei der gesetzlichen Kranken- und Rentenversicherung erforderlich. Eine Erhöhung der Sozialbeiträge zur Aufrechterhaltung der Sozialleistungen auf dem gewohn-

ten Niveau wurde auch wegen der negativen Auswirkungen erhöhter Lohnnebenkosten auf die Wettbewerbsfähigkeit der Unternehmen bzw. der Wirtschaft zunehmend als untragbar angesehen. Wegen des von dem intensivierten internationalen Wettbewerb ausgehenden Drucks auf das Lohnniveau und
das soziale Sicherungssystem Deutschlands nahm in der Bevölkerung die
Kritik an der Globalisierung und auch an dem marktwirtschaftlichen System
zu, obwohl Deutschland mit seiner stark exportorientierten Wirtschaft weiterhin zu den Nutznießern der Ausweitung des internationalen Handels gehört.

Im Mittelpunkt der Diskussion standen die Verschlechterung des Wirt-
schaftsstandorts Deutschland im internationalen Vergleich und Maßnahmen
zu dessen Verbesserung. Von Wirtschaftswissenschaftlern und der Wirtschaft
wurden als Ursachen häufig ein zu hohes Lohnniveau, das Tarifkartell von
Arbeitgebern und Gewerkschaften bzw. die Macht der Gewerkschaften, zu
hohe Lohnnebenkosten sowie ein zu starker Arbeitnehmerschutz (z.B. Kün-
digungsschutz) genannt und Reformen vorgeschlagen, die die Gewinne der
Unternehmen, deren Investitionsbereitschaft und damit Wachstum und Beschäftigung stärken sollten. Die Gewerkschaften und ihnen nahestehenden
Politiker präferierten dagegen Maßnahmen zur Nachfragestärkung wie Kon-
junkturprogramme und aktive Arbeitsmarktpolitik, aber auch eine Umvertei-
lung der Arbeit durch Arbeitszeitverkürzungen.

Dass Reformen zur Bewältigung der ökonomischen und sozialen Probleme unumgänglich seien, war eine weit verbreitete Auffassung. Dementsprechend stieß auch die Rede des Bundespräsidenten Herzog, nach der ein Re-
formruck durch Deutschland gehen müsse, auf breite Zustimmung. Doch
welche Regierung auch immer versucht hätte, Reformen in Angriff zu nehmen, die überkommene und liebgewonnene Besitzstände spürbar schmäler-
ten, musste mit Wahlstimmen- und Regierungsmachtverlust rechnen, insbesondere wenn die Opposition noch ankündigte, diese Reformen nach ihrem
Wahlsieg wieder zurückzunehmen. Da die Opposition in den 90iger Jahren
auch noch in der Lage war, Reformvorhaben im Bundesrat zu verhindern,
setzte sich in der Öffentlichkeit ein weitverbreitetes Bild von Reformstau,
Untätigkeit und Lähmung der Regierung gegenüber den neuen Herausforderungen fest.

Eine wesentliche Ursache für die zunehmende Unzufriedenheit mit dem
Wirtschafts-, Beschäftigungs- und Sozialsystem sowie für die unzureichende
gesellschaftliche Reform- und individuelle Anpassungsbereitschaft wurde in
mangelnden Kenntnissen der Bürger über wirtschaftliche Zusammenhänge,
Handlungszwänge und -möglichkeiten gesehen. Dem soll die ökonomische
Bildung in der Schule entgegenwirken. Durch sie sollen die Jugendlichen die
wohlstandsteigernde Funktion der (sozialen) Marktwirtschaft und der internationalen Arbeitsteilung (Internationaler Wettbewerb, Globalisierung), die Bedingungen der Wettbewerbsfähigkeit der Unternehmen und der deutschen
Wirtschaft und Notwendigkeiten sowie Möglichkeiten der Gestaltung von

Rahmenbedingungen erkennen, die die Wettbewerbsfähigkeit fördern und soziale Gerechtigkeitskriterien beachten. Sie sollen u.a. lernen, zwischen kurz- und langfristigen Wirkungen von wirtschafts- und sozialpolitischen Maßnahmen zu unterscheiden, kreislauftheoretische Zusammenhänge zu beachten und Begründungsdefizite und -inkonsistenzen von auf den ersten Blick plausibel klingenden Patentrezepten zur Lösung wirtschaftlicher und sozialer Probleme zu identifizieren. Wert-, Ziel- und Interessenkonflikte z.B. zwischen Wirtschafts- und Umweltzielen, zwischen Unternehmen und Mitarbeitern werden durch bessere Kenntnisse wirtschaftlicher Zusammenhänge zwar nicht aufgelöst, doch soll der Wirtschaftsunterricht die Jugendlichen befähigen, die Konflikte und mögliche Konfliktlösungen sachlich angemessen zu beurteilen. Gleichzeitig werden sie damit in die Lage versetzt, Scheinlösungen und Interessenspolitiken besser zu durchschauen. Letzteres kann von Politikern allerdings sowohl als Vorteil wie auch als Nachteil angesehen werden.

Von einer intensivierten ökonomischen Bildung in Schulen wird erwartet, dass sie ein Verständnis des Wirtschafts-, Beschäftigungs- und Sozialsystems und dessen Bedeutung für den Einzelnen und die Gesellschaft vermittelt, das sachlich angemessenere, anspruchsvollere und vorausschauendere Politiken und Reformmaßnahmen zur Bewältigung der gesellschaftlichen Probleme ermöglicht.

Umfassendere Kenntnisse über die Zusammenhänge, Mechanismen und Entwicklungen der Wirtschaft sollen ferner die Fähigkeit der Individuen stärken, berufliche und wirtschaftliche Aufgaben und Probleme in eigener Verantwortung zu bewältigen. Damit ist auch die Hoffnung verbunden, dass die Einsicht in die Anpassungszwänge der Wirtschaft an sich ständig ändernde Wettbewerbsbedingungen die Anpassungsbereitschaft der Individuen, ihre Flexibilitäts-, Mobilitäts- und Weiterbildungsbereitschaft erhöht, dass diese darüber hinaus zunehmend bereit werden, mehr Eigenverantwortung für ihre wirtschaftliche und soziale Lage zu übernehmen und ihre Erwartungen an den Sozialstaat zurückschrauben. Das soll indirekt die Wettbewerbsfähigkeit der deutschen Wirtschaft stärken und Arbeitsplätze sichern.

II

1. Diese gesellschaftliche Aufwertung der ökonomischen Bildung belebte sofort wieder die alte Auseinandersetzung darüber, wie die Wirtschaftsbildung zu konzipieren sei. Sollen die Jugendlichen unabhängig von landesspezifischen Wirtschafts- und Sozialordnungen grundlegende Einsichten in die Funktionsweise von erwerbswirtschaftlichen Unternehmen, von Marktwirtschaften und gesamtwirtschaftlichen Zusammenhängen, d.h. grundlegende betriebs- und volkswirtschaftliche Kenntnisse erwerben? Oder soll die Wirtschaft auch als Teilsystem einer konkreten Gesellschaft und damit auch als

das Ergebnis gesellschaftsspezifischer Werte-, Interessen-, Machtstrukturen und -auseinandersetzungen thematisiert werden und sollen die politischen Gestaltungsmöglichkeiten auch danach beurteilt werden, inwieweit sie gesellschaftliche Realisierungsmöglichkeiten mitreflektieren? Kurz: soll die wirtschaftliche Bildung als wirtschaftswissenschaftlicher Fachunterricht oder als Teil einer politischen Bildung im weiteren Sinne bzw. der Sozialkunde gestaltet werden?

Um die Antwort darauf der Beliebigkeit, individuellen Vorlieben, Standes- und Verbandsinteressen, parteipolitischem Dezisionismus u.ä. zu entziehen und wissenschaftlich zu fundieren, bedarf es einer den gegenwärtigen gesellschaftlichen Verhältnissen und Lebensbedingungen der Individuen gerecht werdenden Allgemeinbildungstheorie. Die Gestaltung der wirtschaftlichen Bildung und ihres Verhältnisses zur politischen Bildung ist somit nicht nur eine gesellschaftlich bedeutsame und hochaktuelle Fachfrage, sondern thematisiert gleichzeitig auch die Aufgabe des allgemeinbildenden Schulwesens als Ganzes und deren theoretische Begründung bzw. Begründbarkeit.

In der Öffentlichkeit entwickelte sich hierzu eine intensive Diskussion, an der die jeweiligen Fachvertreter, Elternvertretungen, Berufsverbände und eine Vielzahl von Wirtschaftsverbänden teilnahmen. Öffentliche Memoranden wurden u.a. vom Deutschen Aktieninstitut (1999), dem Deutschen Lehrerverband (DL 2000) und gemeinsam von der Bundesvereinigung der Deutschen Arbeitgeberverbände und dem Deutschen Gewerkschaftsbund (BDA, DGB 2000) erstellt. Ausführlich wurde darüber in der Presse berichtet und diskutiert. Eine substantielle Annäherung der Standpunkte ist allerdings nicht zu verzeichnen. Häufig steht die Verteidigung von Berufs-, Standes- und Verbandsinteressen sowie einmal eingenommener Positionen im Vordergrund. Die Orientierung an den Bildungsbedürfnissen und Bildungsansprüchen der Jugendlichen und eine an Wahrheits- und Konsistenzkriterien sowie an der Falsifikation eigener Ansätze ausgerichtete wissenschaftliche Argumentation treten dann dahinter zurück.

2. Die universitären Vertreter der ökonomischen Bildung sind vorwiegend der Meinung, die angestrebten Ziele könnten am besten durch einen wirtschaftswissenschaftlichen Unterricht in einem eigenständigen Fach gefördert werden. Dafür spreche auch, dass die gesellschaftlichen und politischen Aspekte der Wirtschaft nicht ohne grundlegende Kenntnisse wirtschaftlicher Zusammenhänge verstanden werden können.

Diese Begründung für ein wirtschaftswissenschaftlich ausgerichtetes Unterrichtsfach ist aber zweischneidig. Denn wenn die gesellschaftlichen und politischen Aspekte der Wirtschaft bzw. des deutschen Wirtschafts-, Beschäftigungs- und Sozialsystems nicht ohne fundiertes ökonomisches Wissen verstanden werden können, dann können sie auch nur in Verbindung mit den ökonomischen Funktionszusammenhängen unterrichtet werden. Die Berufsvereinigung der Politiklehrer/innen, die Deutsche Vereinigung für politischen Bildung, fordert deswegen die Integration von ökonomischer und politischer Bildung bzw. Sozialkunde in einem Fach.

Beispielhaft dafür, wie dieselben Ausgangsüberlegungen sowohl für die Begründung der Integration der ökonomischen Bildung in die bestehenden Fächer, aber auch für die Begründung eines eigenständigen Wirtschaftfachs herangezogen wurden und werden, sind das Memorandum des Deutschen Lehrerverbandes: „Ökonomische Grundbildung ist Allgemeinbildung" (DL 2000) und das gemeinsame Grundsatzpapier von BDA und DGB (BDA, DGB 2000): „Wirtschaft – notwendig für schulische Allgemeinbildung".

Beim Deutschen Lehrerverband heißt es: „Aufgrund der hohen *Komplexität* und der ausgeprägten *Interdisziplinarität* ökonomischer Grundfragen spricht vieles dafür, ökonomische Themen *in mehreren Fächern* zu behandeln. Die Fächer Politik/Sozialkunde, Geschichte und Erdkunde haben dabei eine *Leitfunktion"*. Die Gefahr einer Atomisierung der ökonomischen Grundbildung bei dieser Lösung wird durchaus gesehen. Eine Abstimmung zwischen Curricula und den Lehrern der Fächer gilt deshalb als unverzichtbar (DL 2000, 2). Das Grundsatzpapier von BDA und DGB stellt die Konzeption einer sozioökonomischen Bildung vor, folgert aus deren Komplexität und Interdisziplinarität jedoch die Notwendigkeit eines eigenen Fachs, in dem kontinuierlich und systematisch die notwendigen Fachkompetenzen erarbeitet werden. Das häufig vorherrschende, nur punktuelle Aufgreifen wirtschaftlicher Themen in anderen Fächern unter deren fachspezifischen Fragestellungen, z.B. in Erdkunde, Geschichte und Sozialkunde, erfülle dagegen nicht den Anspruch auf einen systematischen und kumulativen Kenntnisgewinn über das Wirtschafts- und Beschäftigungssystem (BDA, DGB 2000, 8 u. 13).

Die Auseinandersetzung darüber, ob die wirtschaftliche Bildung in einem eigenständigen Fach zu unterrichten sei, bezieht sich bei näherem Hinsehen nur auf die Gymnasien. Denn an den Haupt- und Realschulen der meisten Bundesländer gibt es mit der Arbeits- bzw. Wirtschaftslehre bereits eigenständige, aus der Sozialkunde ausdifferenzierte Unterrichtsfächer, die die Wirtschaft und die Berufswahlsituation zum Gegenstand haben. Im allgemeinen thematisiert dieser Unterricht die Wirtschaft als gesellschaftliches Teilsystem. Er behandelt neben den ökonomischen auch die gesellschaftlichen, politischen, rechtlichen und teilweise auch die technischen Aspekte der Wirtschaft. Die Vertreter der Gymnasialfächer beharren dagegen auf einer unterrichtlichen Behandlung der Wirtschaft im Rahmen der bereits bestehenden Fächer, weil sie nicht zu Unrecht befürchten, dass eine Ausdifferenzierung der Wirtschaftsthemen zu einer Reduzierung des Stundenanteils der tradierten Fächer führt. Eine Ausweitung der ökonomischen Bildung innerhalb dieser Fächer hat allerdings die gleiche Wirkung.

Ein wichtiges Entscheidungskriterium für die Organisation des Wirtschaftsunterrichts in einem eigenständigen Fach oder integriert in die Sozialkunde bzw. politische Bildung wäre ferner, ob und wie die fachliche Qualifikation der Lehrkräfte für die jeweilige Konzeption und Organisation der ökonomischen Bildung gewährleistet werden kann. Der Forderung, die wirtschaftliche Bildung auf die bestehenden Unterrichtsfächer zu verteilen, halten BDA und DGB z.b. entgegen, es sei illusionär zu glauben, die dafür notwendigen wirtschaftlichen Fachkenntnisse könnten auch im Rahmen oder neben den Fachstudien von Erdkunde, Geschichte, politische Bildung und Sozialkunde erworben werden. Die für die sozioökonomische Bildung erforderlichen interdisziplinären Fachkompetenzen seien nur in einem eigenständigen Studiengang zu erwerben (BDA, DGB 2000, 13). Dessen Einrichtung setzt aber voraus, dass es auch ein entsprechendes eigenständiges Unterrichtsfach gibt.

3. Die Antwort der Kultusministerkonferenz auf die Forderung von BDA und DGB, für die sozioökonomische Bildung ein Unterrichtsfach Wirtschaft einzuführen, war ein erneutes Bekenntnis zur Stärkung der wirtschaftlichen Bildung in den Schulen, aber auch eine klare Absage an „die Einführung eines neuen verbindlichen Unterrichtsfaches ‚Wirtschaft‘ für alle Schüler...“ (KMK 2000). Die Tatsache, dass Bayern und Thüringen ein Unterrichtsfach „Wirtschaft und Recht“ an Gymnasien haben und es das Fach Wirtschaftslehre in Haupt- und Realschulen anderer Bundesländer gibt, spielte weiter keine Rolle für das klare Votum, dass die wirtschaftliche Bildung im Rahmen bestehender Unterrichtsfächer gestärkt werden sollte.

Dieser Verlautbarung der Kultusministerkonferenz folgten bald entsprechende Taten. Einzelne Bundesländer begannen, den Zeitanteil für Wirtschaftsthemen in der Sozialkunde bzw. politischen Bildung deutlich zu erhöhen und kürzten dafür meist den für die sozialkundlichen (politischen) Themen:

- Hessen erweiterte z.B. den Unterrichtsanteil für Wirtschaftsthemen in der Sozialkunde an Gymnasien auf die Hälfte, reduzierte gleichzeitig die Gesamtunterrichtszeit und benannte das Fach in „Politik und Wirtschaft“ um (ab Schuljahr 2001/2002).
- Baden-Württemberg erhöhte den Wirtschaftsunterricht auf ca. ein Drittel der Unterrichtszeit für den Fächerverbund Geografie/Wirtschaft/Gemeinschaftskunde an Gymnasien bei konstanter Gesamtunterrichteszeit, d.h. auch zu Lasten der sozialkundlichen Themen. In der Oberstufe wird im Rahmen eines Schulversuchs das Neigungsfach Wirtschaft angeboten (2003/2004).
- Nordrhein-Westfalen weitete die ökonomische Bildung im Rahmen der Fächer Gesellschaftslehre, Arbeitslehre, Erdkunde, Geschichte in allen Schulformen der Sekundarstufe I aus (2004/2005). In der gymnasialen Oberstufe kann im Integrationsfach Sozialwissenschaften der Schwer-

punkt Wirtschaftswissenschaften mit zwei Dritteln der Unterrichtszeit gewählt werden (2003/2004).

- Hamburg dagegen räumte der ökonomischen Bildung mehr Zeit ein, indem die Gesamtunterrichtszeit für das Fach Politik/Gesellschaft/Wirtschaft (Gemeinschaftskunde) erhöht wurde (2003/2004).

Auf bildungspolitischer Ebene ist somit die Entscheidung für eine Zusammenfassung von ökonomischer und politischer Bildung gefallen. Auch wenn dieses von Vertretern der ökonomischen und politischen Bildung kritisiert wird – von Vertretern der politischen Bildung, weil diese Entwicklung i.d.R. zu Lasten der politischen Bildung geht, von Vertretern der ökonomischen Bildung, weil die Unterrichtszeit für Wirtschaftsthemen noch nicht ausreiche und sie weiterhin auf ein eigenständiges Unterrichtsfach pochen –, müssen sie sich darauf einstellen, dass sich an dieser bildungspolitischen Grundsatzentscheidung auf absehbare Zeit nichts ändern wird. Davon ausgehend gilt es zu überlegen, wie die Zusammenfassung von ökonomischer und politischer Bildung konzeptionell zu gestalten ist, um eine möglichst hohe Bildungswirkung bei den Jugendlichen zu erzielen.

Für die Schule ist zu fragen, ob und welche Unterrichtskonzeptionen sich für die Integration von ökonomischer und politischer Bildung theoretisch begründen lassen oder ob diese aus konzeptionellen Gründen weitgehend unabhängige, additive Bestandteile unter dem Dach desselben Fachs bleiben müssen. Gibt es Unterrichtskonzeptionen, die die von den Fachvertretern beklagten Nachteile der Zusammenfassung beider Teilbildungen (weitgehend) reduzieren können? Kann die Integration u.U. zu Synergieeffekten führen, die die beklagten Nachteile sogar mehr als aufwiegen? Inwieweit gibt es Übereinstimmungen und Annäherungsmöglichkeiten zwischen verschiedenen Konzeptionen und inwieweit sind die Unterschiede prinzipieller und unüberbrückbarer Natur?

Für die Lehrerbildung ist das zentrale Problem, ob die Lehrer/innen für die Behandlung der Wirtschaftsthemen im Unterricht hinreichend wissenschaftlich qualifiziert werden können, ohne ihre wissenschaftliche Qualifikation für die gesellschaftlichen und politischen Themen im Studium zu gefährden. Welche Konsequenzen sind aus den Unterrichtskonzeptionen für die Lehrerbildung zu ziehen? Wie sind vor dem Hintergrund dieser Überlegungen die Vorstellungen, Pläne und Maßnahmen zur Anpassung der Lehrerausbildung an die neuen Lehrpläne in den jeweiligen Bundesländern zu beurteilen?

III

Der Klärung dieser Fragen diente die Arbeitstagung „Integration der ökonomischen in die politische Bildung – theoretische Konzeptionen und Konsequenzen für die Lehrerbildung", die im November 2003 an der Johann Wolfgang Goethe-Universität Frankfurt am Main von dem Institut für Arbeitslehre und Politische Bildung durchgeführt wurde. An ihr nahmen Fachvertreter aus Universitäten, Kultusministerien sowie Instituten der Lehreraus- und Lehrerweiterbildung aus ganz Deutschland teil.

Behandelt und ausführlich diskutiert wurde die Integrationsproblematik aus der Perspektive der politischen Bildung (Prof. Hedtke, Universität Bielefeld), aus der Perspektive der ökonomischen Bildung (Prof. Kruber, Universität Kiel) und aus der Perspektive der sozioökonomischen Bildung (Prof. Kahsnitz, Universität Frankfurt am Main). Prof. Hedtke sprach gleichzeitig als Vertreter und im Namen der Deutschen Vereinigung für Politische Bildung (DVPB) und Prof. Kruber als Vertreter und im Namen der Deutschen Gesellschaft für ökonomische Bildung (DeGöB). Anschließend wurden die Konsequenzen aus den vorgestellten theoretischen Unterrichtskonzeptionen für die Lehrerbildung vorgetragen und diskutiert. Welche Vorstellungen und Konzeptionen die jeweiligen Kultus- bzw. Wissenschaftsministerien zur Anpassung der Lehrerbildung an die neuen Lehrpläne haben, stellten Herr Brüser-Sommer für Baden-Württemberg, Herr Speck für Hamburg und Frau Eisenbraun für Hessen zur Diskussion vor.

Der vorliegende Band enthält die erweiterten Tagungsvorträge. Die zusammenfassende Wiedergabe der Diskussionen ließ sich leider nicht realisieren, erübrigte sich teilweise aber auch, weil die Referenten Einwände und Anregungen der Tagungsteilnehmer bei der Überarbeitung der Referate aufgriffen.

Der Titel des Buches weicht von dem Tagungsthema ein wenig ab. Gegenstand der Arbeitstagung war die von der Bildungspolitik vollzogene Integration bzw. Zusammenführung der ökonomischen mit der politischen Bildung in den jeweiligen Lehrplänen. Vertreter der ökonomischen Bildung kritisierten jedoch, das Tagungsthema erwecke den Eindruck, die Integration sei auch theoretisch schon vorentschieden und nicht mehr für eine wissenschaftliche Diskussion offen. Diesem Einwand soll mit dem Buchtitel „Integration von ökonomischer und politischer Bildung?" Rechnung getragen werden.

Hedtke geht von einer wechselseitigen Abhängigkeit von ökonomischer und politischer Bildung aus, die bisher theoretisch ungeklärt ist, da bis heute eine Konzeption einer sozialwissenschaftlichen (Allgemein-)Bildungstheorie fehlt. Er plädiert für ein multidisziplinäres und integratives Rahmenfach Sozialwissenschaften, das die ökonomische, politische und gesellschaftliche Bildung mit ihren Bezugswissenschaften Soziologie, Politologie und Wirtschaftswissenschaften umfasst. Im Unterricht soll es sowohl ein systematisch-fachliches, kumulatives Lernen wie auch integrativ zu behandelnde Themen geben. Näher ausgeführt werden Integrationsnotwendigkeiten, die aus Problemen, Aufgaben und Entwicklungen in den Bereichen der Sozialwissenschaften, der Fachdidaktikwissenschaften, der Lernsubjekte und der Lernorganisation resultieren. Im Bereich der Sozialwissenschaften ergeben sich Integrationstendenzen u.a. aus den nicht hinreichend wahrgenommenen interdisziplinären Zügen der einzelnen Fachwissenschaften sowie aus deren Pluralismus der Erkenntnisweisen und Paradigmen, im Bereich der Fachdidaktikwissenschaften aus gemeinsamen Problemen und Aufgabenfeldern und deren situativen Konzepten. Ebenso dürfen die Lernsubjekte nicht mit der Aufgabe alleine gelassen werden, die Inhalte und Methoden der ökonomischen und politischen Bildung in eine sozialwissenschaftliche Weltsicht zu integrieren. Anschließend werden fünf Grundtypen von Integration (formale, inhaltliche, methodische, konzeptionelle, intentionale) unterschieden, die eine differenzierte Analyse der Integrationsproblematik erlauben und als Konstruktionshilfe für integrative Konzepte dienen sollen. Die häufig vorgetragenen Nachteile einer Integration werden als empirisch nicht belegt, als nicht integrationsspezifisch oder als nicht fachspezifisch zurückgewiesen. Dem gegenüber stehen näher ausgeführte Synergieeffekte der Integration. Zur weiteren Klärung der Integrationsproblematik müssten die betreffenden Fachdidaktikwissenschaften kooperieren und gemeinsam eine sozialwissenschaftliche Bildung konzipieren, statt sich voneinander abzugrenzen.

Kruber geht von einer fachwissenschaftlichen Ausrichtung der ökonomischen und der politischen Bildung aus. Die Heranwachsenden sollen zur Bewältigung komplexer Lebenssituationen qualifiziert werden. Diese sind Gegenstand einer Vielzahl verschiedener Fachwissenschaften. Eine Beschränkung auf bestimmte fachliche Perspektiven für den Unterricht ist deshalb unumgänglich. Er entscheidet sich für die Wirtschaftswissenschaften, insbesondere die Volkswirtschaftslehre, und die Politikwissenschaften als Bezugswissenschaften der ökonomischen und der politischen Bildung. Integrierbar wären diese nur, wenn es für die Bezugswissenschaften eine gemeinsame, übergeordnete Theorie der Sozialwissenschaften gäbe. Die ist aber trotz theoretischer Annäherungen in Teilbereichen dieser Einzeldisziplinen nicht in Sicht. So wie gemeinsame Gegenstandsbereiche der Fachwissenschaften wie z.B. Wirtschafts-, Steuer- und Sozialpolitik und wechselseitige Durchdringung von Politik und Wirtschaft in der Gesellschaft in den Fachwissenschaften jeweils aus deren theoretischer Perspektive behandelt werden, soll dies auch im Unterricht geschehen. Ökonomische und politische Bildung sind überlappend, ergänzend bzw. komplementär, nicht aber integrativ zu konzipieren. Im Unterricht sollen strukturelle, grundlegende Einsichten der jeweiligen Fachwissenschaften (= Stoffkategorien) vermittelt werden. Als Spezifikum der ökonomischen Bildung wird das Denken in den Kategorien der ökonomischen Verhaltenstheorie, in Systemzusammenhängen und in ordnungspolitischen Zusammenhängen ausgeführt. Um die Fähigkeit zu entwickeln, in ökonomischen und politischen Kategorien zu denken, bedarf es für die Auswahl der konkreten Unterrichtsinhalte weiterer Leitfragen. Über die fachwissenschaftliche Ausrichtung der ökonomischen Bildung weist die Forderung hinaus, bei der Behandlung der ausgewählten Lebenssituationen auch normative Fragen wie die nach dem Sinn von Konsum, Arbeit und Beruf anzusprechen. Die fachliche Trennung von ökonomischer und politischer Bildung sei auch Voraussetzung u.a. für ihre angemessene Verankerung in den Stundentafeln und Lehrplänen und für eine qualifizierte Lehrerausbildung. Werden sie zu einem Doppelfach zusammengefasst, ist auf einen zeitlichen und inhaltlichen Mindestumfang beider Teilbildungen zu achten. Problematisch ist die wissenschaftliche Qualifizierung in beiden Fachwissenschaften innerhalb eines Studiengangs für das Doppelfach, selbst wenn hierfür ein lehramtspezifisches Studienangebot zur Verfügung gestellt würde. Wegen dieses Problems der wissenschaftlichen Qualifizierung der Lehrkräfte ist auch eine Ausweitung des Fachs zur Sozialkunde, die zusätzlich soziologisches Fachwissen zu vermitteln hätte, abzulehnen.

Kahsnitz hebt hervor, dass eine wissenschaftliche Aussage darüber, ob, wie und welche der konkurrierenden Konzeptionen der ökonomischen und der politischen Bildung integriert werden können oder sollen, eine sozialwissenschaftliche Allgemeinbildungstheorie voraussetzt. Die existierenden fachwissenschaftlichen Unterrichtskonzeptionen kritisiert er als unzureichend begründet. Auch widersprechen sie aus strukturellen Gründen den von ihnen selbst in Anspruch genommenen didaktischen Ansätzen. Skizziert wird sodann eine sozialwissenschaftliche Bildungstheorie, die an den normativen Grundlagen, der Komplexität und Dynamik moderner Gesellschaften und den Entfaltungs- und Selbstbestimmungsansprüchen der Individuen ausgerichtet ist. Sie dient der Begründung einer umfassenden gesellschaftlichen Bildung im Rahmen eines Unterrichtfachs „Individuum und Gesellschaft" (Sozialkunde). Die Heranwachsenden sind darin über fünf fundamentale gesellschaftliche Zusammenhangsbereiche/Inhaltsbereiche (normative Grundlagen moderner Gesellschaften; gesellschaftliche Konstitution von Individualität; Arbeit, Wirtschaft und soziale Sicherung; Funktion von Staat und Demokratie; Voraussetzungen und Folgen gesellschaftlicher Modernisierungsprozesse) zu unterrichten, damit sie ihre Entfaltungs- und Autonomieansprüche wahrnehmen und die gesellschaftlichen Bedingungen dafür mitgestalten können. Die fünf Inhaltskomplexe sind interdisziplinär und integrativ zu behandeln. Die relevanten Bezugsdisziplinen sind die Soziologie, Politologie sowie die Betriebs- und Volkswirtschaftslehre. Der interdisziplinäre Unterricht kann es durchaus erforderlich machen, dass fachwissenschaftliche Lehrgänge eingeschoben werden. Die Wirtschaft ist als ein von Wert-, Interessen- und Machtkonflikten und -strukturen mitgeprägter gesellschaftliche Teilbereich zu thematisieren (sozioökonomische Bildung). Sozioökonomische und politische Bildung sind analytisch zu unterscheidende Teilgebiete der umfassenderen gesellschaftlichen Bildung. Sie beziehen sich auf unterschiedliche gesellschaftliche Funktionsbereiche, weshalb keine in die andere integriert werden kann. Die wissenschaftliche Qualifizierung der Lehrkräfte für das Unterrichtsfach macht eine sozial- bzw. wirtschaftwissenschaftliche Schwerpunktbildung im Studium mit verpflichtender Weiterbildung in dem jeweils anderen Schwerpunkt notwendig. Erforderlich ist ein lehramtsspezifisches Lehrangebot.

Brüser-Sommer berichtet von der Ausweitung der ökonomischen Bildung im Zusammenhang mit der Einführung von Bildungsstandards in *Baden-Württemberg*. Zum Ausdruck kommt das in dem Fächerverbund Geografie-Wirtschaft-Gemeinschaftskunde (GWG) an Gymnasien, wobei Wirtschaft als Teil der Geografie und Gemeinschaftskunde, nicht aber als eigenständiges Fach konzipiert ist. Ergänzt wird dieser fachwissenschaftlich-systematische Unterricht durch so genannte integrative Module, in denen fächerübergreifende Themen mit gesellschaftlichen, politischen, geografischen und wirtschaftlichen Verflechtungen behandelt werden. Damit soll sowohl dem wissenschaftspropädeutischem Charakter der Fächer im Gymnasium entsprochen wie auch eine Vernetzung der Fachinhalte erreicht werden. Im Rahmen eines Schulversuchs wird aber auch ein Neigungsfach Wirtschaft in den Klassen 12 und 13 angeboten. Um die Lehrer für den verstärkten Wirtschaftsunterricht besser zu qualifizieren, wurde im Studium der Gemeinschaftskunde der Anteil der wirtschaftlichen Studien auf ein Viertel erhöht. Angestrebt ist ein universitärer Studiengang, der eine Doppelqualifikation in Politikwissenschaften und Wirtschaftswissenschaften vermittelt. Wie die Hochschulen das realisieren, ist noch ungeklärt.

Hamburg verstärkte die ökonomische Bildung durch die Erhöhung der ökonomischen Anteile in den gesellschaftswissenschaftlichen Fächern und der Arbeitslehre, durch den Auftrag aller Schulen zur Berufsorientierung und durch die Einführung des Fachs Politik/Gesellschaft/Wirtschaft an Gymnasien mit doppeltem Stundenkontingent. An einigen wenigen Gymnasien wird ein Fach Wirtschaft in der Oberstufe angeboten. Für die Qualifizierung der Lehrkräfte des Fachs Politik/Gesellschaft/Wirtschaft ist ein neuer Lehramtsstudiengang geplant: Im Grundstudium sind die Disziplinen Politologie, Soziologie und Wirtschaftswissenschaften zu studieren. Im Hauptstudium für das Lehramt an der Oberstufe kann der Schwerpunkt Politik/Zeitgeschichte oder Wirtschaft gewählt werden. *Speck* weist auf die Realisierungsprobleme eines derartigen Curriculums hin, wenn die daran beteiligten Fachwissenschaften auf mehrere Fachbereiche verteilt und nicht in der Lage oder bereit sind, lehramtsspezifische Studienangebote einzurichten. Kritisiert werden von ihm auch die universitären Fachdidaktiker, die sich vornehmlich damit befassen, was gelernt werden soll und welche Bildungsstandards zu erreichen sind. Zu den empirischen Lernprozessen der Jugendlichen, dazu, was in welcher Lern- und Altersstufe erfolgversprechend unterrichtet werden kann, bieten sie den Lehrplangestaltern und Lehrkräften aber äußerst wenig wissenschaftlich fundierte Hilfen.

IV

Mit der Veröffentlichung der überarbeiteten Tagungsbeiträge ist die Hoffnung verbunden, dass diese sich als ein bedeutsamer Impuls für die wissenschaftliche Diskussion in den Fachdidaktiken erweisen und dass sie für Lehrplanentwicklungen wichtige Anregungen und Begründungen bieten.

Abschließend gilt es noch Dank auszusprechen: dem Präsidenten der Universität Frankfurt für die materielle Unterstützung der Tagung und den Mitarbeiter/innen des Instituts für Arbeitslehre und Politische Bildung für ihr großes Engagement zum Gelingen der Tagung und zum Erscheinen des Tagungsbandes.

Literatur

Deutsches Aktieninstitut (1999) (Hg.): Memorandum zur ökonomischen Bildung. Ein Ansatz zur Einführung des Schulfaches: Ökonomie an allgemeinbildenden Schulen. Frankfurt am Main

Deutscher Lehrerverband (DL)-aktuell (2000): Memorandum: Ökonomische Grundbildung ist Teil der Allgemeinbildung (Mai 2000). www.lehrerverband.de/memoekon.htm

Bundesvereinigung der Deutschen Arbeitgeberverbände (BDA) und Deutscher Gewerkschaftsbund (DGB) (2000): Wirtschaft – notwendig für schulische Allgemeinbildung. Berlin: August 2000. www.sowi-online.de/reader/oekonomie/dgb_pm.htm

Kultusministerkonferenz (KMK) (2000): Pressemitteilung des Präsidenten vom 21.08.2000 Wirtschaftliche Bildung an Schulen stärken. www.sowi-online.de/reader/kmk_pm.htm

Reinhold Hedtke

Gemeinsam und unterschieden
Zum Problem der Integration von politischer und ökonomischer Bildung

Ökonomisches und politisches Lernen sowie ökonomische und politische Bildung hängen eng zusammen. Politische Bildung gelingt nur dann, wenn sie ökonomische Kompetenzen mobilisieren kann. Ökonomische Bildung scheitert, wenn sie nicht auf politische Kompetenzen zurückgreifen kann.

Diese wechselseitige Abhängigkeit ist fachdidaktisch theoretisch und praktisch höchst relevant – und ein fachdidaktikwissenschaftlich[1] ungelöstes

---

1 Ich spreche von „Fachdidaktikwissenschaft" statt wie üblich von Fachdidaktik, um dem Komplementärbegriff „Fachwissenschaft" einen konnotativ angemessenen Begriff gegenüberzustellen, schließlich handelt es sich in beiden Fällen um *wissenschaftliche* Disziplinen, die sich als Wissenschaft an den üblicherweise an Wissenschaftlichkeit gerichteten Ansprüchen messen lassen müssen, im Wesentlichen am Kriterium der Wahrheit. Fachdidaktikwissenschaft ist in diesem Sinne vor allem Wissenschaft, Fachdidaktik vor allem Praxis. Für

Problem. Denn eine systematische Konzeption sozialwissenschaftlicher Bildung, die ökonomische und politische Allgemeinbildung umfasst, ohne ihre Unterschiede aufzuheben, fehlt bis heute. Politikdidaktik und Wirtschaftsdidaktik sind zwei eigenständige und getrennte Disziplinen. Sie haben inhaltlich, thematisch und methodisch sehr viele Gemeinsamkeiten, aber sie kommunizieren nicht miteinander. Sie halten maximale Distanz und verzichten darauf, voneinander zu lernen. Wie ökonomisches und politisches Lernen zusammenhängen, ob, wozu und wie man ökonomische, politische und gesellschaftliche[2] Bildung sinnvoll in Bezug setzen kann, ist weitgehend ungeklärt. Der Stand fachdidaktikwissenschaftlichen Wissens dazu ist ebenso desaströs. Angesichts dieser Zustände fällt es gar nicht weiter auf, dass die Soziologie und gesellschaftliches oder soziologisches Lernen willkürlich ausgegrenzt werden – ein unhaltbarer Zustand. Man stelle sich das für den naturwissenschaftlichen Fächerbereich vor: es gäbe eine Didaktik der Biologie, eine Didaktik der Physik – und eine Fehlanzeige für eine Didaktik der Chemie.

Im Thema des Symposiums „Integration der ökonomischen in die politische Bildung – theoretische Konzeptionen und Konsequenzen für die Lehrerbildung"[3] kommt die implizite Erwartung zum Ausdruck, es existierten theo-

---

professionelles Handeln gilt nicht in erster Linie das Kriterium der Wahrheit, sondern das der Angemessenheit; als *reflektiertes* Handeln, nicht als angemessenes Handeln allein, ist professionelle fachdidaktische Praxis *auch* auf Wissenschaftlichkeit verpflichtet (vgl. zur Einführung Kurtz 2002, 47-66).
Entsprechend unterscheide ich die Begriffe „fachdidaktikwissenschaftlich" und „fachdidaktisch" ähnlich wie man „wirtschaftswissenschaftlich" und „wirtschaftlich" oder „politikwissenschaftlich" und „politisch" unterscheidet. So wie man die betriebliche Traineephase eines Absolventen der Wirtschaftswissenschaften als „wirtschaftliche" oder „betriebliche" Ausbildung, nicht aber als „wissenschaftliche" Ausbildung bezeichnen würde, werden etwa angehende Lehrerinnen in der Hochschule (u.a.) fachdidaktikwissenschaftlich ausgebildet, wenn es vor allem darum geht, sich fachdidaktikwissenschaftliche Theorien, Methoden und Ergebnisse anzueignen (durchaus schon mit Blick auf deren Relevanz auch für eine professionelle Praxis), während sie im Referendariat eine fachdidaktische Ausbildung genießen (sollten), um professionelles Handeln zu lernen. Völlig unberührt davon bleibt, dass sowohl auf die Ausbildung der Trainee wie auf die der Referendarin wissenschaftliche Erkenntnisse und Methoden angewendet werden oder werden können. Aus ästhetischen Gründen verzichte ich meist auf die konsequente Übertragung auf Komposita wie Politikdidaktik, die dann Politikdidaktikwissenschaft genannt werden müssten.

2   Soziologische Inhalte und Themen spielen in Konzeptionen politischer Bildung eine teilweise große Rolle, aber die Politikwissenschaft dominiert meistens, und eine Didaktik der Soziologie existiert nicht. Dennoch führe ich den Begriff „gesellschaftliche Bildung" als ständige Erinnerung an diese systematische Lücke meistens mit.

3   Der hier vorgelegte Text ist aus einem Vortrag zu diesem Symposium hervorgegangen (Frankfurt am Main 2003). – Selbstverständlich müsste man die Tatsache, dass ökonomische Themen derzeit so prominent sind und dass ihnen ein breiterer Raum in der schulischen Bildung eingeräumt werden soll, politisch und sozialwissenschaftlich differenziert analysieren und diskutieren; dies kann hier nicht geleistet werden. Verstärkungseffekte durch den herrschenden Zeitgeist liegen auf der Hand. Der aber dürfte seinen Zenit schon bald erreicht haben. Deshalb sollten die sozialwissenschaftlichen Fachdidaktikwissenschaften darauf vorbereitet sein, dass schon morgen oder übermorgen andere Themenbereiche aufgewertet werden

retische Konzeptionen für *dieses spezielle* Problem der Integration. Diese Erwartung halte ich für etwas zu optimistisch. Denn es gibt kaum Konzeptionen für das Integrationsproblem *an sich*. Ich bin auch nicht übermäßig optimistisch, ob die Fachdidaktiken derzeit in der Lage sind, die vier Fragen, die dem Symposium gestellt waren, angemessen zu beantworten: (1) Welche theoretischen Konzeptionen gibt es für die Integration der erheblich umfassenderen Behandlung von Wirtschaftsthemen in die politische Bildung? (2) Gibt es Konzeptionen, die die von den Fachvertretern beklagten Nachteile weitgehend reduzieren können? (3) Kann die Integration zu Synergieeffekten führen, die die beklagten Nachteile aufwiegen können? (4) Inwieweit gibt es Übereinstimmungen bei den verschiedenen Konzeptionen und inwieweit sind die Unterschiede prinzipieller Natur?

Ich werde im Folgenden vor allem die ersten drei Fragen bearbeiten, gebe meiner Argumentation aber eine andere Struktur. Zunächst stelle ich einige aktuelle Vorschläge zur Integration von ökonomischer und politischer Bildung vor, um in die Thematik einzuführen. Im zweiten Kapitel begründe ich meinen Begriff von Integration, beschreibe die Probleme der Integration aus Sicht der Sozialwissenschaften und der Fachdidaktikwissenschaften sowie der Lernenden und begründe die Aufgabe, ein Integrationskonzept zu entwickeln. Das nächste Kapitel zeigt, wie breit das Spektrum der Formen von Integration ist und welche vielfältigen Alternativen es in der Praxis sozialwissenschaftlicher Bildung bietet. Im vierten Kapitel diskutiere ich, welche Folgen zu erwarten sind, wenn man politische und ökonomische Bildung integriert.

1. Aktuelle Positionen zur Integration

Zur Einstimmung in die Problematik skizziere ich jüngere Positionen zum Zusammenhang von politischer und ökonomischer Bildung, die es erlauben, Grundprobleme der Integration und mögliche Lösungsansätze exemplarisch zu beobachten.

1.1 Modernisierung der ökonomischen Bildung

Die DVPB – ich zitiere aus der Selbstdarstellung auf der Homepage – „vertritt entschieden die Notwendigkeit eines speziellen Unterrichtsfachs für Politische Bildung – es mag ‚Politik', ‚Sozialkunde' oder anders genannt werden –, das sich auf sozialwissenschaftliche Disziplinen (Politische Wissenschaft, Ökonomie, Soziologie usw.) als Bezugswissenschaften stützt. Sie ver-

---

und von der Schule etwa gefordert wird, mehr rechtliche, technische oder medizinische Themen aufzugreifen. Die Memoranden und Resolutionen dazu sind alle schon geschrieben.

steht sich daher ausdrücklich als Fachverband der Fachlehrer und Fachlehrerinnen eines solchen Faches" (DVPB 2004).

Programmatisch vertritt die DVPB also einen multidisziplinären und integrativen Anspruch, der durch die Formulierung „und so weiter" für unterschiedliche Schulfach-Kombinationen sozialwissenschaftlicher Bezugsdisziplinen offen ist. Diese Position passt auch zur bunten Vielfalt der einschlägigen Fächer in den Bundesländern.

Auf dem Höhepunkt der Debatte um die Einführung eines selbstständigen Faches Wirtschaft hat die Deutsche Vereinigung für Politische Bildung Nordrhein-Westfalen ihre Position zur ökonomischen Bildung in einigen Forderungen ausgedrückt (DVPB 2000)[4]; sie lauten:

1. den Bestand der Politischen Bildung erhalten, d.h. keine Kürzung der Stundentafel für die Fächer der Politischen Bildung;
2. die Integration in den Kernfächern der Politischen Bildung sichern, d.h. der integrative Ansatz mit Politikwissenschaft, Soziologie und Ökonomik soll beibehalten werden, auch im Studienfach Sozialwissenschaften;
3. den Themenkomplex Wirtschaft im Kontext der Politischen Bildung lassen, auch um den Primat der Politik in der Demokratie zu unterstützen und eine Entpolitisierung zu verhindern;
4. den Pluralismus der Ansätze gewährleisten, d.h. ein Schulfach Sozialwissenschaften soll die monoparadigmatisch ausgerichtete Ökonomik relativieren.

Diese Position, die in der konkreten politischen Auseinandersetzung um die Schulfachfrage Stellung bezieht, legt sich damit auf Multidisziplinarität und Integration fest, kombiniert dies aber mit einer grundsätzlichen Bereitschaft, die ökonomische Bildung in der politischen Bildung zu modernisieren (Hartwich 2000). Modernisierung heißt in diesem Kontext, eine inhaltliche Curriculumrevision bei den Fächern der politischen Bildung vorzunehmen, überholte Gegenstände und Themen zu streichen und jüngere Entwicklungen in Ökonomie und Ökonomik aufzunehmen. Man denkt also an eine inhaltliche Modernisierung, die die institutionellen Rahmenbedingungen unverändert lässt.

Auch Wirtschaftsdidaktikerinnen entwickeln Vorschläge, wie die ökonomische Bildung modernisiert werden kann; diese Vorschläge gehen inhaltlich in drei Hauptrichtungen (vgl. Hedtke 2005). Eine Richtung nenne ich *institutionalistische* Modernisierung (vgl. im Einzelnen Hedtke 2002, 16-20, 35-38). Sie richtet ökonomisches Lernen auf die Soziale Marktwirtschaft als ordnungspolitischen Bezugsrahmen aus und will die Denkweise der Neuen

---

4   Zur Frage der Modernisierung der ökonomischen in der politischen Bildung habe ich einen
     Vorschlag entwickelt. Er findet sich in einem Entwurf für ein Kerncurriculum ökonomische
     Bildung wieder, das ich zusammen mit Rainer Kohlhaas für die DVPB geschrieben habe
     (dazu Hedtke 2004a).

Institutionenökonomik vermitteln (z.B. Kaminski 1999). Eine zweite Richtung ist eng damit verknüpft, die *verhaltenstheoretische* Modernisierung. Sie orientiert ökonomisches Lernen an der Denkfigur des modernen und differenzierten Modells vom Homo Oeconomicus (z.B. Karpe/Krol 1999).

Beide Modernisierungsrichtungen machen ein ganz bestimmtes Paradigma als Denkmethode stark, das institutionalistische bzw. das verhaltenstheoretische. Beide sind deshalb *paradigmatische* Modernisierungen, und sie sind *mono*paradigmatische Modernisierungen, da sie sich nur auf ein Paradigma ausrichten. Beide entspringen einem Konzept von Fachdidaktikwissenschaft, das stark auf eine einzelne Fachwissenschaft zentriert ist. Ich bezeichne sie deshalb als *szientistisch-disziplinäre* Modernisierungsansätze.

Im Unterschied dazu vertritt eine dritte Strömung eine *phänomenzentrierte* Modernisierung, d.h. sie begründet die Modernisierung ökonomischer Bildung problemorientiert. Sie diagnostiziert neue Phänomene und Probleme im Objektbereich der Wissenschaften, im gesellschaftlichen Diskurs und im Erfahrungsbereich der Lernenden, mit denen sich ökonomisches Lernen beschäftigen muss. Dazu gehören vor allem die so genannte „Neue Ökonomie", die ökonomische Globalisierung sowie die Revision des Verhältnisses von Staat und Wirtschaft, insbesondere bei den Sozialsystemen. Diese Richtung gibt es auch in der Politikdidaktik, vertreten etwa von Hans-Hermann Hartwich (2000).

Zum schulfachlichen Aspekt einer Modernisierung der ökonomischen Bildung werden von Wirtschaftsdidaktikerinnen drei Positionen vertreten. Eine Variante verlangt nach einem eigenständigen, durchgängig zu unterrichtenden Fach Wirtschaft (z.B. DAI 1999, 39-41), eine mittlere Position hält ein Ankerfach für die ökonomische Bildung für eine Mindestvoraussetzung (z.B. Schlösser/Weber 1999, 46f.). Ein integrativer Ansatz will „die ökonomische Bildung zu einer umfassenden Gesellschaftslehre" ausgestalten und sie „in ein auf die Gesellschaft als Ganzes bezogenes Curriculum" einbetten (Steinmann 1997, 20). Für ein integratives Konzept plädieren auch die Autorinnen des Kerncurriculums Sozialwissenschaften für die Gymnasiale Oberstufe.

1.2 Sozialwissenschaftliches Kerncurriculum

Günther Behrmann, Tilman Grammes und Sibylle Reinhardt haben ein Kerncurriculum Sozialwissenschaften für die Gymnasiale Oberstufe geschrieben und beschäftigten sich dabei auch mit dem Integrationsproblem. Die Autorinnen gehen von einer sozialwissenschaftlichen Bereichsdidaktik aus, die Politik- und Wirtschaftsdidaktik gleichgewichtig berücksichtigen will (Behrmann/Grammes/Reinhardt 2004, 324). Kategorien und Konflikte bilden den Kern des Unterrichts, dessen wichtigste Leitlinien Aktualitätsprinzip, Fallprinzip und Schülerorientierung sind. Spezifische Denkweisen und Methodenkompetenz helfen, die Kategorien sachgerecht anzuwenden. Mit Hilfe der kognitiven Landkarten, die beim Erwerb von Kategorien, Denkweisen und Methoden aufgebaut werden, sollen die Lernenden begründete Urteile fällen und Handlungsorientierungen entwickeln können.

Vor diesem Hintergrund formulieren die Autoren ihr Kerncurriculum mit Hilfe von zwei Argumentationsmustern: erstens sozialwissenschaftliche Kategorien (Schlüsselkonzepte), zweitens sozialwissenschaftliche Verfahren. Sie kombinieren also ein Konzept sozialwissenschaftlicher kategorialer Bildung mit gegenstandskonstitutiven Verfahren wie etwa Mediation, parlamentarische Willensbildung, soziale Marktwirtschaft oder internationale Konfliktschlichtung. Mehrere Kategoriensysteme können und sollen plural nebeneinander verwendet werden.

Behrmann, Grammes und Reinhardt plädieren dafür, das Kerncurriculum im Sinne des Grundansatzes der Einheitlichen Prüfungsanforderungen für das Abitur (EPA) auf die drei Disziplinen Soziologie, Wirtschaftswissenschaft und Politikwissenschaft zu beziehen. Deshalb schlagen sie die „Dachbezeichnung" Sozialwissenschaften vor. Sie sehen den sachlogischen Kern des sozialwissenschaftlichen Unterrichts im sozialen Handeln, das in der in Teilsysteme differenzierten Gesellschaft stattfindet. Im Zentrum steht dann die Frage nach der allgemeinverbindlichen Entscheidung über gemeinsame Probleme der Gesellschaft.

Die zentralen Inhaltsfelder des Kerncurriculums sind Marktwirtschaft, Wirtschaftspolitik, Individuum – Gruppen – Institutionen, Gesellschaftsstrukturen und sozialer Wandel, politische Strukturen und Prozesse in Deutschland, Globale politische Strukturen und Prozesse. Diese Gegenstandsfelder werden mit drei fachdidaktischen Perspektiven erschlossen: mit der Perspektive des sozialen Umgangs, mit der systemisch-institutionalen und mit der sozialwissenschaftlichen Perspektive; letztere ist charakteristisch für die Gymnasiale Oberstufe, die sich der Wissenschaftspropädeutik und Problemorientierung verpflichtet (Behrmann/Grammes/Reinhardt 2004, 366). Die drei Perspektiven konstituieren drei unterschiedliche Rationalitäten und Regeln für das, was jeweils als Wissen gilt: Bewältigung im Alltag, Entscheidung in Institutionen und intersubjektive Wahrheit in den Wissenschaften (S. 367). Die drei Perspektiven sind zugleich Lernzugangsweisen: lebensweltliches, institutionenbezogenes und sozialwissenschaftliches Lernen (S. 368f.).

Konfrontation mit überraschenden kontraintuitiven Wirkungszusammenhängen ist nach Behrmann, Grammes und Reinhardt der bildungsproduktive Kern sozialwissenschaftlicher Handlungstheorien (S. 373). Sozialwissenschaftliches Wissen sei unsicheres und verunsicherndes sowie kontroverses Wissen und entspreche damit nicht dem Gewissheitsmodell, sondern dem Reflexionsmodell von Wissen (S. 374). Als curriculares Auswahlkriterium für alle drei Bezugswissenschaften und Gegenstandsfelder schlagen sie „contraintuitive Einsichten in soziale *Dilemmata*" vor und nennen ökonomische Verhaltenstheorie, sozio-moralische Fragen und Politiktheorie als Beispiele (S. 373).

Schließlich formulieren die Autorinnen „Demokratie-Lernen" als ein spezifisches Ziel des Faches, d.h. den Erwerb der Kompetenzen, die eine Wahrnehmung der Bürgerrollen in den Teilsystemen Politik, Gesellschaft und Wirtschaft ermöglichen (S. 336). Das Ziel wird präzisiert mit der Erläuterung von fünf zentralen Kompetenzen: Perspektivenübernahme, Konfliktfähigkeit, sozialwissenschaftliches Analysieren und Wissenschaftspropädeutik, politische Urteilsfähigkeit, politische Handlungsfähigkeit[5].

Was Behrmann, Grammes und Reinhardt vorschlagen, ist eine Art „Holdingkonzept" mit der Fachbezeichnung Sozialwissenschaften, dessen Grundideen die Basis für die weitere Arbeit an einem integrativen Konzept für das sozialwissenschaftliche Feld bilden können. Sieht man von den Spezifika der Gymnasialen Oberstufe ab, können diese Ideen auch den Orientierungsrahmen für die Arbeit an einem Kerncurriculum für Sekundarstufe I inspirieren. Das Kerncurriculum benennt eine Reihe von Gemeinsamkeiten ökonomischer und politischer Bildung und lässt zugleich genügend Freiraum für disziplinär getrennte und für interdisziplinär verbundene Lernsequenzen. Unter dem Aspekt der Integration betrachtet ist das Fach Sozialwissenschaften in dieser Konzeption damit *multidisziplinär und integrativ*.

1.3 Gemeinsames Leitbild und unterschiedliche Erkenntnisweisen

Ein „Holdingkonzept" von Sozialwissenschaften ist der derzeit am besten zu begründende sowie der inhaltlich, fachdidaktisch und fachpolitisch aussichtsreichste Ansatz. Denn jede Fachdidaktik im sozialwissenschaftlichen Feld, die versucht hat, eine einzigartige, in sich konsistente, gegenüber den anderen sozialwissenschaftlichen Fachdidaktiken überzeugend abgegrenzte Identität darin zu finden, dass sie sich mit einer einzelnen Disziplin der Sozialwissenschaften identifiziert, ist daran aus inhaltlichen Gründen gescheitert (vgl. Hedtke 2002 und 2003), wenngleich sie damit fachpolitisch erfolgreich sein mag. Sozialwissenschaftliche Fachdidaktikwissenschaften können sich nicht monodisziplinär konstituieren und daraus ein stringentes Grundkonzept entwickeln. Die sozialwissenschaftlichen Disziplinen sind in sich zu heterogen und untereinander zu ähnlich. Sie nutzen disziplinübergreifend gemeinsame Paradigmen wie etwa die Rational-Choice-Theorien oder den Institutionalismus. Auch ihre fachlichen Bildungsziele haben viele Gemeinsamkeiten (z.B. Mündigkeit in den Bürger- und Wirtschaftsbürgerleitbildern), ihre fachdidaktischen Prinzipien stimmen weitgehend überein (z.B. Perspektivenwech-

---

5 Kritisch zu prüfen ist, ob die beiden Kompetenzen politische Urteils- und Handlungsfähigkeit auch ökonomische Urteils- und Handlungsfähigkeit mit umfassen, oder ob dies hier explizit ergänzt werden muss; für wirtschafts*politisches* Urteilen und Handeln scheint mir dies hier unproblematisch zu sein.

sel, Aktualitätsprinzip, Problemorientierung, Handlungsorientierung), und ihre fachbezogenen Muster für die Gestaltung von Lehr-Lern-Prozessen (z.B. Phasierungsmuster, Projektlernen) sowie ihre fachspezifischen Lehr-Lern-Methoden sind weitgehend identisch (z.B. Planspiel, Rollenspiel, Simulation).

Was läge näher, als an einem gemeinsamen Leitbild zu arbeiten? Ohne ein sozialwissenschaftliches Rahmenkonzept kann man weder ökonomische noch politische noch gesellschaftliche Bildung noch das Bild einer sozialwissenschaftlich gebildeten Persönlichkeit angemessen konzipieren. Ohne ein solches Leitbild kann man Bildung im sozialwissenschaftlichen Feld nicht sinnvoll organisieren. Ökonomische, politische und gesellschaftliche Bildung muss man vielmehr *gemeinsam und unterschieden* im Gesamtrahmen des sozialwissenschaftlichen Wissenschafts- und Lernfeldes konzipieren (Hedtke 2002, 5) und sie dabei auf das gemeinsame Leitbild beziehen. „Gemeinsam und unterschieden" heißt, dass es ein gemeinsames Bildungsziel sowie eine gemeinsame sozialwissenschaftliche Basis gibt – gemeinsame Wissenschaftstraditionen, gemeinsame Denkweisen, Verfahren, Paradigmen, Methoden, Themen und Probleme –, die aber die Unterschiede und die Einbindung in unterschiedliche Disziplinaritäten keineswegs aufhebt. Gemeinsamkeiten kann man nur sehen, wenn es Unterschiede gibt und wenn diese Unterschiede bleiben. Eine sozialwissenschaftlich gebildete Persönlichkeit verfügt deshalb über disziplinär geprägte Kompetenzen ebenso selbstverständlich wie über interdisziplinäre oder transdisziplinäre.

Eine theoretisch oder pragmatisch differenziert ausgearbeitete und begründete Konzeption für das spezielle Problem der Integration von ökonomischer und politischer Bildung existiert bisher nicht. Auch für das Integrationsproblem einer multidisziplinären sozialwissenschaftlichen Bildung liegen meines Wissens keine Konzeptionen vor, allenfalls vage Ideen, warum und wie es lösbar ist – oder eben gerade nicht. Unabhängig davon setzen die Kultusministerien in der Bildungspraxis pragmatisch-administrative Integrationskonzepte durch, die die sozialwissenschaftlichen Schulfächer reorganisieren und neu akzentuieren. Die Frage, ob Schulfächer nach Disziplinen getrennt organisiert werden sollen oder nicht, rückt dabei in den Hintergrund. Dies ergibt sich vor allem aus dem Konsens, dass weder die Stundentafeln ausgeweitet noch der sozialwissenschaftliche Lernbereich insgesamt ausgedehnt und auch keine neue Grundsatzdebatte angestoßen werden soll. Ob Integration in diesen Reorganisationsversuchen allerdings mehr bedeutet, als dass man disziplinär unterschiedliche sozialwissenschaftliche Inhaltsfelder mehr oder weniger additiv einem Schulfach zuordnet, das unter Überschriften wie Sozialwissenschaften oder Politik/Wirtschaft zusammengefasst wird, muss hier dahingestellt bleiben.

In den wissenschaftlich-konzeptionellen Auseinandersetzungen darum, wie man mit den Bezugsdisziplinen umgehen soll, zeichnen sich in jüngster Zeit neue Perspektiven ab, die über die hier dargestellten Integrationsbemühungen weit hinaus gehen. Zum einen wird der Rahmen für eine Integration von Disziplinen neu definiert, indem man das Konzept Sozialwissenschaften zurückstellt und das der Kulturwissenschaften einführt, zum anderen rückt die Integration über Paradigmen statt über Bezugsdisziplinen in den Fokus (vgl. 2.2.1). Diese beiden Perspektiven sind im Zusammenhang der Integration von ökonomischer und politischer Bildung bisher noch kaum diskutiert worden; sie würden dieser Diskussion aber völlig neue Richtungen geben.

Auf den Rahmen Kulturwissenschaft bezieht sich der jüngste Vorschlag von Pandel (2001). Mit Blick auf die aktuellen Debatten um Interdisziplinarität in den Fachwissenschaften fasst er das Interdisziplinaritätsproblem als ein Problem der Kulturwissenschaften und grundsätzlich unterschiedlicher kulturwissenschaftlicher Erkenntnisweisen. Die Kulturwissenschaften gehen über den Gesellschaftsbegriff der Sozialwissenschaften hinaus, indem sie auch Symbolbildungsprozesse und Erfahrungen in ihre Fragestellung einbeziehen; statt Gesellschaft steht Kultur im Zentrum (Pandel 2001). Im Unterschied zur sozialwissenschaftlichen Allianz aus Politikwissenschaft, Soziologie, Ökonomik und Geschichte bilden jetzt Politikwissenschaft, Soziologie, Geschichte, Sprachen und Philosophie eine kulturwissenschaftliche Formation[6].

Die zweite neue Perspektive ergibt sich daraus, dass man einen neuen Referenzpunkt für Integrationsbemühungen wählt. Ein traditioneller Referenzpunkte für das Integrationsproblem sind die fachwissenschaftlichen Großdisziplinen, Disziplinen oder Subdisziplinen. So beschäftigen sich die sozialwissenschaftlichen Fachdidaktiken in ihrer Integrationsdebatte seit den sechziger Jahren immer wieder mit dem Verhältnis von Politikwissenschaft, Soziologie und Wirtschaftswissenschaft. Da aber den einzelnen sozialwissenschaftlichen Bezugsdisziplinen die sozialwissenschaftlichen Erkenntnisweisen, Methodologien und Paradigmen in den Sozialwissenschaften nicht trennscharf zugeordnet ‘werden können, kommt es zu Überschneidungen (vgl. Hedtke 2002). Eine radikale Lösung dieses Problems wählt disziplinübergreifende Erkenntnisweisen oder Paradigmen als Referenzpunkte der Integration und nicht mehr Disziplinen. Die Ökonomische Verhaltenstheorie/Rational Choice Theorie bietet ein prominentes Exempel dafür. Strukturierendes Merkmal sind dann Gruppen von Beobachtungs-, Analyse- und Reflexionsinstrumenten, die in mehreren Disziplinen angewendet werden – wenn auch mit unterschiedlicher Häufigkeit und Akzentuierung – und die auf unterschiedliche

---

6 Wer sich allerdings in der Ökonomik genauer auskennt, weiß, dass Teile der Wirtschaftswissenschaften auch kulturwissenschaftlich anschlussfähig sind. Dieser Anschluss fällt einer Wirtschaftsdidaktik leicht, die sich an der Leitkategorie Wirtschaftsbewusstsein orientiert (Hedtke 2003) und sich auch für ökonomische Alltagstheorien und Fehlvorstellungen, für unterschiedliche Wirtschaftskulturen, Erwerbs-, Konsum- und Anlagestile in der Gesellschaft interessiert. Eine ökonomische Bildung, die sich nur an der Mainstreamökonomik orientiert, wäre allerdings im kulturwissenschaftlichen Konzept nicht mehr dabei – was deren Vertreterinnen vermutlich sogar begrüßen würden.

Gegenstandsbereiche bezogen werden können, die man bisher stark vereinfachend nur einer Disziplin zugeordnet hat. Meines Erachtens bieten sie eine innovative Lösungsidee für das Integrationsproblem (vgl. 3.4). Aus theoretischer Sicht kann man erwarten, dass sie als universale sozialwissenschaftliche Denkinstrumente deutlich mehr an Orientierung leisten und mehr Transfermöglichkeiten bieten als ein disziplinärer Zugriff. Ob sich diese Erwartung erfüllt, ist eine offene theoretische Frage, ob sich das auch erfolgreich umsetzen lässt, eine offene empirische Frage.

2. Integration und Integrationsprobleme

Debatten über integrative Formen sozialwissenschaftlicher Bildung brauchen einen klaren Begriff von Integration; einen Integrationsbegriff kann man nur entwickeln, wenn man sich auf das Unterschiedliche (und auf das Gemeinsame) des zu Integrierenden bezieht (2.1). Debatten über Integration brauchen aber auch eine klare Unterscheidung der Kontexte, in denen sich das Problem der Integration als Aufgabe stellt (2.2). Begriff und Kontexte von Integration stehen im Zentrum der folgenden Überlegungen.

2.1 Integration und Differenz

Der Begriff Integration verbindet sich in den einschlägigen Zusammenhängen (sozialwissenschaftliche Fachdidaktiken, sozialwissenschaftliche Curriculum- und Standardkonstruktion sowie sozialwissenschaftliche Lehr-Lern-Praxis in Hochschule und Schule) mit recht unterschiedlichen Konnotationen, Assoziationen und Emotionen. Eine Begriffsbestimmung ist auch deshalb erforderlich. Für die hier vorgelegte Argumentation soll *Integration* zunächst ganz allgemein das Zusammenwirken von unterschiedlichen Strukturen, Prozessen oder Handlungen bezeichnen, die sich wechselseitig ergänzen, ohne ihre Unterschiede aufzugeben, ohne sich gegenseitig zu ersetzen oder sich in eine neue Einheit aufzulösen. Integration meint also nicht die Homogenisierung des Heterogenen, sondern das In-Bezug-Setzen des Heterogenen, das wechselseitig voneinander abhängig ist oder miteinander zusammenhängt, die Strukturierung des Heterogenen, indem man es in Strukturzusammenhänge stellt. Integration zielt also nicht auf Entdifferenzierung, sondern sie geht von Differenzierung aus und arbeitet die Differenzen mit Blick auf das sie Verbindende heraus[7].

Insofern verstehe ich hier Integration grundsätzlich als ein funktional sinnvolles Wechselverhältnis zwischen unterschiedlichen Elementen. Dabei

---

7   Vgl. dazu die Integrationsbegriffe bei Herbert Spencer, Principles of Sociology, New York 1876-1896, und Talcott Parsons, Das System moderner Gesellschaften, München 1972.

bleibt zunächst dahingestellt, worin man den Sinn der wechselseitigen Bezugnahme jeweils sehen mag, beispielweise etwa darin, eine fächer- und disziplinenübergreifende sozialwissenschaftliche Bildung zu erwerben oder in einem konkreten Lernprozess eine Analyseperspektive durch eine andere zu irritieren, zu schärfen und zu relativieren. Ein Beispiel für ein solches Wechselverhältnis von Perspektiven wäre etwa, über das Problem, ob und wie eine Volkswirtschaft (oder eine Branche oder ein Unternehmen) ökonomisch international wettbewerbsfähig sein kann und muss, mit wirtschaftswissenschaftlichem Akzent nachzudenken und diese Form des Nachdenkens dadurch zu ergänzen und zu irritieren, dass man sich soziologisch geprägt mit dem Problem auseinandersetzt, ob und wie Gruppen von Globalisierungsverlierern (oder Globalisierungsgegnern) gesellschaftlich integriert werden sollen und können, und schließlich politikwissenschaftlich angeleitet darüber reflektiert, welche Eingriffs- und Gestaltungschancen eine demokratisch legitimierte staatliche Wirtschafts- und Sozialpolitik (noch) hat.

Bezogen auf politische und ökonomische Bildung[8] bedeutet Integration dann, dass zwischen diesen beiden Bildungen ein funktional sinnvolles Wechselverhältnis existiert, ebenso wie zwischen ihren Fachdidaktikwissenschaften, Fächern, Curricula und Themen. Unterschiedliche Formen und Grade dieser Integration kann man auf mehreren Ebenen beobachten, auf der Ebene der Sozialwissenschaften, ihrer Disziplinen und zahlreichen Subdisziplinen, der Lehrerausbildung und ihrer vielfältigen sozialwissenschaftlichen Studienfachkonstruktionen, der äußerst vielgestaltigen Curricula und Bildungsstandards im sozialwissenschaftlichen Feld, der mehr oder weniger fachlich geprägten Unterrichtspraxen, Lerngegenstände und Lernprozesse sowie der Lehr-Lern-Materialien, und schließlich nicht zuletzt auf der Ebene der Lernsubjekte, ihrer sozialwissenschaftlich relevanten und geprägten Wissensformen, Wissensbestände und Kompetenzen.

Integration kann nie ganzheitlich sein, und sie kann den Wunsch nach Ganzheitlichkeit nicht erfüllen; diese beliebten Konnotationen des Begriffs Integration führen leider systematisch in die Irre. Die Unmöglichkeit der Ganzheitlichkeit im Sinne von Einheit ergibt sich daraus, dass das Unterschiedene auch als Integriertes, also aufeinander Bezogenes, immer Unterschiedliches bleiben wird.

Das möge ein Beispiel verdeutlichen. Unterstellen wir dazu für einen sozialwissenschaftlichen Lernkontext einen Fall, in dem der demokratische Souverän eine radikale Freihandelspolitik als im Sinne des Gemeinwohls legitimiert hat, die zudem von der Volkswirtschaftslehre als theoretisch wohlstandsmaximierend nachgewiesen wurde. Nehmen wir weiter an, dass es da-

---

8   Aus Gründen des nur begrenzt verfügbaren Platzes und der Reduktion von Komplexität blende ich hier weitere integrative Anschlussmöglichkeiten wie historische, rechtliche oder geographische Bildung aus.

bei, jedenfalls vorübergehend, zum Verlust von Arbeitsplätzen kommen kann. Ein wirtschaftswissenschaftlich inspirierter Vorschlag wäre eine – vielleicht sogar vollständige – monetäre Kompensation für die Einkommens- einbußen, die einzelne arbeitslos gewordene Individuen auf Grund dieser Freihandelspolitik erlitten haben. Ein soziologisch geprägtes Argument wür- de vorbringen, dass ein freihandelsbedingter Arbeitsplatzverlust nicht nur zu Einkommensverlusten führe, sondern auch und vor allem zu Verlusten an so- zialer Integration und persönlichem Wohlbefinden, und dass diese nicht mo- netär kompensierbar seien, auch deshalb, weil sie nicht nur die einzelnen In- dividuen, sondern auch ihr soziales Umfeld und die Gesellschaft insgesamt negativ betreffen. Man kann diese beiden unterschiedlichen Perspektiven oder Evaluationsmuster für die kurz- bis mittelfristigen Folgen des Freihan- dels für bestimmte Arbeitsplätze anwenden, gegeneinander abwägen und im Zuge der politischen Urteilsbildung in einer bestimmten Entscheidung inte- grieren – z.B. für eine zeitlich befristete monetäre Kompensation, verbunden mit Angeboten zur Qualifikationsanpassung und sozial anerkannten Alterna- tiven zur Erwerbsarbeit. Aber selbst bei einer solchen Integration bleiben sie dennoch als unterschiedliche sozialwissenschaftliche Perspektiven unaufheb- bar bestehen. Das gilt sowohl für den Prozess der Urteilsbildung und Ent- scheidungsfindung, als auch für das Urteil, die Entscheidung und die darauf folgenden Maßnahmen selbst. In allen drei Zusammenhängen entsteht in aller Regel keine Einheit, sondern Urteile, Entscheidungen und Handlungen setzen sich aus unterschiedlichen Aspekten, Kriterien und Instrumenten zusammen, die nur für diese Aufgabe, in diesem Moment und für diesen Kontext aufein- ander bezogen, also integriert werden. Die Unmöglichkeit von Ganzheitlichkeit im Sinne von Einheit resultiert also daraus, dass Integration immer element- haft, aspektartig, zusammengesetzt und vielleicht auch vorübergehend bleibt.

Integration kann sich auf zwei grundsätzlich verschiedenen Wegen ent- wickeln: Sie kann eher naturwüchsig, evolutionär und zufällig oder eher sys- tematisch, gestaltet und intentional entstehen, bestehen und vergehen. Die so- zialwissenschaftlichen Fachdidaktikwissenschaften gehen in weitgehender Einmütigkeit davon aus, dass politische und ökonomische Bildung durch sys- tematisch angelegte, begründet gestaltete und explizit intentionale Lehr-Lern- Formen und -prozesse angestrebt werden soll. Auch konstruktivistische fach- didaktische Positionen stehen auf dieser Grundlage, wenngleich sie dies nur auf die Konstruktionsregeln und Eigenschaften der Lernarrangements, nicht aber auf die subjektiv konstruierten Lernprozesse selbst beziehen. Ich richte diesen allgemeinen Anspruch, Lehr-Lern-Prozesse fachdidaktisch begründet intentional zu gestalten, auch an die besondere Gruppe von sozialwissen- schaftlichen Lehr-Lern-Prozessen, die ich mit Integration bezeichne. Damit scheidet die Option aus, den Integrationsversuch und die Integrationsleistung aus dem Verantwortungsbereich von Fachdidaktikwissenschaft, Fachdidaktik und organisierter Bildung zu entfernen, den subjektiven, zufälligen und privaten Bemühungen der Lernenden zu überantworten und damit auch das Risiko, dass diese Integration scheitert, zu privatisieren.

Integrieren ist aktive Integration, also der Versuch, bewusst und geplant ein solches sinnvolles Zusammenwirken herzustellen, oder vorsichtiger formuliert: möglichst optimale Voraussetzungen dafür zu schaffen, dass die Akteure auf den genannten Ebenen diese produktiven Wechselverhältnisse für sich und ihre Handlungskontexte herstellen können. Im Mittelpunkt stehen dabei die Lernenden in Schule, Studium und Referendariat. Im Kontext der sozialwissenschaftlichen Fachdidaktiken hat der Begriff Integrieren für mich vor allem drei wichtige Aspekte: Integrieren bezeichnet einen allgemeinen *Fokus* sozialwissenschaftlicher Bildung[9] (neben anderen), eine allgemeine *Voraussetzung* für sozialwissenschaftliches Lernen (neben anderen) sowie eine individuelle *Entwicklungsaufgabe* (neben anderen):

– *Als Fokus* meint Integrieren, dass man sozialwissenschaftliches Lernen als das Rekonstruieren von gesellschaftlichen und wissenschaftlichen *Zusammenhängen* anlegt, d.h. die Lernenden stellen Zusammenhänge und Wechselwirkungen her zwischen den gesellschaftlichen Teilsystemen Gesellschaft, Wirtschaft und Politik, zwischen ökonomischen, sozialen und politischen Institutionen, Normen, Denkweisen und Handlungsformen, zwischen soziologischen, wirtschaftswissenschaftlichen und politikwissenschaftlichen Fragestellungen und Perspektiven, analysieren sie, eignen sie sich an, reflektieren sie, und berücksichtigen diese Zusammenhänge, wenn sie Urteils- und Entscheidungsprobleme bearbeiten oder in spezifischen Situationen handeln.

– *Als Voraussetzung* meint Integrieren, dass sozialwissenschaftliches Lernen und eine sozialwissenschaftliche Bildung ohne die systematische Bezugnahme auf das als „anders" Unterschiedene, ohne die planvolle Herstellung von Zusammenhängen zwischen Getrenntem (so wie oben angedeutet) nicht sinnvoll konzipiert werden können. Ich gehe noch weiter: Ohne systematisches Integrieren ist eine sozialwissenschaftliche Bildung nicht möglich! Selbstverständlich braucht sie auch systematisches Differenzieren.

Wie kann man, etwa als interessierte Zeitungsleserin, die Steuerkrise des deutschen Staates auch nur einigermaßen angemessen verstehen, wenn man sie beispielsweise nur mikroökonomisch analysiert? Reicht es zum Beispiel, dass man sie nur mit Hilfe von Ökonomischer Verhaltenstheorie und Anreiz-Restriktions-Schemata als die Folge des rationalen Handelns von eigennützigen Wirtschaftssubjekten rekonstruiert? Muss man nicht auch soziologisch informiert danach fragen, wie man erklären kann, dass die Akzeptanz der

---

9   Mein Begriff sozialwissenschaftlicher Bildung ist umfassender als der bei Gagel (2000, 14-28) und umfasst neben kognitiver Orientierung auch die evaluative Dimension, die Gagel als Charakteristikum der „politischen Bildung" auffasst.

Steuererhebung und die Steuermoral durchschnittlich gesunken sind, und ob
es steuermoralisch vielleicht sozialstrukturell unterschiedliche Verhaltensmus-
ter gibt? Muss man schließlich nicht auch politikwissenschaftlich informiert
reflektieren, welche politischen Gründe den – anscheinenden oder scheinbaren – Verlust an steuerstaatlicher Handlungsfähigkeit in einer immer reicher
werdenden Gesellschaft verursachen?

Soll man es den Einzelnen überlassen, während und nach ihrer Schulzeit
oder ihrem Studium selbst und allein herauszufinden, wann man diese Perspektiven jeweils anwenden kann, wie man dies am besten macht, wie man
sie fruchtbar aufeinander beziehen, ihre Aufklärungseffekte vergleichen und
daraus zu einer angemessenen eigenen Urteilsbildung gelangen kann? Meines
Erachtens ist es eine der zentralen *kollektiven Aufgaben* der sozialwissenschaftlichen Fachdidaktikwissenschaften, dieses Integrieren als Voraussetzung sozialwissenschaftlichen Lernens zu erforschen, zu konzipieren, zu ermöglichen, zu organisieren und zu erleichtern, soweit dies möglich ist.

– *Als individuelle Entwicklungsaufgabe* meint Integrieren, dass die Lernenden, seien es Schülerinnen oder Studentinnen oder Referendarinnen, kog-
nitiv, motivational und handlungsbezogen vor der individuellen und subjektiven Herausforderung stehen, die unterschiedlichen sozialwissenschaftlichen Perspektiven, Themen, Inhalte und Methoden für sich persönlich sinnvoll und geordnet zueinander in Beziehung zu setzen, in einen
strukturierten Sinnzusammenhang einzuordnen, so dass sie sich selbst in
den differenzierten und verbundenen gesellschaftlichen Teilsystemen reflektiert verorten und kompetent, d.h. hier: differenzierend und integrie-
rend, denken und handeln können (natürlich können sie diese Aufgabe
auch ignorieren oder zurückweisen). Wenn man die Aufgabenstellung für
die lernenden Individuen so formuliert, geht man implizit davon aus, dass
für 'ein Individuum geordnetes Wissen und systematisch aufgebaute
Kompetenzen unter Prozess- und Ergebnisaspekten einer ungeordneten,
unsystematischen und zufälligen Aneignung vorzuziehen sind. Auf dieser
Generalannahme baut, wie erwähnt, im Prinzip das etablierte Schul- und
Hochschulsystem auf, trotz aller konstruktivistischen Zweifel; aber auch
die herrschenden Vorstellungen über eine gebildete Persönlichkeit gehen
davon aus. In diesem Sinne ist die erfolgreiche Bewältigung dieser Integrationsaufgabe ein wesentliches Merkmal einer sozialwissenschaftlich
gebildeten Persönlichkeit. Das schließt nicht aus, dass Lernende sich dieser Aufgabe durch Negation entledigen, etwa indem sie die Addition iso-
lierter Fächer in einem Bildungsgang als fraglos gegeben und innerhalb
der Fächergrenzen problemlos und abschließend lernbar betrachten.

Gegen die beiden Aspekte Integration als Fokus und als Voraussetzung kann
man zwei grundsätzliche Einwände geltend machen. Zum einen kann man
vorbringen, dass eine sozialwissenschaftliche Schulbildung und Hochschul-

ausbildung, in der es ein relevantes Ziel ist, die Kompetenz des Integrierens zu erwerben, (heute) auf Grund der ständig zunehmenden Differenzierung der Sozialwissenschaften und der anhaltenden Steigerung gesellschaftlicher Komplexität grundsätzlich unmöglich (geworden) seien. Zum anderen kann man einwenden, dass eine solche Integration gar nicht erstrebenswert sei, weil zwei oder drei eigenständige Bildungen (in Schulen und auch in der Hochschule) im sozialwissenschaftlichen Feld völlig ausreichen, je für sich eine politische und eine ökonomische Bildung, sowie vielleicht auch noch eine gesellschaftliche oder soziale Bildung. Damit würde auch die individuelle Aufgabe des Integrierens gegenstandslos.

Ich gehe dagegen in diesem Beitrag grundsätzlich von einer Position aus, die man als fachdidaktischen Integrationsoptimismus bezeichnen kann. Diese Position basiert auf Annahmen über den Prozess der Differenzierung, über die Paradoxie der Integration und über die Unterscheidungslogik der Integration.

Erstens nimmt sie zur Kenntnis, dass es eine sehr allgemeine und sehr tiefgreifende Tendenz zu einer ständig zunehmenden Differenzierung in allen Bereichen der Gesellschaft gibt, z.B. der gesellschaftlichen Teilsysteme, der wissenschaftlichen Disziplinen und Subdisziplinen, der Organisationen und Institutionen, der Wissensformen, der Alltagskulturen und Lebensstile, der Schulformen, Schulfächer und Schulabschlüsse. Im Zuge ihrer zunehmenden Ausdifferenzierung erreichen diese Systeme und Einheiten tendenziell höhere Grade von Komplexität und Autonomie in dem Sinne, dass sie sich immer schwieriger von außen gezielt steuern lassen.

Zweitens diagnostiziert sie aus der Sicht von Fachdidaktiken im sozialwissenschaftlichen Feld, dass sich aus dieser universalen Differenzierung die Paradoxie ergibt, dass es zugleich immer schwieriger und immer notwendiger wird, zwischen diesen ausdifferenzierten, relativ autonomen Systemen und Einheiten sinnvolle Beziehungen herzustellen, etwa im Sinne in sich relativ stimmiger kognitiver Landkarten der Gesellschaft und ihrer Teilsysteme. Sinnvolle Beziehungen herstellen heißt hier, das was ausdifferenziert und getrennt ist, aber auch zusammen gehört, zu integrieren.

Drittens ist Integration nur dann möglich, wenn es Unterschiedliches gibt, das durch den Prozess des Unterscheidens sichtbar gemacht und thematisierbar wird, und wenn das Unterschiedliche unterscheidbar bleibt und weiter unterschieden wird. Den Versuch einer Integration, die eine nicht differenzierte Gesamtheit zum Ziel hat, die die Aufhebung der Unterschiede in einem einheitlichen Ganzen anstrebt, lehne ich entschieden ab; ich halte ihn auch für sozialwissenschaftlich und fachdidaktikwissenschaftlich nicht legitimierbar. Eine auf Einheit zielende Integration wäre nichts anderes als Entdifferenzierung und würde zu Komplexitäts- und Erkenntnisverlusten führen. Ganz abgesehen davon machte der Begriff Integration dann überhaupt keinen Sinn mehr, da er sich auf eine Einheit bezöge, die keine Binnenunterscheidungen mehr enthält. Im Gegensatz dazu können und sollen Formen fachdidaktischer Integration die

Unterschiede zwischen den unterschiedlichen Disziplinen und Paradigmen, Methodologien und Methoden, Perspektiven und Denkweisen, Fragestellungen und Gegenstandsbereichen nicht aufheben, einebnen oder verdecken.

2.2 Integration als Problem und Aufgabe

Sozialwissenschaftliche Fachdidaktiken sind mit dem Problem und der Aufgabe der Integration in mindestens drei Kontexten konfrontiert: im Kontext der Gesellschaft und ihrer Teilsysteme und Handlungssituationen, im Kontext der Sozialwissenschaften und der affinen Fachdidaktikwissenschaften sowie im Kontext von Lernprozessen, Lernsubjekten und Lernorganisation. In jedem dieser drei Kontexte – Gesellschaft, Wissenschaft, Lernen – kann man Integration aus mehreren relevanten Perspektiven betrachten; die wichtigsten hebe ich hier hervor. Dabei konzentriere ich mich auf die Kontexte Wissenschaft und Lernen[10].

Zunächst einige sehr knappe Bemerkungen zum Integrationsproblem *im Objektbereich* der Sozialwissenschaften, der Gesellschaft. Angesichts der zunehmenden Ausdifferenzierung der gesellschaftlichen Systeme, in unserem Zusammenhang vor allem Politik, Wirtschaft, Gesellschaft, Recht und Erziehung, und ihrer Subsysteme stellt sich – wie angedeutet – dass Problem der Integration zum einen als das allgemeine Problem der politischen Steuerung und Steuerbarkeit dieser Systeme. Denn Politik beansprucht üblicherweise, die Teilsysteme und Subsysteme der Gesellschaft gezielt so zu beeinflussen und miteinander in Bezug zu setzen, dass sie nicht nur erwünschte teilsystemspezifische Resultate erbringen, etwa Legitimität und Akzeptanz der politischen Ordnung oder Wirtschaftswachstum und Vollbeschäftigung, sondern auch dazu beitragen, übergeordnete Ziele wie basale Gerechtigkeit, zunehmende Lebensqualität oder erhöhte Partizipationschancen zu erreichen. Zum anderen wird die Integrationsproblematik manifest und aktuell, wenn konkrete Probleme in den Mittelpunkt der öffentlichen Aufmerksamkeit treten, etwa die Krise der Staatsfinanzierung, die Konflikte um Migration, Exklusion und Integration oder die Auseinandersetzungen um die intergenerationale Gerechtigkeit. Die Auseinandersetzung mit diesen Problemen und ihre auf Lösung hin orientierte Bearbeitung verlangt in der Regel, dass man die ökonomische, politische und/oder gesellschaftliche Dimension berücksichtigt, wirtschafts- und politikwissenschaftliche sowie soziologische (und andere) Wissensbestände auf ihren Lösungsbeitrag prüft und, so weit möglich, problembezogen integriert (vgl. 3.2).

---

10 Im Kontext Lernen blende ich die Ausbildung der Lehrerinnen, die ja sozialwissenschaftlich Lernende am Lernort Hochschule und Studienseminar sind und für die das Integrationsproblem ebenfalls gelöst werden muss, aus Platzgründen hier aus.

Im Wissenschaftsbereich stellt sich das Integrationsproblem im Kontext der Sozialwissenschaften zum einen als die Frage, was die Bezugsdisziplinen einer Fachdidaktikwissenschaft sein sollen. Zum anderen ist zu klären, welche sozialwissenschaftlichen Erkenntnisweisen oder Paradigmen eine Fachdidaktikwissenschaft zu ihrer Leitvorstellung oder ihren Leitvorstellungen machen will.

2.2.1 Sozialwissenschaften

Im Feld der Sozialwissenschaften geht es erstens um die Perspektive „*Bezugsdisziplin*", mit der sich die Fachdidaktiken auf die unterschiedlichen sozialwissenschaftlichen Disziplinen[11] beziehen, sei es, um ihre fachdidaktische Identität zu schärfen oder um Sachstrukturen zu entwickeln und Bildungsinhalte zu bestimmen[12]. Die Perspektive „sozialwissenschaftliche Bezugsdisziplin" stellt jede Fachdidaktik vor das Problem, unterschiedliche Disziplinen in einem schlüssigen Konzept für eine Bildung im sozialwissenschaftlichen Feld zu integrieren. Wenn eine Wirtschaftsdidaktik sich nicht einfach als eine Didaktik der Volkswirtschaftslehre und/oder der Betriebswirtschaftslehre versteht, muss sie entscheiden, zu welchen Themen, Inhalten und Methoden einer ökonomischen Bildung sie welche sozialwissenschaftliche Disziplin heranziehen will[13]. Beispielsweise muss sie darlegen, ob sie sich hinsichtlich des Inhaltsbereiches Wirtschaftspolitik mit der volkswirtschaftlichen Theorie der Wirtschaftspolitik begnügen will, oder ob sie auch politikwissenschaftliche Analysen zu diesem klassischen Politikfeld berücksichtigen will, vielleicht mit dem Ziel, dichotome Schemata wie Staat – Markt zu überwinden. Das könnte gelingen, wenn sie etwa zusätzlich zu volkswirtschaftlichen Konzepten das politikwissenschaftlich prominente Governance-Konzept heranzieht (Rosenau 1992; Campbell/Hollingsworth/Lindberg 1991), das u.a. Koordinations- und Steuerungsformen analysiert, die mit der traditionellen Perspektive „Staatseingriffe" in „den Markt" nicht mehr zu verstehen sind, oder auch dann, wenn sie mit dem in Politikwissenschaft und Soziologie verwendeten Konzept der Gouvernementalität arbeitet, das subjektive Mentalitäten, Rationalität und Regierungstechniken miteinander in Beziehung setzt

---

11 Die fachdidaktisch klassische Integrationsperspektive im Wissenschaftskontext, die Integration der Disziplin Erziehungswissenschaft mit einer oder mehreren sozialwissenschaftlichen Bezugsdisziplinen, lasse ich hier unberücksichtigt.

12 Hier müsste genauer unterschieden werden zwischen einer hochschulorientierten und einer schulorientierten Fachdidaktikwissenschaft. Das ist für unsere Zwecke aber nicht erforderlich, da sich die im Folgenden beschriebenen Integrationsprobleme für beide Ausrichtungen in gleicher Weise stellen, nur dass sich erstens das mögliche Anspruchs- und Komplexitätsniveau und zweitens das zentrale Bildungsziel (z.B. ganz allgemein formuliert: professionelle Wirtschaftslehrerin, kompetente Wirtschaftsbürgerin) unterscheiden.

13 Genau genommen stellt sich dieses Problem selbstverständlich auch dann, wenn sie sich nur auf Volkswirtschaftslehre bezieht.

(Foucault 1989) – eine interessante Alternative zum individualistischen makroökonomischen Konzept der Rationalen Erwartungen (Lucas 1972)[14].

Selbst dann, wenn sich eine Fachdidaktikwissenschaft für „eine einzige" Sozialwissenschaft als Bezugsdisziplin entscheidet, steht sie auf Grund der starken und weiter zunehmenden Ausdifferenzierung der Großdisziplinen vor dem Problem der Integration.

Wenn beispielweise eine Wirtschaftsdidaktik die Wirtschaftswissenschaft oder die Wirtschaftswissenschaften als Bezugsdisziplin wählt steht sie etwa vor der Frage, ob sie sich fachwissenschaftlich auf die Disziplin Volkswirtschaftslehre und/oder auf die Disziplin Betriebswirtschaftslehre gründet. An einem konkreten Beispiel: Soll das Forschungs- und Studienobjekt „Unternehmen", oder konkreter „Preispolitik von Unternehmen" aus mikroökonomischen oder aus betriebswirtschaftlichen Perspektiven oder aus beiden präsentiert werden? Und wenn es beide sein sollen, wie sollen sie aufeinander bezogen, d.h. integriert werden? Und wie geht eine Wirtschaftsdidaktik in diesem exemplarischen Fall mit dem Integrationsproblem um, dass sich aus unterschiedlichen Positionen in den beiden Disziplinen ergibt? Denn während die Volkswirtschaftslehre in ihren Lehrbüchern nicht selten Anwendungsfälle präsentiert, die die praktische Relevanz ihrer Preistheorie zeigen sollen[15], schätzt man in der Betriebswirtschaftslehre die Relevanz mikroökonomischer Preistheorie für die unternehmerische Preispolitik vielfach als sehr gering ein[16]. Noch weiter gehend muss eine Wirtschaftsdidaktik entscheiden, ob sie sich beispielsweise auch auf die Disziplinen (oder Teildisziplinen) Marketingwissenschaft, Wirtschaftspsychologie und Wirtschaftsgeschichte oder gar Wirtschaftssoziologie beziehen will. Dies und das VWL-BWL-Problem bedeuten für die Wirtschaftsdidaktik nichts anderes als eine intradisziplinäre oder großdisziplinäre Form des Integrationsproblems. Eine Wirtschaftsdidaktik kommt nicht darum herum, sich mit dem Problem der Interdisziplinarität ökonomischer Bildung zu beschäftigen, selbst dann, wenn sie sich im fachwissenschaftlichen Bezug auf „die Wirtschaftswissenschaften" beschränkt.

In den sozialwissenschaftlichen Fachdidaktikwissenschaften arbeiten viele Akteure eher mit antiquierten Fiktionen oder lobbyistischen Zerrbildern als mit realistischen Konzeptionen der von ihnen gewählten Bezugsdisziplinen. Besonders beliebt sind Zerrbilder der affinen Disziplinen, die sie als Bezugsdisziplin abgewählt haben, z.B. der Politikwissenschaft aus Sicht der Wirtschaftsdidaktik. Sie ignorieren sowohl die stark zunehmende Binnendifferen-

---

14 Denn Foucault zeigt exemplarisch am deutschen Ordoliberalismus und der Frankfurter Schule, wie der Marktmechanismus universalisiert und als dominante Denkweise und zentraler Organisations- und Regulationsprinzip von Staat und Gesellschaft konstruiert und durchgesetzt wird (vgl. Bröckling/Krasmann/Lemke 2000; Lemke 2001).

15 Vgl. als ein besonders beeindruckendes Beispiel dafür, wie diese Art von Praxisrelevanz durchgängig betont wird Pindyck/Rubinfield 2003.

16 Vgl. etwa Schierenbeck 1995, 272, und Thommen/Achleitner 1998, 250.

zierung und damit das Problem der intradisziplinären Interdisziplinarität –
etwa zwischen Volkswirtschaftslehre und Betriebswirtschaftslehre[17] – als
auch die wachsende Affinität zwischen Teildisziplinen, die zu unterschiedlichen Großdisziplinen gehören – etwa zwischen Wirtschaftssoziologie und Institutionenökonomik. Besonders absurde Perspektiven entstehen dann, wenn
sowohl die „zuständige" Fachdidaktikwissenschaft als auch die „fremde" ein
ähnliches Zerrbild einer Fachwissenschaft pflegen. Ein Beispiel: Politikdidaktik und Wirtschaftsdidaktik ignorieren in ihrem Bild von Politikwissenschaft weitgehend den Rational-Choice-Ansatz, der dort immer mehr Anhänger findet und damit politikwissenschaftliches Denken methodologisch stark
der ökonomischen Denkweise annähert, so dass manche von einer ökonomischen Wende der Politikwissenschaft sprechen (z.B. Levi 2000). Bei der Politikdidaktik resultiert dieser blinde Fleck aus dem stark normativen Bias, mit
dem sich viele Politikdidaktikerinnen auf normative politikwissenschaftliche
Konzeptionen fixieren (z.b. Weißeno 2003, 40-43, Massing 2002, 39-42)[18].
Auch die disziplinübergreifenden neuen Formen des Institutionalismus werden gerne ignoriert, obwohl sowohl Politikwissenschaftler wie Institutio-
nenökonomen beispielsweise das Transaktionskosten-Konzept auf politische
Probleme und Fragestellungen anwenden (z.B. Wood/ Bohte 2004).

Diese fachdidaktikwissenschaftliche Verzerrung und Ignorierung des Integrationsproblems ist keineswegs eine Besonderheit, die man bei Wirtschaftsdidaktikerinnen oder Politikdidaktikerinnen – etwa gegenüber einem
integrativen Studienfach Sozialwissenschaften – diagnostizieren muss, sondern man findet sie auch in Fachdidaktikwissenschaften wie Deutsch- bzw.
Englischdidaktik (bezüglich Literaturwissenschaft, Linguistik und Landeskunde) oder Geschichtsdidaktik (hinsichtlich z.B. Altertumswissenschaft,
Mediävistik, Zeitgeschichte, Sozialgeschichte, Wirtschaftsgeschichte usw.).
Viele Fachdidaktikwissenschaften und Fachdidaktiken halten unbeirrt an ihrer Fiktion der Einheitlichkeit ihrer Bezugsdisziplin fest, obwohl diese mit
der Realität der zunehmenden disziplinären Ausdifferenzierung nur noch wenig gemein hat (vgl. Pandel 2001).

Zweitens geht es bei der Aufgabe der Integration im Wissenschaftsbereich um die Perspektive *„Erkenntnisweisen und Paradigmen"*. Auch hier ist
jede Fachdidaktikwissenschaft, die sich auf eine Sozialwissenschaft (oder
mehrere) bezieht, mit dem Problem konfrontiert, dass jede sozialwissen-

---

17 Dieses Problem wird etwa in Großbritannien auch aus wirtschaftsdidaktischer und schulfachlicher Perspektive diskutiert (z.B. Davies 1996, Rushing/Wilson 2000) und es existiert
nicht einmal eine einheitliche, d.h. die disziplinäre Integration von VWL und BWL ausdrü-
ckende Schulfachbezeichnung wie Wirtschaftslehre, sondern wird z.B. von „Economic and
Business Education" gesprochen.

18 Hier zeigen sich erstaunliche Parallelen zwischen einer normativen Politikdidaktik und normativen Konzeptionen von Wirtschaftsdidaktik, wie sie etwa Kaminski mit Blick auf die
Soziale Marktwirtschaft in Deutschland vertritt (Kaminski 2001).

schaftliche Disziplin durch einen Pluralismus der Erkenntnisweisen und Paradigmen charakterisiert ist (vgl. 3.4). Dieser epistemische, methodologische und paradigmatische Pluralismus scheint in manchen Disziplinen, etwa der Soziologie, ausgeprägter zu sein, so dass man ihn auf den ersten Blick wahrnimmt, während er in anderen Disziplinen, etwa der Volkswirtschaftslehre, weniger klar hervortritt und deshalb bewusst erfasst werden muss.

Bei den Wirtschaftswissenschaften übersieht der flüchtige oder voreingenommene Beobachter diesen grundlegenden Pluralismus leicht, während er ihn auf der Ebene unterschiedlicher theoretischer Modelle oder wirtschaftspolitischer Konzeptionen durchaus erkennt und anerkennt. Gängige Beispiele dafür, wie dieser „normale" wirtschaftswissenschaftliche Pluralismus thematisiert wird, sind die Auseinandersetzung mit den unterschiedlichen makroökonomischen Modellen zur Interdependenz von Geldwirtschaft und Güterwirtschaft (etwa Klassik, Keynesianismus, Mainstreamökonomik, Monetarismus) oder die einschlägige Gegenüberstellung von angebotsorientierter und die nachfrageorientierter Makroökonomik. Diesen Pluralismus von Theorien, Modellen und Methoden findet man in allen Sozialwissenschaften.

Aber ebenso wie etwa in der Soziologie existiert auch in der Volkswirtschaftslehre ein *fundamentaler* Pluralismus, der sich beispielsweise in Kontroversen um die Methodologie dieser Disziplin äußert. Ein kurzes Beispiel mag hier genügen, die methodologische Kontroverse um ökonomische Abstraktion und Modellbildung (vgl. z.B. Lawson 1997, 234-237). Aus Sicht der Mainstreamökonomik erlaubt und verlangt die Abstraktion, alle Aspekte der sozialen Realität außer Acht zu lassen, die die übliche formal-deduktive und individualistisch-isolierende Argumentationsführung in ökonomischen Modellen behindern. Dagegen betont die wirtschaftswissenschaftliche Kritik, dass dieses Vorgehen in krassem Gegensatz zu einem Strukturmerkmal der ökonomischen Realität stehe, die sich gerade durch die sozialen Beziehungen zwischen den ökonomischen Akteuren und nicht durch deren soziale Isolation auszeichne, und dass es deshalb methodologisch unangemessen sei. Ähnliche Kontroversen werden ausgefochten um Fragen wie: Welchen Begriff von Wahrheit soll die Volkswirtschaftslehre verwenden? Ist die Prognosefähigkeit einer ökonomischen Theorie das zentrale Merkmal dafür, ob sie wissenschaftlich ist oder nicht?

2.2.2 Fachdidaktikwissenschaften

Eine dritte Perspektive im Wissenschaftskontext richtet sich auf das Problem, die *Fachdidaktikwissenschaften* selbst zu integrieren, d.h. die sozialwissenschaftlichen Fachdidaktikwissenschaften systematisch aufeinander zu beziehen. Hier geht es um ein Integrationsproblem, das in unserem Zusammenhang auf zwei Ebenen auftritt: auf der interdisziplinären Ebene zwischen den

fachdidaktikwissenschaftlichen Disziplinen und auf der disziplinären Ebene
innerhalb der einzelnen Fachdidaktikwissenschaft.

Zunächst stellt sich auf der *interdisziplinären Ebene* ganz grundsätzlich
die Frage, ob die fachdidaktikwissenschaftlichen Disziplinen Politikdidaktik
und Wirtschaftsdidaktik systematisch aufeinander Bezug nehmen sollen, und
wenn ja, in welchen Bereichen und in welcher Form. Bisher tendieren sie –
jedenfalls im deutschen Sprachraum – dazu, maximalen Abstand voneinander
zu halten und sich im Zweifelsfall wechselseitig zu ignorieren. Im Gegensatz
zur gegenwärtig herrschenden minimalen wechselseitigen Aufmerksamkeit
zeigt schon ein flüchtiger Blick, dass die beiden fachdidaktikwissenschaftlichen Disziplinen es mit einer Reihe relevanter gemeinsamer Probleme und
Arbeitsfelder zu tun haben, die nach Integration durch ein gemeinsames For-
schungsprogramm verlangen. Um nur einige beispielhaft zu nennen: Methoden und Gegenstände der empirischen Fachunterrichtsforschung, Formen des
Fehlverstehens[19] bei Lernenden, etwa Kurzschlüsse von der Mikroebene auf
die Makroebene oder vom Privatleben auf die Politik (vgl. dazu Abschnitt 4),
die impliziten theoretischen Annahmen einzelner Lehr-Lern-Methoden, etwa
der Zusammenhang von Rollenspiel, Rollentheorie und Akteurstheorie, die
Interdependenz zwischen Methoden und Themen oder Inhalten, auf die sie
angewendet werden, Leistungen und Grenzen kategorialer fachdidaktischer
Konzeptionen, Probleme der systematischen Bestimmung von Lebenssituationen, Wirkungen, unbeabsichtigte Nebenwirkungen von Bildungsstandards
im sozialwissenschaftlichen Feld sowie systematische Zusammenhänge zwischen den Curricula für politisches, ökonomisches und gesellschaftliches
Lernen, die die Organisation und den Erfolg des Lernens unmittelbar tangieren.

Nur zwei Fragen, die hier geklärt werden müssen, als Beispiel: Was müssen Lernende, die sich in einem Fach Politik mit dem politischen Problem der
nachhaltigen kollektiven Sicherung des Alterseinkommens beschäftigen über
ökonomische Zusammenhänge wissen, und an welcher Stelle des Bildungs-
gangs erwerben sie dieses Wissen? Was müssen Lernende in einem Fach
Wirtschaft über die Funktionsweisen von Mediendemokratie und über die organisierten Verflechtungen zwischen Unternehmen, Politik und Verwaltung
wissen, wenn sie sich mit dem ökonomischen Problem industriepolitisch mo-
tivierter Subventionen, etwa am Beispiel von Stromproduzenten oder der
Aluminiumbranche, auseinander setzen, und woher kommt dieses Wissen?

Auch auf der *disziplinären Ebene* der einzelnen Fachdidaktikwissenschaft
treten Integrationsprobleme auf. Neben den bereits skizzierten Problemen im
Kontext der Integration der Bezugsdisziplin(en) sowie der Erkenntnisweisen

---

19 Wissenschaftlich vorsichtiger, weil nicht so stark normativ akzentuiert, muss man von unter-
    schiedlichen Wissensformen sprechen und vom Problem, zwischen diesen Wissensformen
    zu vermitteln oder Anschlussfähigkeit herzustellen, etwa zwischen dem politischen Alltags-
    wissen über Demokratie und dem Wissenschaftswissen darüber.

und Paradigmen stellen sich weitere Integrationsprobleme, wenn man mit situationalen Bildungskonzeptionen oder mit kategorialen Ansätzen ökonomischer, politischer oder gesellschaftlicher Bildung arbeitet.

Jede sozialwissenschaftliche Fachdidaktik, die ein *situationales Konzept* verfolgt und sich auf so genannte typische Lebenssituationen der Lernenden bezieht (vgl. Steinmann 1997), muss Integrationsprobleme bearbeiten. Aus der Sicht unserer Fragestellung[20] ist sie zunächst mit dem Problem konfrontiert, eine solche Situation etwa als politisch oder gesellschaftlich oder ökonomisch geprägte Situation zu identifizieren und zu beschreiben (oder als mehrfach geprägte). Dann muss sie dieser Lebenssituation fachliche Wissensbestände aller Art zuordnen, von denen sie annimmt, dass sie Lernenden helfen können, diese Situation jetzt oder später kompetenter zu bewältigen. Dieser Prozess rekonstruiert die jeweilige Lebenssituation als eine fachlich geprägte und fachlich zu bewältigende, wobei in aller Regel „fachlich" mit „fachwissenschaftlich" oder zumindest fachwissenschaftlich angeleitet gleichgesetzt wird. So gesehen leisten die Fachdidaktikwissenschaften eine fachwissenschaftliche Rekonstruktion dieser Lebenssituationen, indem sie ihnen fachliche Wissensbestände als situationsrelevant und deshalb bildungsrelevant zuordnen; dabei können sie selbstverständlich die Wissensbestände mehrerer Fachwissenschaften integrieren. Jede Zuordnungsentscheidung schließt zugleich andere potenziell relevante Wissensbestände aus oder bewertet sie zumindest als nachrangig; das ist grundsätzlich völlig legitim. Wird beispielsweise die Situation „Autokauf" als dominant ökonomische rekonstruiert, werden zugleich relevante gesellschaftliche Dimensionen dieser Situation abgeblendet, etwa die soziale Prägung, die die wahrgenommenen Entscheidungsalternativen stark reduzieren und die konkrete Entscheidung stark beeinflussen kann, etwa: Welcher Autotyp (Limousine, Cabrio, Kombi, Geländewagen usw.), welche Marke (BMW, VW, Volvo oder Daewoo usw.), welches Ausstattungsniveau, welche Akzeptanz negativer Folgen (Ressourcenverbrauch, Lärm, Abgase, Fußgängerschutz usw.)?

Jede fachdidaktikwissenschaftliche Rekonstruktion von Lebenssituationen bedeutet also notwendigerweise Integration oder Exklusion von Wissensbeständen aus unterschiedlichen Sozialwissenschaften, die doppelt in Beziehung gesetzt werden, zum einen zu den Anforderungen der Situation, zum anderen zu den „anderen" fachwissenschaftlichen Wissensbeständen. Dabei stehen disziplinär isolationistische Konzepte vor dem Problem, dass die Spezifika etwa der politikwissenschaftlichen Rekonstruktion einer Lebenssituation erst dadurch klar hervortreten, dass sie in Bezug zu spezifisch „anderen" Rekonstruktionen gesetzt werden, etwa zu soziologischen oder wirtschaftswissen-

---

20 Ich sehe hier davon ab, dass ein solcher Ansatz sich auf einer Phänomenologie von Lebenssituationen gründen muss, zu deren Bewältigung sozialwissenschaftliche Bildungen wesentlich beitragen können.

schaftlichen. So gesehen sind integrative Ansätze, d.h. hier Ansätze, die *auch* integrativ arbeiten, nicht integrativen Ansätzen tendenziell überlegen.

Die Fachzuordnung, für die sich die Fachdidaktikwissenschaften entscheiden, kann mit der vorherrschenden Zurechnung dieser Situation in der Gesellschaft korrespondieren oder ihr widersprechen. Mit der Bezeichnung „vorherrschend" soll betont werden, dass eine Lebenssituation zugleich als grundsätzlich multidimensional und als faktisch von einer dieser Dimensionen dominiert wahrgenommen werden kann. Selbstverständlich sind solche dimensionalen (im Alltagswissen) oder fachlichen (im Wissenschaftswissen) Zurechnungen von Lebenssituationen nicht ein für allemal fixiert, sondern veränderlich, die Akzente können sich im objektiven Lebenslauf, in der subjektiven Biographie und im Zuge von gesellschaftlichen Entwicklungen verschieben.

So wird man beispielsweise die typische Situation der (potenziellen) Erstwählerin im allgemeinen erwartungsgemäß als eine politische und nicht als eine ökonomische interpretieren und fachdidaktikwissenschaftlich u.a. so rekonstruieren, dass ihr etwa Wissensbestände über die Bedeutung von Wahlen für eine Demokratie, über politische Institutionen, Wahlrecht, Parteien und Programme und über Möglichkeiten strategischen Wählerverhaltens zugeordnet werden. Dazu gehört dann in aller Regel die normative Erwartung, als Wählerin vom Wahlrecht Gebrauch zu machen und sich vorher ein möglichst fundiertes Bild von den zur Wahl stehenden Personen oder Parteien zu machen.

In irritierender Absicht kann man dies selbstverständlich auch als typisch ökonomische Situation rekonstruieren, etwa in dem man ihr Wissensbestände aus der Neuen Politischen Ökonomik als relevant zuschreibt, und die Frage von Wahlbeteiligung und Wahlentscheidung als ein Problem interpretiert, dass allein durch ein privates, eigennütziges Kosten-Nutzen-Kalkül jeder einzelnen Erstwählerin zu lösen ist. Dann kommt es beispielweise darauf an, Verfahren zu erlernen, mit denen man seine Stimmabgabe oder Nichtabgabe so gestaltet, dass der persönliche Nutzen maximiert wird. Dazu gehört dann vielleicht die rationale und ebenfalls normative Erwartung, angesichts des minimalen Einflusses der eigenen Stimmabgabe auf das Wahlergebnis nur dann das Wahlrecht auszuüben, wenn ein positiver persönlicher Nettonutzen zu erwarten ist. Deshalb würde man auch immer versuchen, die Kosten des Sich-Informierens über Kandidatinnen und Parteien möglichst gering zu halten.

Gelingt es Lernenden, diese – dimensional und/oder disziplinär – unterschiedlichen Situationsinterpretationen nicht nur in Lernprozessen zu analysieren und zu reflektieren, sondern die Kompetenz zu erwerben, zwischen möglichen Interpretationen einer Situation, in der sie sich persönlich befinden, oder die allgemein relevant ist, angemessen und souverän zu wählen, also etwa vom ökonomischen zum politischen Denken und Handeln in einer Situation zu wechseln und umgekehrt, erreichen sie dadurch einen erheblichen Zugewinn an Autonomie. Diese Chance kann man nicht dem Zufall überlassen, sie verlangt fachdidaktikwissenschaftliche Integrationsarbeit.

Ein Beispiel möge dies verdeutlichen. Nehmen wir eine (reale oder in Lernkontexten thematisierte oder simulierte) Konsumsituation, bei der es um den Kauf von Gartenmöbeln aus dauerhaft regenfestem Holz geht, eine üblicherweise als „ökonomisch" interpretierte Situation, und unterstellen wir den Kaufinteressenten, einer Familie, eine starke ökologische Präferenz. Nehmen wir an, in „ihrer" Filiale einer großen Baumarktkette finden sie keine seriös als ökologisch zertifizierten Möbel. Die Rahmung der Situation als „ökonomische" gibt den Konsumenten zwei Optionen, nämlich exit, d.h. woanders kaufen, oder voice, d.h. sich über das fehlende umweltfreundliche Angebot beschweren; sie können natürlich zusätzlich über falsche kollektive Anreizsysteme nachdenken, aber das bringt ihnen in diesem Fall keinen konkreten Nutzen. Dagegen bringt die Rahmung der Situation als „gesellschaftliche" beispielsweise auch die Option der Bedürfnisreflexion in den Blick, was etwa dazu führen könnte, dass die Familie auf Tropenholz als Material verzichtet und Metallmöbel wählt. Die Rahmung der Situation als „politische" eröffnet neue Möglichkeiten, kann doch die familiäre Konsumentengruppe das fehlende Angebot zu einem öffentlichen Problem machen und beispielsweise die Sortimentspolitik des Unternehmens als umweltfeindlich kritisieren, z.B. indem sie einen Leserbrief an die Lokalzeitung schreibt oder Flugblätter vor dem Baumarkt verteilt. In der gesellschaftlichen und politischen Rahmung dieser Situation tritt außerdem die Möglichkeit hinzu, die engen Grenzen isoliert individuellen Handelns durch punktuelles oder längerfristiges kollektives Handeln zu überwinden.

Dieses Beispiel ist kein Plädoyer dafür, in sozialwissenschaftlichen Lernprozessen alle denkbaren relevanten Situationen multidimensional und multidisziplinär zu interpretieren, sondern ein Argument dafür, an einigen zentralen Stellen und wohldosiert, aber systematisch die Chancen zu nutzen, die eine solche situationsbezogene Integration der unterschiedlichen Dimensionen und disziplinären Perspektiven den Lernenden bietet, ihre Reflexions- und Handlungskompetenz sowie ihre Selbstwirksamkeit und Autonomie zu erweitern.

Auch jede sozialwissenschaftliche Fachdidaktikwissenschaft, die im Rahmen von kategorialen Konzepten fachliche Kategorien in das Zentrum ökonomischer, politischer oder gesellschaftlicher Bildung stellt, also einen kategorialen Grundansatz wählt, muss sich unweigerlich mit dem Problem der Integration auseinander setzen. Für situationale Bildungskonzeptionen sind die Situation und die in ihr typischerweise angelegten kognitiven, motivationalen und handlungsbezogenen Herausforderungen der strukturierende Faktor, mit dem fachwissenschaftliche Wissensbestände ausgewählt, geordnet und evaluiert werden. In kategorialen Bildungsansätzen dagegen wirken die fachwissenschaftlichen Kategorien als strukturierender Faktor, dem die Lebenssituationen nachgeordnet sind, sei es als Illustration oder als Testfall für die Leistungsfähigkeit der Kategorien. Selbstverständlich schließen sich beide Ansätze weder a priori noch in praxi aus.

Kategoriale Konzepte stehen vor dem Problem, dass die Sozialwissenschaften eine Reihe zentraler Kategorien zumindest nominell gemeinsam haben, z.B. Handlung, Interesse, Rationalität, Legitimität, Effizienz, Institution,
Macht, Kooperation, Vertrauen, Konflikt. Auf absehbare Zeit muss jede
Fachdidaktikwissenschaft im sozialwissenschaftlichen Feld davon ausgehen,
dass verwandte Fachdidaktikwissenschaften noch weitere relevante Kategoriensysteme in Umlauf bringen und dass die unterschiedlichen – politischen,
ökonomischen, gesellschaftlichen – Bildungen in diesem Feld ihren organisatorischen Niederschlag in irgendeiner Art von parallel, nacheinander oder
alternativ angeordneten und mono- oder multidisziplinär geschnittenen
Schulfächern finden. Damit ist das Integrationsproblem, die Kategorien in
Bezug zu setzen, auf Dauer gestellt und verlangt deshalb nach einer dauer-
haften Lösung. Soweit es sich um substanziell gemeinsame Kategorien handelt, die in den unterschiedlichen disziplinären Wissensbeständen relevant
und weitgehend identisch sind, kann man die fachdidaktikwissenschaftlichen
Integrationsbemühungen darauf beschränken, Bildungsprozesse arbeitsteilig
so zu organisieren, dass Lernende sich diese geteilten Kategorien im Laufe
eines Bildungsganges in *einem* fachlichen Kontext sinnvoll aneignen und
dann auch in anderen anwenden können. Soweit die gemeinsamen Kategori-
en aber nur nominell oder substanziell nur teilweise gleich verwendet werden, muss man sie systematisch zueinander in Beziehung setzen.

Die Fachdidaktikwissenschaften müssen jede für sich und in Kooperation
untereinander prüfen, ob und wie man ein basales sozialwissenschaftliches
Kategoriensystem konstruieren kann, das es Lernenden ermöglicht, sich das
kategorial Gemeinsame und das kategorial Unterschiedene anzueignen und in
einen Kategorienrahmen zu integrieren, der ihnen ermöglicht, diese Kategorien souverän anzuwenden, d.h. eigenständig und sachangemessen zu nutzen
für Analyse, Beurteilung, Entscheidung, Handlung und Reflexion hinsichtlich
ökonomischer, politischer und gesellschaftlicher Phänomene, Probleme und
Situationen. Diese kategoriale Integrationsleistung kann man nicht einfach
den Lernenden überlassen und sich damit begnügen, dass sie mit dem Problem,
eine Vielzahl von Kategorien zu integrieren, die ihnen in sozialwissenschaftlichen Schulfächern angeboten werden, schon irgendwie umgehen werden.

2.2.3 Lernsubjekte und Lernorganisation

Damit sind erneut die Integrationsprobleme angesprochen, die auf der Ebene
der Lernsubjekte auftreten; ich gehe hier nur kurz darauf ein. Generell kann
man davon ausgehen, dass die fachdidaktikwissenschaftlich ungelösten Integrationsprobleme auch Probleme für die Lernenden sind. So müssen sie etwa
Formen finden, die es ihnen erlauben, mit ähnlichen, aber unsystematisch nebeneinander oder nacheinander angesprochenen und unverbundenen Problemen, Themen, Inhalten, Methoden und Arbeitsformen pragmatisch umzuge-

hen. Sofern sie keine rein instrumentalistische Haltung zu Schulfächern und ihren Inhalten pflegen, sind sie mit der Aneignung allgemeiner sozialwissenschaftlicher Kompetenzen, die die isolierten fachspezifischen Kompetenzen verbinden oder integrieren, allein gelassen. Eine sozialwissenschaftliche Weltsicht, im Unterschied beispielsweise zu einer naturwissenschaftlichen oder ästhetischen, werden sie nur zufällig entwickeln können, weil es keinen systematischen Ort dafür gibt und man nicht unterstellen kann, dass eine sozialwissenschaftliche Weltsicht naturwüchsig aus soziologischen, wirtschafts- und politikwissenschaftlichen Weltsichten evolviert. Kurz: Alle Formen von Integrationsarbeit, die nicht schulisch organisiert werden, müssen die Lernenden aus eigener Initiative leisten – oder eben nicht.

Das schränkt auch ihre Reflexions- und Handlungskompetenz erheblich ein. Denn die Fähigkeit, eine relevante und typische Lebenssituation aus unterschiedlichen Perspektiven zu betrachten und für sich selbst einer bestimmten Dimension zuzuweisen, erwirbt man nicht von selbst. Es steigert die individuelle Autonomie, wenn man lernt, darüber reflektiert zu entscheiden, ob man beispielsweise seinen alltäglichen Einkauf als eine typisch ökonomische und/ oder als eine typisch politische und/oder typisch soziale Situation interpretieren möchte. Mit dieser Art von Perspektivenwechsel kompetent umzugehen, kann man nur lernen, wenn man sicher und systematisch die Gelegenheit dazu erhält.

Selbstverständlich können sich die Wirtschaftsdidaktik und die Politikdidaktik dafür entscheiden, sich darauf zu beschränken, in getrennten Leitbildern, unterschiedlichen Kerncurricula und eigenen Bildungsstandards genauer zu beschreiben, was eine ökonomisch gebildete bzw. was eine politisch gebildete Persönlichkeit ist, und welche Wege und Arrangements besonders aussichtsreich zu sein scheinen, möglichst vielen Lernenden die Möglichkeit zu geben, sich jedem der beiden Leitbilder möglichst weit zu nähern. Dies könnte man etwa mit der Unmöglichkeit begründen, ein integriertes Leitbild einer *sozialwissenschaftlich gebildeten Persönlichkeit* zu entwickeln, oder der übermäßigen Komplexität, die für alle Beteiligten damit verbunden ist. Das ließe sich allerdings nicht als sozialwissenschaftliche Sondersituation ausweisen, sondern müsste konsequenterweise auf alle Lernbereiche übertragen werden, indem man sich ganz von übergeordneten Vorstellungen wie naturwissenschaftliche, literarische, musische oder sprachliche Bildung verabschiedet. Ob dann die Idee von Allgemeinbildung noch haltbar wäre, kann hier nicht diskutiert werden.

Auf jeden Fall plädiere ich nachdrücklich dafür, die Lernenden mit dem Problem der Integration nicht allein zu lassen. Vielmehr müssen die Fachdidaktikwissenschaften und die Curriculumkonstrukteure – völlig unabhängig davon, wie sie sich in der Frage der schulfachlichen Struktur im sozialwissenschaftlichen Feld entscheiden – Verantwortung für das Integrationsproblem übernehmen und versuchen, sinnvolle Formen für seine Bearbeitung zu erfinden, anzuwenden und zu evaluieren; dazu sollen die folgenden Überlegungen etwas beitragen.

3. Formen der Integration in der sozialwissenschaftlichen Bildung

Die Integrationsdebatte in den sozialwissenschaftlichen Fachdidaktiken hat sich bisher fast ausschließlich auf die generelle Frage bezogen, ob es Sinn macht, die Großdisziplinen Wirtschaftswissenschaften, Soziologie und Politikwissenschaft in einem Schulfach zusammenzufassen oder zu integrieren (vgl. im Einzelnen 2.2.1 und Hedtke 2002). Kritisiert werden besonders die Konsequenzen, die daraus für die Konzeption von Fachdidaktikwissenschaften, für die fachdidaktikwissenschaftliche Hochschulausbildung sowie für die formale und inhaltliche Organisation von schulischen Lernprozessen zu ziehen sind (z.b. Rosen 2000, Kaminski 2002a).

In dieser *bezugsdisziplinären* Form des Integrationsproblems geht es darum, für sozialwissenschaftliches Lernen Inhalte, Verfahren oder Themen aus unterschiedlichen wissenschaftlichen Disziplinen angemessen aufeinander zu beziehen. Dieses Problem stellt sich selbst dann, wenn man auf eine Integration zwischen mehreren sozialwissenschaftlichen Schulfächern ganz verzichtet. Denn auch für isoliert gedachte Fächer muss man zeigen können, auf welche Weise sie zu einem übergreifenden Bildungsziel beitragen und welche Wechselwirkungen zwischen ihnen zu erwarten sind[21]. Diese Disziplinen können z.B. Betriebswirtschaftslehre und Volkswirtschaftslehre oder Politikwissenschaft und Volkswirtschaftslehre oder Internationale Wirtschaftsbeziehungen (Volkswirtschaftslehre) und Internationale Beziehungen (Politikwissenschaft) sein. Ob und wie dies im Rahmen schulischen Lernens sinnvoll und möglich ist, wird kontrovers diskutiert. Empirisches Wissen über sozialwissenschaftliches Lernen spielt in dieser Debatte so gut wie keine Rolle.

Die bezugsdisziplinäre Form des Integrationsproblems tritt in zwei Varianten auf. Die erste versteht das Integrationsproblem als *großdisziplinäres* Integrationsproblem. Es geht dabei um *interdisziplinäre* Integration im klassischen Sinne, wie sie seit den siebziger Jahren vor allem für die Sozialwissenschaften, aber auch für die Naturwissenschaften diskutiert und praktiziert wird. Beispiele sind integrativ angelegte Schulfächer wie Gemeinschaftskunde/Wirtschaftslehre, Gesellschaftslehre, Arbeitslehre und Sozialwissenschaften sowie die vielfältigen Versuche, fächerübergreifenden Unterricht als schulfach- und disziplinenübergreifendes Lernen zu organisieren. Kombiniert wird auch mit anderen Fächern wie z.B. Geschichte, Geographie oder Recht. Die Debatte um das Verhältnis von ökonomischer und politischer Bildung im

---

21 Das gilt jedenfalls solange, wie man daran festhalten will, dass nach Fächern strukturierte Bildungsgänge den einzelnen Fächern übergeordneten, allgemeineren Bildungszielen folgen und dass die Beiträge, die ein Einzelfach dazu leistet, nicht bloß als isoliertes, fachliches Additiv formuliert, sondern systematisch auf das Erreichen dieser Bildungsziele bezogen sein sollen.

Unterricht der allgemein bildenden Schulen wird von der interdisziplinären Variante des Integrationsproblems dominiert.

Für die zweite Variante der bezugsdisziplinären Integration stellt sich das Problem bereits auf der *teildisziplinären* Ebene innerhalb einer Großdisziplin; danach steht man bereits *intradisziplinär* vor erheblichen Integrationsproblemen (Pandel 2001; Hedtke 2003). Beispiele sind für die Soziologie etwa Wirtschaftssoziologie, Kultursoziologie und Konsumsoziologie oder für die Wirtschaftswissenschaften Makroökonomik und Marketingwissenschaft. So kann es auf Grund der größeren Affinität einfacher sein, die Teildisziplinen Marketingwissenschaft und Konsumsoziologie aufeinander zu beziehen als Marketingwissenschaft und Konsumökonomik.

Wer im sozialwissenschaftlichen Feld nach Integration strebt, kann zwischen zwei grundsätzlich unterschiedlichen Vorgehensweisen wählen. Eine Vorgehensweise greift gezielt auf gemeinsame, von den für die Integration relevanten Disziplinen geteilte Wissensbestände zu. Hier besteht die Integrationsleistung darin, das bereits vorhandene Gemeinsame der Disziplinen, das für schulische Lehr-Lern-Prozesse relevant ist, zu finden. Es handelt sich also um eine scheinbare Integration, da die Wissensbestände faktisch schon „integriert" oder überdisziplinär sind und „nur noch" identifiziert werden müssen. Ein Beispiel für eine scheinbare Integration sind sozialwissenschaftliche und fachdidaktische Methoden wie etwa die Verfahren der deskriptiven Statistik oder das Rollenspiel. Die andere Vorgehensweise führt disziplinär unterschiedliche Wissensbestände gezielt zusammen, z.B. um gesellschaftliche Phänomene zu beschreiben oder gesellschaftliche Probleme zu bearbeiten; dies ist eine echte Integrationsleistung. Ein klassisches[22] Beispiel dafür bieten die beiden stilisierten Typen von Lösungsvorschlägen, mit denen die Kluft zwischen Umweltbewusstsein und Umweltverhalten überwunden werden soll: die diskursive Strategie, die darauf setzt, dass Normen und kommunikative Überzeugung wirken, und die ökonomische Strategie, die damit rechnet, dass systematische Anreize und Sanktionen besser funktionieren.

Angesichts dieser insgesamt eher unübersichtlichen Situation neigen Fachdidaktikwissenschaften gelegentlich dazu, mit tradierten Fiktionen von ihrer Bezugsdisziplin arbeiten, obwohl es diese in dieser Form schon lange nicht mehr gibt (vgl. 2.2.1). Als Leitvorstellung für die Gestaltung von Schulfächern und Lernsequenzen führen solche Fiktionen systematisch in die Irre, sie vertiefen die Trennung zwischen Schule und Wissenschaft. Fachdidaktische Fiktionen von Bezugsdisziplinen könnten allenfalls dann zulässig sein, wenn sie als stark reduzierte Idealtypen Lernenden den Zugang zu den Grundstrukturen von Fachlichkeit und Disziplinarität erleichtern. Dazu bedarf es aber einer sehr sorgfältigen Begründung und einer klaren Strategie, wie diese aus fachdidakti-

---

22 Das Beispiel ist zwar klassisch, überzeugt aber nicht, da die „ökonomische Strategie" nicht disziplinspezifisch ist (vgl. 2.2.4).

schen (!) Gründen zunächst aufgebaute Fiktion gezielt und vor allem erkenntnisfördernd wieder relativiert und durchschaut werden kann. Inakzeptabel sind solche Fiktionen allerdings, wenn man sie als Argument verwendet, um eine spezifische fachdidaktikwissenschaftliche Identität zu konstruieren.

Versucht man, die Verengung auf die bezugsdisziplinäre Diskussion zu überwinden und einen systematischen Rahmen der denkbaren Formen aufzuspannen, in denen eine Integration von ökonomischer und politischer Bildung (zur Erinnerung: und gesellschaftlicher Bildung) in den Schulen möglich ist, bietet sich eine breite Palette sehr unterschiedlicher Integrationsmöglichkeiten. Mit dem oben eingeführten Integrationsbegriff (vgl. Einleitung zu Kap. 2) erschließt sich ein breites Feld von Formen, in denen eine Integration von ökonomischem, politischem und sozialem Lernen zu einer sozialwissenschaftlichen Bildung möglich ist, ohne die Unterschiede zwischen ihren disziplinär akzentuierten Teilbereichen einzuebnen. Das Spektrum möglicher Integrationsformen werde ich im Folgenden skizzieren, vor allem mit der Absicht, integrative Gestaltungsmöglichkeiten aufzuzeigen und integrative Kreativität und Phantasie anzuregen.

Im sozialwissenschaftlichen Lernfeld kann man zunächst einen formalen, einen inhaltlichen und einen methodisch-paradigmatischen Grundtypus von Integration unterscheiden (vgl. Hedtke 2002, 48). Indem man den letzteren in zwei Grundtypen ausdifferenziert, einen Typus methodischer und einen paradigmatischer Integration, und indem man die auf ein übergeordnetes Bildungsziel ausgerichtete intentionale Integration ergänzt, ergibt sich ein Spektrum von fünf Grundtypen der Integration (Übersicht 1). Jedem Grundtyp kann man mehrere Integrationsformen zuordnen, die ich im Folgenden erläutern werde. Dabei beschreibe ich die Charakteristika der unterschiedlichen Integrationsformen mit Blick auf in Schulen organisierte Lehr-Lern-Prozesse; vor allem hinsichtlich der schulfachorganisatorischen, curricularen und lernplanerischen Aspekte. Die Unterscheidung der Integrationstypen und -formen dient vor allem einem systematischen Überblick über Integrationsmöglichkeiten im schulischen Kontext.

Die Grundtypen von Integration beziehen sich nicht auf bestimmte Bildungsstufen, sondern können zunächst stufenunspezifisch dargestellt werden. Viele der unten aufgeführten Integrationsformen lassen sich auch in der universitären Lehrerinnenausbildung anwenden. Einige können in einer stark elementarisierten Form auch auf unteren Klassenstufen angewendet werden.

Eine Stufendifferenzierung bedarf einer eingehenderen Analyse, die hier nicht erfolgen kann. Aber eine Unterscheidung zwischen der Sekundarstufe I und der Sekundarstufe II muss betont werden, bevor die Integrationsformen im Einzelnen dargestellt werden: die Unterscheidung zwischen Wissenschaftsorientierung und Wissenschaftspropädeutik (vgl. Reinhardt 1997a). Insbesondere in den unteren und mittleren Klassenstufen der Sekundarstufe I ist ein nach Wissenschaftsdisziplinen differenziert unterschiedenes Lernen weniger relevant als in der Sekundarstufe II. Stark disziplinäre Akzentuierungen sind ein Spezifikum der gymnasialen Oberstufe, das man nicht einfach auf die Sekundarstufe I übertragen kann. Die Gefahr, dies doch im Übermaß zu tun, wächst dadurch, das viele Fachdidaktikwissenschaftlerinnen monodisziplinär ausgebildet und ausgerichtet sind (bezogen auf das Feld der Sozialwissenschaften), und dass sich diese Ausrichtung durch die vielerorts dominant monodisziplinären Strukturen des universitären Wissenschaftsbetriebs verfestigt haben (Fachbereich, Fakultäten, Denominationen von Professuren, wissenschaftliche Gemeinschaften, Fachverbände, Fachzeitschriften, usw.). Insgesamt gibt es deshalb einen Trend, die Bedeutung von Disziplinarität für das Lehren und Lernen in der Schule zu überschätzen.

Übersicht 1

> **Grundtypen und Formen von Integration**
>
> *1. formaler Integrationstyp*
> - schulfachlich
> - sequentiell
> - negativ
>
> *2. inhaltlicher Integrationstyp*
> - orientierend
> - deskriptiv
> - kategorialanalytisch
> - problembezogen
>
> *3. methodischer Integrationstyp*
> - lernmethodisch
> - wissenschaftsmethodisch
>
> *4. konzeptioneller Integrationstyp*
> - methodologisch
> - paradigmatisch
>
> *5. intentionaler Integrationstyp*
> - leitbildbezogen
> - kompetenzorientiert

3.1 Organisatorisch-formale Integration

Soweit sich schulisches Lehren und Lernen in irgendeiner Form auf wissenschaftliche Disziplinen oder gesellschaftliche Wirklichkeitsbereiche bezieht, muss dieser Bezug formal organisiert werden, zum einen in einer – wie auch immer – disziplinorientierten Struktur von Schulfächern oder Lernbereichen, zum anderen in der zeitlichen Struktur von Klassenstufen und diversen Sequenzierungsformen von Lernen. Die radikalste Variante dieses *formalen*

Integrationstypus ist die negative Integration, die das Integrationsproblem überhaupt nicht als Aufgabe der Schule akzeptiert.

Übersicht 2

Formaler Integrationstyp
- schulfachliche Integration
    - Zuordnung von zwei oder mehr Bezugsdisziplinen oder Wirklichkeits-
      bereichen zu einem Schulfach

- sequentielle Integration
    - Zuordnung einzelner Bezugsdisziplinen oder Wirklichkeitsbereichen zu
      bestimmten Lernphasen (Aufgaben, Projekte, Kurse, Klassen, Stufen)

- negative Integration
    - Verschiebung des Integrationsproblems in den Privatbereich der Lernenden

---

Bei der *schulfachlichen Integrationsform* werden zwei oder mehr Bezugsdisziplinen oder Wirklichkeitsbereiche in einem Schulfach oder einem Lernbereich zusammengefasst. Viele Fächer erscheinen auf Grund ihrer Bezeichnung auf den ersten Blick als Integrationsfächer, z.B. Wirtschaft/Politik oder Sozialwissenschaften, während andere als Integrationsfächer weitgehend unerkannt bleiben, z.B. Deutsch, Englisch oder Französisch, die sich aber auf die beiden recht unterschiedlichen Disziplinen Literaturwissenschaft und Linguistik beziehen.

Die bildungsadministrative Phantasie scheint bei Fragen schulfachlicher Integration recht groß zu sein, was einige Beispiele zeigen mögen[23]: Geschichte/Gemeinschaftskunde (Baden-Württemberg, Hauptschule), Geschichte/Sozialkunde/Erdkunde (Bayern, Hauptschule), Wirtschaft/Recht (Bayern, Realschule), Politik/Gesellschaft/Wirtschaft (Hamburg, Gymnasium, S I), Politik/Wirtschaft (Hessen, Hauptschule, Realschule, Gymnasium), Wirtschafts- und Sozialkunde (Rheinland-Pfalz, Realschule), Gesellschaftswissenschaften (Saarland), Gemeinschaftskunde/Rechtserziehung/Wirtschaft (Sachsen, Gymnasium), Wirtschaft/Umwelt/Europa (Thüringen, Regelschule).

Nicht nur die Motive und Argumente, die die Fächerkompositionen anleiten, fallen äußerst heterogen aus. Auch das Niveau der argumentativen Anstrengung erweist sich als sehr unterschiedlich. Während in den integrativen Lehrplänen einiger Länder ein erheblicher Begründungsaufwand getrieben wird, z.B. in Hamburg und Nordrhein-Westfalen (Sozialwissenschaften), bleibt die „Argumentation" andernorts recht lapidar: „Die Fächer Geschichte, Sozialkunde und Erdkunde sind zu einer Fächergruppe zusammengefasst" (Geschichte/Sozialkunde/Erdkunde, Bayern, Hauptschule, 1997, 52). „Das

---

23 Die hier und im Folgenden angeführten Lehrpläne werden zitiert aus der Lehrplandatenbank „Politische Bildung", online frei zugänglich unter www.lehrplaene.org.

Angebot des Wahlpflichtfaches Wirtschafts- und Sozialkunde (...) erweitert die Bildungsmöglichkeiten um sozioökonomische Lernziele und Lerninhalte" (Wirtschafts- und Sozialkunde, Rheinland-Pfalz, Realschule, 1999, 5). Sachsen verzichtet für das Fach Gemeinschaftskunde/Rechtserziehung/Wirtschaft gleich ganz darauf zu begründen, was das Fach inhaltlich zusammenhält (1992, 7).

Mit Hilfe einer gezielten zeitlichen Anordnung von einzelnen gesellschaftlichen Wirklichkeitsbereichen oder sozialwissenschaftlichen Disziplinen zu bestimmten, unterschiedlich langen Lernphasen kann man eine *sequentielle Integration* anstreben. Die sequentielle Integration bietet vielfältige Gestaltungsmöglichkeiten. Einige Beispiele mögen genügen. Disziplinär oder objektbereichsbezogen getrennte, systematische Lehrgänge können in problemorientierten Lerninseln münden, und dann wieder getrennt werden (symbolisiert als H-Modell); oder man beginnt in den unteren Klassen mit einem Integrationsfach, dass in höheren Klassen in disziplinäre Teilfächer differenziert wird (disziplinäres Y-Modell); oder man startet eine Klassenstufe mit einem relevanten gesellschaftlichen Problem wie Arbeitslosigkeit und differenziert dann in parallele, disziplinär unterschiedene Lernwege (problembezogenes Y-Modell); oder disziplinär getrennte Langzeitphasen münden in einer integrativen Problembearbeitung (Λ-Modell).

Über die Wirkungen von Sequenzierungsformen im Vergleich wissen wir empirisch nichts Genaues. Unbeschadet dessen gestaltet die bildungsadministrative Praxis die sequentielle Integration sehr unterschiedlich aus. So enthält beispielsweise das Fach Politik/Gesellschaft/Wirtschaft für die Sekundarstufe I des Gymnasiums in Hamburg drei, unterschiedlichen Klassenstufen zugeordnete Blöcke „Wirtschaft", zuerst Haushalt, Betrieb und Arbeitswelt, dann Markt, Marktwirtschaft und Wirtschaftspolitik und schließlich Weltwirtschaft, internationale Politik und Menschenrechte (2003, 9).

Die *negative Integrationsform* erklärt sich – in der Regel durch schlüssiges Handeln und nicht durch explizite Argumente – als nicht zuständig für die Lösung des Problems der Fächerintegration oder sie behandelt dieses Problem faktisch als schulisch nicht lösbar. Aus meiner Sicht ist die negative Integrationsform nicht legitim – für den sozialwissenschaftlichen Fächerbereich genau so wenig wie für den naturwissenschaftlichen –, da sie die Integrationsarbeit der privaten Anstrengung der Lernenden überlässt und das Risiko des Scheiterns damit privatisiert, ohne angeben zu können, ob und wie diese Integration gelingen kann. Man kann diese Negation nur mit zwei Argumentationstypen legitimieren, indem man eine Integration als unmöglich nachweist oder indem man sie als überflüssig erklärt. Diese Integrationsform, die die Integration einfach den Schülerinnen selbst überlässt, ist mit allen anderen Formen unvereinbar.

3.2 Inhaltlich-thematische Integration

Die unterschiedlichen Disziplinen und Erkenntnisweisen im sozialwissenschaftlichen Feld kann man auch in inhaltlicher und thematischer Hinsicht in Beziehung setzen. Ich unterscheide vier Formen, die der *inhaltliche Integrationstyp* annehmen kann: die orientierende, die deskriptive, die kategorialanalytische und die problembezogene Integration (Übersicht 3).

Übersicht 3

Inhaltlicher Integrationstyp

– orientierende Integration
    – Aufbau und Nutzung eines gemeinsamen Orientierungswissens über die gesellschaftliche Wirklichkeit
 	
– deskriptive Integration
    – Verbindung von disziplinär unterschiedlichen Beschreibungen eines gesellschaftlichen Phänomens
 	
– kategorialanalytische Integration
    – Nutzung gemeinsamer oder ähnlicher sozialwissenschaftlicher Kategorien zur Beschreibung und Analyse von Phänomenen
 	
– problembezogene Integration
    – Zusammenführung von disziplinär unterschiedlichen Ansätzen zur Bearbeitung eines Problems oder Themas

Die *orientierende Integrationsform* versucht, das grundlegende Orientierungswissen über die verschiedenen Bereiche der gesellschaftlichen Wirklichkeit, auf das alle Fächer des sozialwissenschaftlichen Lernbereichs zurückgreifen müssen, zu identifizieren und systematisch aufzubauen. Dazu gehört z.B. Wissen über die Formen und Regeln des gesellschaftlichen Zusammenlebens, über typische Organisationen und Institutionen in Politik, Wirtschaft und Gesellschaft (Familie, Privater Haushalt, Unternehmen, Gemeinde, Wahlen, Eigentum, usw.) oder über elementare Grundzüge der Gesellschafts-, Staats-, Rechts- und Wirtschaftsordnung. Solange diese elementaren Orientierungsfunktionen additiv bleiben, handelt es sich um eine scheinbare Integration.

Bei der *deskriptiven Integration* führt man Wissensbestände aus unterschiedlichen Disziplinen zusammen, um ein gesellschaftliches Phänomen multiperspektivisch darstellen und dann analysieren zu können. So erscheinen Kaufhandlungen (Konsum) in ganz unterschiedlichem Licht, wenn sie etwa in drei grob stilisierten Alternativen beschrieben werden: als Ergebnis von mehr oder weniger rationalen, individuellen und kaum von außen gesteuerten Entscheidungen (Haushaltsökonomik), als gezielt durch Produktgestaltung und Werbestrategien der Anbieterunternehmen beeinflusst (Marketingwissenschaft) oder als stark von der gruppenspezifischen Konsumkultur, mit der man sich identifiziert, und ihren Normen und Moden geprägt (Konsumsoziologie). Auf ähnliche Weise kann aus normativ stark aufgeladenen Appellen, seine demokratischen Rechte auszuüben und an einer politischen Wahl teilzunehmen, ein kühles Kalkül darüber werden, welchen individuellen Nutzen man von der Stimmabgabe hat.

Die *kategorialanalytische Form der Integration* nutzt gemeinsame oder ähnliche Kategorien, mit denen die sozialwissenschaftlichen Disziplinen arbeiten, um gesellschaftliche Phänomene zu beschreiben und zu analysieren. Das betrifft zum einen – für den schulischen Kontext verwendet – einfachere Kategorien wie Akteur, Organisation, Eigennutz, Kooperation oder Konflikt, zum anderen komplexere Kategorien wie Interesse, Institution oder Macht. Beim Themenkomplex Soziale Marktwirtschaft können beispielsweise die unterschiedlich akzentuierten Kategorien Institution, Partizipation, Ungleichheit und Gerechtigkeit im Zentrum stehen. Es dürfte unmittelbar einleuchten, dass auch bei drei getrennten Schulfächern Wirtschaft, Politik und Gesellschaft entschieden werden muss, wie der Erwerb gemeinsamer und ähnlicher sozialwissenschaftlicher Kategorien organisiert und zwischen den Fächern aufeinander bezogen werden soll. So betrachtet sind Formen einer kategorialanalytischen Integration notwendig.

Noch weit unterhalb des Anspruches einer kategorial angeleiteten Integration stellt sich das Problem, dass die sozialwissenschaftlichen Schulfächer – sofern sie in der Bildungspraxis überhaupt mit disziplinär definierten Kategorien arbeiten –, notwendigerweise bei den Lernenden Kategorienkonfusion oder den Rückfall in Alltagsbegriffe auslösen, wenn sie die inhaltliche Unterscheidung und unterschiedliche Anwendung gleich oder ähnlich lautender Kategorien nicht organisieren, sondern in den getrennten Schulfächern einfach parallel vermitteln. Das gilt etwa für Kategorien wie Organisation, Institution oder Macht. Die kategoriale Integration, d.h. eine wechselseitige Bezugnahme der Fächer in der Dimension des Kategorienerwerbs, ist also unumgänglich.

Stellt man ein gesellschaftliches Problem wie Arbeitslosigkeit, Jugendkriminalität oder Fremdenfeindlichkeit an den Anfang eines Lernprozesses und fragt danach, welche Beiträge die sozialwissenschaftlichen Disziplinen, ihre Verfahren, Denkweisen, Theorien und Ergebnisse, zu seiner Analyse und Lösung anzubieten haben, praktiziert man eine Form der *problembezogenen Integration*. So kann man etwa zum Problem der Langzeitarbeitslosigkeit Fragestellungen, Konzeptionen und Ergebnisse z.B. aus der Arbeitssoziologie, der Sozialpsychologie, der Arbeitsökonomik und der Politikfeldanalyse heranziehen und damit nicht nur unterschiedliche Dimensionen und Lösungsarten für dieses Problem erarbeiten, sondern auch die unterschiedlichen Definitionen des Problems, die sich aus diesen disziplinären Zugängen ergeben.

Beim Themenkomplex Verbändestaat wären etwa Politische Soziologie, Politische Ökonomie, Ökonomische Theorie der Politik oder Demokratietheorie mögliche Bezugsdisziplinen. Auch bei eher als „persönlich" eingeordneten Problemen wie der Berufswahl kann man nach disziplinären Lösungsbeiträgen fragen. Selbstverständlich muss man die disziplinären Zugriffe auf unteren Schulstufen auf exemplarische Aspekte, Dimensionen oder Perspektiven reduzieren, die gleichwohl den jeweiligen disziplinären Kern in verständlicher Form verkörpern.

Interdisziplinäres Arbeiten heißt also im Fall der problembezogenen Integration, dass die Lernenden die disziplinären Zugriffe miteinander kombinieren, um deren unterschiedliche und gemeinsame Beiträge zur Problemlösung zu erkennen und anzuerkennen, aufeinander zu beziehen, wechselseitig zu relativieren und hinsichtlich des Zusammenhangs von Disziplinarität, Problemdefinition und Problemlösung zu reflektieren. An der problembezogenen Integrationsform zeigt sich übrigens auch exemplarisch, dass die hier vorgestellten Integrationsformen idealtypischen Charakter haben und nicht immer trennscharf sind. Selbstverständlich kann man schon für die Problembeschreibung deskriptive und kategoriale Integrationsformen nutzen.

Die nordrhein-westfälischen Richtlinien für Sozialwissenschaften (Sekundarstufe II) betrachten die problemorientierte Integration als die anspruchsvollste von drei Integrationsstufen, als interdisziplinäre Integration (vgl. MSWWF 1999, 13). Sie unterscheiden eine additive, komplementäre und interdisziplinäre Integration. Bei einem *additiven* Umgang mit den Bezugsdisziplinen werden die unterschiedlichen Zugriffsweisen, etwa von Soziologie, Ökonomik und Politikwissenschaft, im Lernprozess nebeneinander oder nacheinander herangezogen, um ein gesellschaftliches Problem zu definieren, zu dimensionieren, zu beschreiben, zu analysieren und zu beurteilen. Wird eine Disziplin für eine Phase, ein Thema oder einen Kurs zur Leitdisziplin, erfüllen die übrigen Bezugsdisziplinen eine *komplementäre* Funktion, indem sie zu bestimmten Aspekten ihre disziplinspezifischen Perspektiven, Methoden, Ergebnisse und Einsichten ergänzen. Additive und komplementäre Integration schärfen das Bewusstsein von Disziplinarität. Beherrschen die Lernenden die disziplinären Zugriffsweisen hinreichend, können diese in kontrollierter Form zusammengeführt werden, um ein komplexes Thema oder Problem *interdisziplinär* zu bearbeiten.

3.3 Methodische Integration

Für den Kontext schulischen Lernens muss man zwei Formen der *methodischen Integration* berücksichtigen, die lernmethodische und die wissenschaftsmethodische Integration (Übersicht 4). In beiden Fällen handelt es sich vorwiegend um eine scheinbare Integration, da man auf die bestehenden gemeinsamen Methodenbestände der sozialwissenschaftlichen Fachdidaktiken und der sozialwissenschaftlichen Disziplinen zurückgreifen kann.

Übersicht 4

Methodischer Integrationstyp
– lernmethodische Integration
– Aneignung und Anwendung gemeinsamer Lehr-Lern-Methoden
– wissenschaftsmethodische Integration
– Aneignung, Anwendung und Reflexion gemeinsamer sozialwissenschaft-licher Methoden
– Vergleich unterschiedlicher Akzentsetzungen in der vorherrschenden Methodenpraxis der Disziplinen

Systematisch unterscheiden kann man die lernmethodische Integration und die wissenschaftsmethodische Integration. Bei der *lernmethodischen Integration* geht es darum, Aneignung und Anwendung der Lehr-Lern-Methoden, die sowohl von der politikdidaktischen wie von der wirtschaftsdidaktischen Forschung empfohlen werden, sinnvoll zu organisieren. Dazu gehören Methoden wie Rollenspiel, Fallstudie, Pro-Contra-Debatte, Hearing oder Modellanalyse, um nur einige wenige Beispiele zu nennen. Wirtschaftsdidaktik und Politikdidaktik verfügen über einen Bestand an Lehr-Lern-Methoden, der weitestgehend identisch ist und sich bestenfalls durch die Anwendungsbeispiele unterscheidet (vgl. z.B. Kuhn/Massing 2000, Kaiser/Kaminski 1999, Weber 1995). Insbesondere im Hinblick auf die Primarstufe und die Sekundarstufe I lassen sich keine relevanten disziplinären Differenzen bei den Lernmethoden ausmachen.

Ganz ähnlich[24] stellt sich Situation aus Sicht einer *wissenschaftsmethodischen Integration* dar, jedenfalls dann, wenn man diese Methoden aus Sicht ihrer schulischen Relevanz betrachtet. Auch hier gibt es einen großen gemeinsamen sozialwissenschaftlichen Methodenbestand, z.B. Verfahren der deskriptiven Statistik, Fallstudie, Planspiel, Befragung, Modellbildung, Simulation oder einfache spieltheoretische Experimente und Modelle. Mit Blick auf die allgemein bildende Schule verblassen die disziplinären Unterschiede, sieht man von Leistungskursen in der Sekundarstufe II ab. Auch hier steht man vor der Aufgabe, diejenigen der sozialwissenschaftlichen Methoden, die Lernende in der Schule erwerben sollen, sinnvoll auszuwählen, anzuordnen, Fächern zuzuordnen und aufeinander zu beziehen.

---

24 Zum Teil kann man Lernmethoden und sozialwissenschaftliche Methoden nur an ihrem Verwendungszusammenhang und ihrem Komplexitätsniveau unterscheiden, was sich an Beispielen wie Fallstudie, Planspiel und Experiment zeigen lässt.

Damit scheint die methodische Integration ein Integrationstyp zu sein, der vergleichsweise unkompliziert zu organisieren und umzusetzen ist; jedenfalls ist er deutlich weniger anspruchsvoll als der paradigmatische Integrationstyp. Im sozialwissenschaftlichen Lernbereich oder in einem Rahmenfach Sozialwissenschaften kann (und muss) der Erwerb gemeinsamer Analysemethoden der sozialwissenschaftlichen Disziplinen systematisch geplant und auf unterschiedliche Fächer, Kurse oder Projekte aufgeteilt und als kumulativer Lernprozess organisiert werden. Man kann die Planung so anlegen, dass disziplinübergreifende Analysemethoden in unterschiedlichen disziplinären und thematischen Kontexten wiederholt angewendet und gefestigt werden.

3.4 Konzeptionelle Integration

Sozialwissenschaftliche Methodologien und Paradigmen – also fundamentale, grundlegend unterschiedliche sozialwissenschaftliche Konzeptionen – stehen im Zentrum des *konzeptionellen Integrationstypus* (Übersicht 5). Dieser Typ wird dann zur scheinbaren Integration, wenn man „integrativ" auf Methodologien und Paradigmen zurückgreift, die zum gemeinsamen Kernbestand unterschiedlicher Sozialwissenschaften gehören; er leistet eine echte Integration, wenn man vergleichend mit unterschiedlichen Methodologien oder Paradigmen arbeitet.

Übersicht 5

Konzeptioneller Integrationstyp

- methodologische Integration
  - Aneignung und Anwendung einer überdisziplinären Denkmethode/ Erkenntnisweise
    - z.B. Umweltschutzpolitik in der Perspektive des Methodologischen Individualismus
  - vergleichende Aneignung und Anwendung von disziplinären Denkmethoden

- paradigmatische Integration
  - Aneignung und Anwendung gemeinsamer sozialwissenschaftlicher Paradigmen
    - z.B. Krise des Steuerstaates aus Sicht des Institutionalismus oder der Rational-Choice-Theorie
  - vergleichende Aneignung und Anwendung unterschiedlicher sozialwissenschaftlicher Paradigmen
    - z.B. privater Konsum/Haushalt aus Sicht der Ökonomischen Verhaltenstheorie und des Alten Institutionalismus

Bei der *methodologischen Integration* analysiert man ein Problem oder Thema mit einer disziplinübergreifend verwendeten Methodologie oder im Vergleich von zwei Methodologien, beispielsweise den Grundideen des Methodologischen Individualismus oder des Methodologischen Holismus oder der verstehenden und der kritisch-rationalen Methode. Auch dann, wenn man mit fundamentalen Erkenntnisweisen arbeitet, etwa mit der quantitativ-statistischen (s.u.), praktiziert man eine Form der methodologischen Integration. Verglichen mit der methodischen Integrationsform stellt die methodologische Integration höhere Anforderungen an das Abstraktionsvermögen. Aber in elementarisierter Form und an geeigneten Exempeln können beispielweise auch Grundlinien der hermeneutischen oder der kritisch-rationalen Denkfigur schon in der Sekundarstufe I erarbeitet und angewendet werden, etwa in Form eines zweistufig (oder alternierend) organisierten Lernweges, in dessen Verlauf ein Phänomen wie geschlechtsspezifisches Konsumverhalten am Beispiel der Taschengeldverwendung zunächst mit einer verstehend-interpretierenden Herangehensweise und dann in einem einfachen hypothesenprüfenden Verfahren bearbeitet und beide Vorgehensweisen thematisiert und reflektiert werden.

Die methodologische Integrationsform kann man mit einem Vorschlag von Hans-Jürgen Pandel illustrieren. Er hat zum Problem der *interdisziplinären* Integration im Kontext der Kulturwissenschaften vorgeschlagen, fachdidaktisch mit sechs grundsätzlich unterschiedlichen Erkenntnisweisen zu arbeiten: der historisch-hermeneutischen, der kritisch-dialektischen, der empirisch-analytischen, der quantitativ-statistischen, der narrativ-faktualen sowie der empathisch-fiktionalen Erkenntnisweise (Pandel 2001). Es ist für die hier verfolgte Fragestellung nicht wichtig, ob gerade diese Unterscheidung überzeugt oder andere überlegen wären. Wichtig ist vielmehr zu fragen: Was folgt daraus, wenn man eine Erkenntnisweise zum Leitprinzip sozialwissenschaftlichen Lernens wählt, sei es für eine Klassenstufe, ein Teilfach, ein Generalthema oder ein Projekt? Man hat ein integrierendes methodologisches Prinzip, ein Integrationsinstrument gewonnen, das sozialwissenschaftliches Lernen – vorübergehend – als dominierende Perspektive leitet. Disziplinäre Gegenstände und Probleme werden zu Anwendungsfällen für die allgemeine, überdisziplinäre Erkenntnisweise (oder für den Vergleich mehrerer Erkenntnisweisen).

Ich nehme die *quantitativ-statistische* Erkenntnisweise als ein Beispiel für die methodologische Integrationsform (vgl. Hedtke 2003). Wir finden sie als prominentes methodologisches Muster in Disziplinen aus unterschiedlichen sozial- und kulturwissenschaftlichen Großdisziplinen, etwa in Wirtschaftsgeschichte, Wirtschaftssoziologie, Vergleichender Politikforschung, Wahlforschung oder Quantitativer Wirtschaftspolitik. Aus fachdidaktischer Sicht ist wenig relevant, in welchem bezugsdisziplinären Rahmen die Lernenden diese Erkenntnisweise erwerben. Wenn sie die quantitativ-statistische Erkenntnisweise am Beispiel wirtschaftsgeschichtlicher Fragen erlernen, anwenden und reflektieren, können sie sie beispielsweise auf Wahlforschung oder Wirtschaftspolitik übertragen.

Eine solche wirtschaftsgeschichtliche Frage ist z.B., ob es eine „Industrielle Revolution" im 19. Jahrhundert gab oder nicht, wie man Merkmale für ihre „revolutionären" Qualitäten bestimmt und woran man sie messen kann. Haben die Lernenden das Handwerk der quantitativ-statistischen Herangehensweise in elementaren Grundzügen erlernt, können sie diese Erkenntnisweise auf die Frage übertragen und entsprechend anwenden, ob am Ende des 20. Jahrhunderts eine „Informationstechnische Revolution" stattgefunden, ob sich eine revolutionäre „New Economy" gebildet hat oder ob und wenn ja, in welcher Hinsicht man berechtigterweise von einer Hypertrophie des Wohlfahrtsstaates sprechen kann.

Aus Sicht der *narrativ-faktualen* Erkenntnisweise (vgl. dazu Rüsen 1996) stellt man ganz andere Fragen zum gleichen Themenkomplex. Wie wurde durch das historische Erzählen realer vergangener Vorkommnisse die Vorstellung von einer „Industriellen Revolution" konstruiert? Wie hat dieses Erzählen die Ereignisse, die sich in der historischen Zeit abgespielt haben, in einen inneren Zusammenhang gestellt und ihnen damit einen Sinn gegeben? Was ist die Orientierungsfunktion, die der spezifische erzählte Sinn des Vergangenen für die Gegenwart hat?[25] Ohne Weiteres ließe sich diese Erkenntnisweise etwa auf die zeithistorischen und politischen Erzählungen zur Sozialen Marktwirtschaft in Deutschland oder auf die vor kurzem „historisch" gewordenen Erzählungen zur New Economy anwenden.

Die zweite Form des konzeptionellen Integrationstyps ist die *paradigmatische Integration*. Man integriert paradigmatisch, wenn man ein Phänomen, Problem oder Thema mit Hilfe eines disziplinübergreifend vertretenen Paradigmas oder vergleichend mit mehreren disziplinären dominanten Paradigmen darstellt und bearbeitet. Ein Beispiel für die disziplinübergreifende Variante ist das Zwillingsparadigma Ökonomische Verhaltenstheorie/Rational Choice-Theorie, das sich sehr gut für eine Anwendung in politikwissenschaftlicher, soziologischer und wirtschaftswissenschaftlicher Perspektive eignet (vgl. Diekmann/Voss 2004, Hill 2002, Kunz/Druwe 1994; Hedtke 2002 und 2004a). Das Sammelparadigma des Institutionalismus kann man in seinem Basisideen als disziplinübergreifend verstehen, man kann es aber auch nach einer (vereinfachten) soziologischen und ökonomischen Variante differenzieren, je nachdem, in welchen intentionalen Zusammenhang mit damit arbeitet. Für die Verwendung in schulischen Lernzusammenhängen,

---

25 Nur zur besseren Vorstellbarkeit unterschiedlicher Erkenntnisweisen: Im *empathisch-fiktionalen* Zugang zum Themenkomplex Industrielle Revolution würden Lernende danach fragen, wie ihre Phänomene und Folgen im literarischen Realismus und in der Malerei des Realismus oder Impressionismus aufgegriffen, imaginiert und gestaltet wurden.

insbesondere in unteren Klassenstufen, verlieren manche der Unterscheidungen an Relevanz, die in der wissenschaftlichen Auseinandersetzung hochgehalten werden, sodass man sich in der Sekundarstufe I und in Grundkursen der Sekundarstufe II beispielsweise mit dem gemeinsamen Kerninhalt von Ökonomischer Verhaltenstheorie und Rational Choice Theorie begnügen und beide zusammenfassen und wie *ein* Paradigma verwenden kann, ohne auf unterschiedliche Richtungen und Differenzierungen eingehen zu müssen.

In den Auseinandersetzungen um die Frage, ob ein eigenes Schulfach Wirtschaftslehre erforderlich ist, haben einige Vertreterinnen der Wirtschaftsdidaktik nachdrücklich die Ökonomische Verhaltenstheorie als den Kern ökonomischer Bildung hervorgehoben und damit für deren schulfachliche Eigenständigkeit geworben (Karpe/Krol 1997 und 1999, Krol 2001, z.T. auch Kruber 2000). Dieses Paradigma, das keineswegs nur auf ökonomische Phänomene oder nur auf den Wirklichkeitsbereich Wirtschaft angewendet werden kann und soll, sondern einen universellen Anspruch erhebt, wurde in diesem Zusammenhang zum Argument dafür, politische und ökonomische Bildung in der Schule zwei unterschiedlichen Fächern zuzuordnen. In der hier vorgelegten Beschreibung von Integrationstypen und -formen liefert die Ökonomische Verhaltenstheorie dagegen ein gutes Beispiel dafür, wie man ökonomische und politische Bildung paradigmatisch integrieren kann, indem man diesen Ansatz als ein in allen drei sozialwissenschaftlichen Bezugsdisziplinen prominentes Paradigma anwendet.

Es liegt nahe, die paradigmatische Integration in erster Linie als eine Integrationsform zu verstehen, die mindestens zwei Disziplinen einschließt, also als interdisziplinäre Integration. Paradigmatische Integration ist aber auch *innerhalb* von einzelnen Disziplinen relevant (*intradisziplinäre* paradigmatische Integration). Im Feld der Sozialwissenschaften steht schon jeder monodisziplinäre Ansatz für sich genommen vor dem unausweichlichen Problem – sei es mit Blick auf die schulische Bildung oder auf die hochschulische Ausbildung in diesem Fach –, die unterschiedlichen Erkenntnisweisen und Paradigmen, die es in der jeweiligen Einzeldisziplin gibt, auf die er sich bezieht, zu integrieren, d.h. zueinander systematisch in Bezug zu setzen. Denn alle sozialwissenschaftlichen Disziplinen sind grundsätzlich pluralistisch strukturiert und unterscheiden sich allenfalls darin, wie ausgeprägt der paradigmatische Pluralismus in einer Einzeldisziplin jeweils ist und wie deutlich man ihn, von außen betrachtet, sehen kann. Die Probleme, die sich einer intradisziplinären paradigmatischen Integration stellen, muss ich hier unberücksichtigt lassen (vgl. dazu Hedtke 2002a).

3.5 Intentionale Integration

Schließlich kann man einen weiteren Integrationstypus unterscheiden, der sich dadurch kennzeichnen lässt, dass er seine Bemühungen um Integration gezielt daran orientiert, wie sie zu einer übergeordneten Zielvorstellung passen. In der Perspektive des intentionalen Integrationstyps richten sich Entscheidungen über die Integration im sozialwissenschaftlichen Lernfeld danach, ob und wie sie dazu beitragen, allgemeine Ziele zu erreichen; dazu gehören in erster Linie ein Leitbild sozialwissenschaftlicher Bildung (oder mehrere Teil-Leitbilder) oder ein Set spezifischer sozialwissenschaftlicher Kompetenzen (Übersicht 6).

In diesem Sinne kann man von einer *leitbildbezogenen Integration* sprechen, wenn man wesentliche Elemente etwa der Fächer Politik und Wirtschaftslehre so aufeinander bezieht, dass sie in sinnvoll abgestimmter und explizit begründeter Weise dazu beitragen, dass sich die Lernenden beispielsweise den gemeinsamen Anforderungen der Leitbilder einer mündigen Bürgerin und einer mündigen Wirtschaftsbürgerin annähern. Andere Leitbilder, die diese Form von Integration anleiten können, sind z.B. die Aktivbürgerin, political literacy, economic literacy oder die sozialwissenschaftlich gebildete Persönlichkeit. Es liegt auf der Hand, dass es äußerst sinnvoll ist, wenn die Fachdidaktikwissenschaften ein gemeinsames Leitbild für das sozialwissenschaftliche Feld entwickeln. Dann können sie die Beiträge definieren, ordnen und evaluieren, die aus den einschlägigen Schulfächern dazu zu leisten sind.

Übersicht 6

Intentionaler Integrationstyp

- leitbildbezogene Integration
  - Verbindung von Wissensbeständen aus einzelnen Wirklichkeitsbereichen oder Disziplinen zur Annäherung an ein (zumindest teilweise) gemeinsames Leitbild der sozialwissenschaftlichen Schulfächer
  - z.B. die sozialwissenschaftlich gebildete, interventionsfähige Bürgerin
- kompetenzorientierte Integration
  - Verbindung multidisziplinärer Elemente zum Erwerb spezifisch sozialwissenschaftlicher Kompetenzen
    - z.B. Fähigkeit, soziale (ökonomische, politische, gesellschaftliche) Phänomene als soziale Konstrukte zu analysieren

---

Etwas weniger komplex als die leitbildbezogene ist die *kompetenzorientierte Integration*. Sie lässt sich gut am Beispiel einer sozialwissenschaftlichen Methodenkompetenz illustrieren. Wenn sozialwissenschaftliche Methoden einen gemeinsamen Bestand unterschiedlicher Disziplinen bilden, kann man ohne große Schwierigkeiten eine gemeinsame sozialwissenschaftliche Methodenkompetenz formulieren. Dann muss man in einem integrativen Konzept darlegen, wie die komplementären Beiträge des Methodenlernens zu organisieren und aufeinander zu beziehen sind, die die einzelnen Fächer dazu leisten sollen. Dies gilt jedenfalls dann, wenn man den Anspruch unterstellt, schulische Bildung im sozialwissenschaftlichen Feld intentional und wirkungsbezogen zu ordnen. Ähnlich kann man ökonomisches und politisches Lernen gezielt daraufhin integrieren, dass sie durch inhaltlich und methodisch konkret abzustimmende Lehr-Lern-Sequenzen dazu beitragen, dass die Lernenden die Fähigkeit zur Perspektivenübernahme oder Konfliktfähigkeit entwickeln. Auch die Urteilskompetenz, sei sie als politische, ökonomische, gesellschaftliche oder sozialwissenschaftliche akzentuiert, verlangt nach einem integrativen Konzept, das darlegt, auf welche Weise die getrennten, verbundenen oder integrierten Schulfächer eines Bildungsganges zu dieser Urteilskompetenz beitragen. Das Beispiel Urteilsfähigkeit zeigt auch, dass die Übergänge zwischen leitbild- und kompetenzorientierten Integrationsformen fließend sind, insbesondere dann, wenn Leitbilder durch Kompetenzen definiert werden. –

Was kann eine solche Typologie integrativer Formen leisten? Zunächst kann man sie als ein heuristisches Instrument nutzen, um Möglichkeiten und Chancen der Integration ökonomischer und politischer (und gesellschaftlicher) Bildung zu nutzen, die man ohne sie leicht übersieht. Die Typologie lässt sich auch für diagnostische Zwecke einsetzen, z.B. bezogen auf die Analyse von Curricula oder Lehr-Lern-Planungen. Sie hilft zu klären, welche Formen möglich sind und mit welchen Formen die Akteure gerade argumentieren oder hantieren. Insofern dient sie auch der professionellen Selbstreflexion. Für konstruktive Zwecke eignet sich die Integrationstypologie, weil sie dem verbreiteten Integrationspessimismus Ideen entgegensetzen kann, wie Integration erfolgreich funktionieren kann, und damit die Entwicklung von Richtlinien oder schulinternen Rahmenplänen erleichtert. Schon die theoretische Analyse der unterschiedlichen Integrationsformen zeigt die Vielfalt der Möglichkeiten, das Holdingkonzept Sozialwissenschaften auszugestalten. Dies ist besonders dann hilfreich, wenn man nicht über ein eigenes Schulfach für jede sozialwissenschaftliche Disziplin verfügt. Man sieht etwa, dass man mehrere Formen miteinander kombinieren kann, z.B. die fachliche, problemorientierte und paradigmatische Integrationsform. Eine fachlich-zeitliche Integrationskombination lässt beispielsweise getrennte, einjährige disziplinäre Einführungskurse in einer multidisziplinär oder interdisziplinär zu bearbeitenden Lernaufgabe münden, für deren Bearbeitung die erworbenen disziplinären Kompetenzen erforderlich sind.

Aus Sicht der Fachdidaktikwissenschaften ist die Typologie zugleich eine Aufforderung zu theoretischer und empirischer Forschung. Theoretisch müssen Anschlüsse zur Wissenschaftstheorie und zur Wissenschaftsforschung, insbesondere zu Forschungen über Interdisziplinarität und Transdisziplinarität, aber auch zur Metatheorie der Sozialwissenschaften und ihrer Disziplinen, gefunden werden. Empirisch geht es um die Fragen, welche Integrationsformen für welche Lernendengruppe, in welcher Lernphase und für welche Leitbilder, Kompetenzen und Ziele geeignet sind.

4. Folgen einer Integration von politischer und ökonomischer Bildung

In der konzeptionellen Debatte um die Integration ökonomischer und politischer Bildung vertritt ein Teil der Politikdidaktikerinnen eine integrationsoptimistische Position und behauptet, ökonomische Bildung sei in der politischen Bildung grundsätzlich gut aufgehoben (Hartwich 2000, Reinhardt 2000, GPJE 2004a, 10). In weiten Bereichen aber herrschen skeptische bis pessimistische Positionen, ganz im Gegensatz zu den eher integrationsoptimistischen 1970er Jahren (z.B. Holtmann 1972, Schörken 1974 und 1978). So erwarten etwa Vertreterinnen der Wirtschaftsdidaktik von einer Integration ökonomischer und politischer Bildung fast nur negative Folgen (vor allem Kaminski), während Politikdidaktikerinnen ein Abweichen von einem auf Politikwissenschaft fokussierten Konzept für schädlich halten (Massing 1995, 2000 und 2002, Weißeno 2002, Breit 2004, Deichmann 2004). So argumentiert etwa Breit nachdrücklich, dass das „Kurzfach Politische Bildung" durch eine Erweiterung „um Wirtschaft, Gesellschaft und Recht nicht verwässert werden darf" und spricht von drei Fächern Wirtschaft, Gesellschaft, Politik (Breit 2004, 44f.). Zum Beispiel sieht er Lehrerinnen und Schülerinnen durch ein Fach Sozialwissenschaften „hoffnungslos überfordert" (S. 47)[26] und erklärt, „Politikwissenschaft (ist) die Bezugswissenschaft des Unterrichtsfaches Politische Bildung" (S. 37). Breit lehnt es ab, das Unterrichtsfach Politische Bildung gleichberechtigt um den Bereich Wirtschaft oder die Bereiche Wirtschaft und Gesellschaft zu ergänzen (S. 37). Das kann man als ein politikdidaktisches Plädoyer für die Einführung eines eigenständigen Faches Wirtschaftslehre lesen (ähnlich Weißeno 2002, 29) – und genau genommen sogar noch für ein drittes Fach, Gesellschaftslehre. Damit kommen einige Integrationskritiker von beiden fachdidaktischwissenschaftlichen Seiten implizit oder explizit zu demselben Resultat: Man braucht zwei getrennte Schul- und Studienfächer Politik und Wirtschaft. Die hier entfaltete Integrationstypologie lässt dagegen darauf hoffen, dass durchdachte und differenzierte Konzepte für eine Integration die beklagten Nachteile nicht nur lindern, sondern

---

26 Aus dieser Sicht müsste man erst recht den integrierten Sachunterricht in der Grundschule, der meist Gesellschafts- und Naturwissenschaften umfasst, als Schul- und als Studienfach abschaffen.

sogar aufheben könnten. Diese Hoffnung soll im Folgenden kurz begründet werden.

An *Klagen über Nachteile* einer Integration von ökonomischer und politischer Bildung herrscht kein Mangel. Zunächst wird man fragen müssen, ob diese Klagen jenseits fachlobbyistischer Rhetorik auch fachdidaktikwissenschaftlich und unterrichtspraktisch überzeugen; das kann hier nicht vertieft werden. Die meisten Klagen enthalten implizit empirische Behauptungen und Fragen, sind aber nicht empirisch fundiert, abgesehen von den Defiziten ökonomischer Inhalte und wirtschaftlicher Bildung, die in den wenigen Lehrplananalysen und Wissenstests dargestellt werden (z.b. Schlösser/Weber 1999, Würth/Klein 2001, Sczesny/Lüdecke 1998). Hinzu kommt, dass grundlegende theoretische Fragen einer Integration fachdidaktisch ungeklärt sind; das sollte meine Argumentation zeigen. Zu Aspekten wie fächerübergreifendes und interdisziplinäres Lernen im sozialwissenschaftlichen Feld hat es leider seit langem kaum Erkenntnisfortschritte in den Fachdidaktikwissenschaften gegeben[27]. Gelegentlich werden altbekannte Positionen in prägnanterer Polemik vorgetragen, was bestenfalls den Unterhaltungswert der Texte zu steigern vermag (vgl. Kaminski 2002, 66)[28].

Ein Teil der als Nachteile beklagten Folgen, die durch eine Integration der ökonomischen in die politische Bildung (oder umgekehrt der politischen in die ökonomische Bildung) entstehen können, erweist sich entweder als nicht spezifisch für diesen Fall, weil sie für viele Schulfächer zutreffen, also fachunspezifisch sind, oder als nicht veränderbar. Insoweit, als sie Unspezifisches oder Unveränderbares beklagen, kann man diese Einwände vernachlässigen. Zu ihnen gehört beispielsweise die einschlägige Klage über zu viel Lernstoff und zu wenig Lernzeit für das eigene Fach, sei es mit Blick auf die Gruppe der Schülerinnen, der Studentinnen, der Lehrerinnen oder der Professorinnen. Auf der Schulebene wird sich daran durch die Teilung des sozialwissenschaftlichen Lernfeldes in zwei oder mehr getrennte Schulfächer nichts ändern lassen, solange sich das fächergruppenspezifische Gesamtstundenvolumen nicht erhöht – und daran ist unter den gegenwärtigen bildungspolitischen Rahmenbedingungen nicht zu denken. An die Klage über die Knappheit schließt die Kritik an, dass ein Disziplinenmix bei allen Personengruppen nur informierte Dilettanten produzieren könne. Dieser Vorwurf überzeugt kaum. Erstens müssten Kriterien angegeben werden, an denen man den Dilettantismusgrad messen kann; die können aber nur mit Blick auf die angestrebten Kompetenzen und die wiederum nur mit Blick auf die Arbeitsfelder der Absolventen bestimmt werden. Zweitens stehen auch monodiszip-

---

27 Ich habe zumindest versucht, das Problem der Interdisziplinarität und Integration theoretisch aus neuen Perspektiven zu bearbeiten (Hedtke 2002).

28 Es ermüdet, immer wieder die selben Thesen zu lesen, ohne dass sie differenziert und weiterentwickelt werden (z.B. Kaminski 1990, 266-268; 1999, 191-194; 2001a, 50-52, Kaiser/Kaminski 2003, 35f. sowie in Kaminski 1977, 97-140).

linäre Studiengänge, soweit sie eine Großdisziplin wie Wirtschaftswissenschaften oder Soziologie umfassen, vor dem Problem, dass die Schere zwischen der Summe der Semesterwochenstunden eines Studiums einerseits und dem Umfang und Differenzierungsgrad des disziplinären Wissens immer schneller immer weiter auseinander klafft. Drittens hat es das Studienfach Sozialwissenschaften hier keineswegs besonders schwer: Ist eine Englischlehrerin weniger Dilettantin in den Disziplinen Literaturwissenschaft, Linguistik und Landeskunde als eine Sozialkundelehrerin in Volkswirtschaftslehre und Politikwissenschaft? Schließlich trifft der Dilettantismusvorwurf alle multidisziplinären Studiengänge, die ja auch außerhalb des Lehrerstudiums sehr zahlreich angeboten werden. Solange die Disziplinaritäten im Grundsatz gewahrt, die Formen der Integration sorgfältig gewählt und kontrolliert umgesetzt sowie differenziert und kritisch reflektiert werden kann ich keine problematische Sondersituation des Studienfaches Sozialwissenschaften erkennen.

Auch die Befürchtung, im Rahmen einer multidisziplinären und integrativen Konzeption sozialwissenschaftlichen Lernens nach meiner Formel „gemeinsam und unterschieden" die fachliche und disziplinäre Identität zu verlieren, halte ich für unbegründet. Ganz im Gegenteil: Nur im Rahmen eines Faches Sozialwissenschaften, das disziplinär unterschiedenes Lernen einerseits sicherstellt und andererseits die unterschiedlichen Disziplinaritäten explizit und konkret aufeinander bezieht, miteinander vergleicht, anwendet und reflektiert, kann das Spezifische der Disziplinen überhaupt vergleichend wahrgenommen und systematisch erarbeitet werden. Solange sozialwissenschaftliche Fächer nebeneinander existieren und auf integrative Anstrengungen verzichten, finden die Lernenden zu den Charakteristika einer Disziplin bestenfalls über isolierte Selbstbeschreibungen des Einzelfaches Zugang, denen vielleicht noch eine verzerrte Fremdbeschreibung anderer Fächer hinzugefügt wird.

Im Zwischenraum zwischen zwei unverbundenen Schulfächern (und Disziplinen im Studium), z.B. Wirtschaft und Politik, kann die Differenz der Disziplinaritäten nicht geklärt werden, dieser Zwischenraum ist didaktisches und curriculares Niemandsland, das brach liegt und in dem nicht gelernt wird. Dagegen gehört der Raum zwischen den Disziplinen systematisch zu einem Fach Sozialwissenschaften hinzu, erst durch ein solches Fach oder einen entsprechenden Lernbereich wird er organisierbar, lehr- und lernbar sowie gestaltbar. Denn der institutionelle und organisatorische Rahmen des Schulfaches (wie des Studienfaches) benennt dafür Zuständigkeiten und Zuständige. Dass – mit Blick auf Sekundarstufe I und II – ein Rahmenfach Sozialwissenschaften auch phasenweise getrennte Unterfächer enthalten kann oder muss, um systematisch-fachliches, kumulatives Lernen zu erleichtern, ist selbstverständlich.

Genau darin liegt auch der Grund dafür, dass man einem Konzept von Sozialwissenschaften, das meiner Forderung „gemeinsam und unterschieden" folgt, nicht vorwerfen kann, es biete keine Möglichkeiten, in ein Fach oder eine Denkweise systematisch und kumulativ einzuführen. Ob und wann dies sinnvoll ist, ist eine lernkulturelle und eine empirische Frage, ob und wann dies geschieht, eine bildungspolitische.

Im Rahmen einer Integration von ökonomischer und politischer Bildung ergeben sich eine Reihe von Möglichkeiten, *Synergieeffekte* zu erzielen. Das lässt sich am Beispiel der schulfachlichen, der sequentiellen, der methodischen und der paradigmatischen Integration zeigen; sie führen zu Synergieeffekten, indem man das Methodenlernen fächerübergreifend koordiniert, fremdfachliche Voraussetzungen für fachliches Lernen organisiert sowie inhaltliche Doppelungen vermeidet.

Ein erster Synergieeffekt liegt darin, dass es in einem einheitlich regierten Schulfach Sozialwissenschaften (das, es sei noch einmal betont, auch aus phasenweise unterschiedlichen Teilfächern bestehen kann) leicht fällt, den Erwerb der sozialwissenschaftlichen Arbeitstechniken und Methoden sowie der fachspezifischen Lehr-Lern-Methoden effektiv und zeitsparend zu organisieren. Da in diesem Bereich die Unterschiede zwischen ökonomischer und politischer Bildung minimal sind, kann die eine systematisch auf das zurückgreifen, was im Rahmen der anderen erarbeitet wurde. Optimal ist es, eine Serie integrierter Methodenmodule der sozialwissenschaftlichen Bildung zu konzipieren und sinnvoll auf die Fächer zu verteilen.

Ein zweiter Synergieeffekt gründet darauf, dass fachzentrierte Themen und Analysen meist nur dann angemessen bearbeitet werden können, wenn dabei auch die relevanten Rahmenbedingungen berücksichtigt werden, die nicht von diesem Schulfach selbst, sondern von einem komplementären Fach erschlossen werden. Es geht hier also um die Zulieferfunktion, die notwendig ist, um eine fachliche Problemstellung fremdfachlich angemessen zu ergänzen oder zu rahmen. Viele Fragestellungen einer Institutionenökonomik, die beispielsweise auf den Ordnungsrahmen der Sozialen Marktwirtschaft bezogen wird (vgl. Kaminski 2001), sind einer Lerngruppe in der Sekundarstufe II nur dann zugänglich, wenn sie die institutionellen Rahmenbedingungen des politischen Systems der Bundesrepublik kennt. Umgekehrt kann sie sich nur dann angemessen mit Problemen der Gesundheitspolitik auseinandersetzen, wenn sie über eine Vorstellung der ökonomischen Rahmenbedingungen dafür verfügt, vor allem der Wirtschaftsordnung, der typischen Mischung aus Markt, Hierarchie und Netzwerk sowie der verhandelten Nachfrage. In einem einheitlich regierten Schulfach können Lernsequenzen so arrangiert werden, dass die „fremdfachlichen" Zulieferungen auch so verfügbar sind, wie sie benötigt werden; jedenfalls fällt das wesentlich leichter, als wenn man es mit isolierten Einzelfächern zu tun hat.

Sehr eng damit verbunden ist ein dritter Synergieeffekt: Ein Rahmenschulfach Sozialwissenschaften kann inhaltliche Doppelungen vermeiden, indem es die Form der orientierenden Integration nutzt. Das gilt zum einen für die Aspekte der institutionellen Rahmenbedingungen von Wirtschaft und Politik, die in beiden Bildungen traditionellerweise behandelt werden, z.B. Aspekte aus den Inhaltskomplexen Soziale Marktwirtschaft oder Europäische Union. Das gilt zum anderen für die Politikfelder, die traditionellerweise sowohl Gegenstand ökonomischer als auch politischer Bildung sind. In solchen Politikfeldanalysen müssen die unvermeidbaren Basisinformationen nur einmal erarbeitet werden, etwa das deutsche Steuersystem für den Bereich Steuerpolitik, das Alterssicherungssystem für die Rentenpolitik oder das System der Arbeitsbeziehungen und das Arbeitsrecht für die Arbeitsmarktpolitik. Hinzu kommt, dass man auch Teile der Problemexposition nicht für jeden disziplinären Zugriff neu entwickeln muss; auch die problemorientierte Integrationsform macht also Synergien möglich.

Im Übrigen: Wo können disziplinäre Zugriffe ihre spezifischen Charakteristika und Leistungen besser demonstrieren als dann, wenn sie parallel an einem gemeinsamen gesellschaftlichen Problem arbeiten, dies aber aus der Sicht und mit den Mitteln unterschiedlicher Disziplinen und Paradigmen? Wo kann der Mehrwert von Multiperspektivität und Interdisziplinarität besser nachgewiesen werden, als ausgehend von einem solchen Arrangement? Grundsätzlich kann man auch hier wieder – bis zum empirischen Gegenbeweis – unterstellen, dass die Fähigkeit, bewusst zwischen elementaren fachlichen Perspektiven, Denkweisen und Weltsichten zu wechseln, leichter erworben werden kann, wenn dies in einem systematisch darauf ausgelegten Rahmen organisiert wird und nicht den Zufällen von Absprachen zwischen autonomen Schulfächern überlassen bleibt.

Viertens kann auch die paradigmatische Integrationsform Synergieeffekte bewirken. Nehmen wir die Forderung als Beispiel, dass jede Schülerin am Ende der Sekundarstufe I die elementaren Grundzüge der Ökonomischen Verhaltenstheorie/Rational-Choice-Theorie (ÖVT/RCT) auf einfache ökonomische oder politische Fragestellungen anwenden können sollte. Diese Fähigkeit gehört für mich zu einer sozialwissenschaftlichen Grundbildung. Für diesen Zweck reicht es aber völlig, wenn die Schülerin entweder die ökonomische oder die soziologisch-politikwissenschaftliche Variante der ÖVT/RCT kennen lernt, beide Varianten in unterschiedlichen sozialwissenschaftlichen Teilfächern zu erarbeiten wäre Zeitverschwendung. In welchem Teilfach oder mit welchem fachlichen Akzent es vermittelt werden soll, hängt von übergeordneten Zielen ab. Wenn etwa *kontraintuitive* sozialwissenschaftliche Einsichten ein wichtiges Bildungsziel sind, würde man das ÖVT/RCT-Paradigma bevorzugt im Rahmen der politischen Bildung erarbeiten, denn dass *Wirtschafts*akteure ökonomisch denken und handeln, weiß das Alltagsbewusstsein schon von alleine.

Fünftens kann man durch Integration dann Synergieeffekte erzielen, wenn man das in beiden Fachdidaktiken vertretene Konzept anwenden, vorhandene Alltagsvorstellungen der Lernenden im Unterricht systematisch aufzugreifen

und aufzuarbeiten (Karpe/Krol 1999; Behrmann/Grammes/Reinhardt 2004a).
Denn ökonomische und politische Bildung in den Schulen haben es mit einer
Reihe von nahezu identischen Typen alltagstheoretischen Fehlverstehens zu
tun. Dazu gehören in erster Linie die Gleichsetzung von privatem und öffent-
lichem Handeln und den dafür geltenden Regeln, der Kurzschluss von Mi-
krophänomenen auf Makrozusammenhänge, die Illusion der individuellen
Autonomie, die These, Wirtschaft und Politik seien grundsätzlich unmorali-
sche Handlungsfelder, sowie der Hang dazu, die vielgestaltige Differenz von
Theorie und Praxis umstandslos zugunsten eines Primats der Praxis einzuebnen. Solche gemeinsamen, politisch und ökonomisch relevanten Fehlvorstellungen der Schülerinnen zum konkreten Startpunkt für sozialwissenschaftliche Lernprozesse zu machen, scheint mir ein sehr aussichtsreiches
Projekt mit zahlreichen Synergieeffekten zu sein. Es ist dann die Aufgabe der
beiden Fachdidaktikwissenschaften, konzeptionell und empirisch zu prüfen,
welche der relevanten „mangelhaften" Alltagstheorien in welchem Kontext
und mit welchen Verfahren am besten zu bearbeiten sind.

Abschließend möchte ich betonen, dass die hier vorgebrachten Argumente für mögliche Synergieeffekte, die sich durch eine Integration von ökonomischer und politischer Bildung ergeben, zugleich empirische Fragen
stellen, die erst noch zu klären sind.

Vor dem Hintergrund der hier entwickelten Überlegungen sehe ich in einer Integration von ökonomischer und politischer Bildung insgesamt mehr
Chancen als Probleme. Allerdings besteht zu ungetrübtem Optimismus wenig
Anlass, ist doch die Liste der fachdidaktikwissenschaftlich ungeklärten Integ-
rationsfragen mehr als lang. Ich bin auch deswegen eher skeptisch, weil ich
die Bereitschaft der Disziplinen Politikdidaktik und Wirtschaftsdidaktik, ihr
Kooperationsdefizit zu überwinden, nicht erkennen kann.

Diese interdisziplinäre Distanz zwischen den Fachdidaktikwissenschaften
ist besonders unerfreulich angesichts der prekären Situation, in der sich die
Fachdidaktiken der sozialwissenschaftlichen Fächer befinden. Das lässt sich
exemplarisch an der meist schwachen Verankerung in den Stundentafeln der
Schulen und an den Fakultäten der Hochschulen zeigen und verschärft sich
noch einmal durch den allgemeinen Trend zu Schulzeitverkürzung. In dieser
Situation liegt es nahe, Kooperationsmöglichkeiten zu suchen, die beiden
Seiten nützen. Als ein wichtiges Feld dafür bietet es sich an, gemeinsam ein
sozialwissenschaftliches Curriculum zu entwickeln, das ohne Weiteres die
Schulfachfrage offen lassen kann (vgl. zum Folgenden Hedtke 2002, 45f.).
Zum einen weisen die bildungspolitischen Entscheidungen in diese Richtung,
zum anderen liegt es im gemeinsamen Interesse der Fachdidaktikwissenschaften, das sozialwissenschaftliche Feld *als ganzes* zu verteidigen. Da die
Formel „gemeinsam und unterschieden" ernst gemeint ist, muss selbstverständlich im Rahmen eines solchen Curriculums genügend Raum zur Entfaltung der Disziplinen und Paradigmen freigehalten werden. Zugleich müssen

die gemeinsamen, integrativen Perspektiven in diesem Curriculum verankert sein. Curricularer Ausgangspunkt können dann Probleme und Lebenssituationen sein, die die Fachdidaktikwissenschaften identifizieren, beschreiben und begründen. Man muss sich darüber verständigen, was im sozialwissenschaftlichen Feld in welchem curricular-organisatorischen Kontext und mit welcher disziplinären, paradigmatischen oder theoretischen Akzentsetzung gelernt werden soll. Wie man die unterschiedlichen disziplinären und paradigmatischen Beiträge so organisiert, dass sie die angestrebten sozialwissenschaftlichen Kompetenzen der Lernenden sinnvoll fördern, ist eine theoretisch und empirisch zu klärende Frage.

Ein interfachdidaktischer Konsens über Grundideen und Grundlinien einer sozialwissenschaftlichen Bildung scheint mir dringend erforderlich zu sein. Dieser Konsens soll und kann weder die sozialwissenschaftlichen Disziplinen und Subdisziplinen transzendieren, noch die bezugsdisziplinäre Identität der Fachdidaktikwissenschaften aufheben, noch die fachdidaktikwissenschaftlichen Kontroversen und fachpolitischen Konflikte ruhigstellen. Aber die Fachdidaktikwissenschaften müssen dann ihre spezifischen Beiträge zur gemeinsam konzipierten sozialwissenschaftlichen Bildung begründen, und sie werden ihre Bezugsdisziplinen fragen, was sie zu den als bildungsrelevant erklärten Problemen und Themen beitragen können. Überzeugende Antworten schärfen die unterschiedlichen Disziplinaritäten und stärken ihre Relevanz.

Ich möchte mit einer persönlichen und politischen Anmerkung schließen. Das verbreitete wechselseitige Ignorieren der beiden sozialwissenschaftlichen fachdidaktischen Fachverbände erscheint mir wirklichkeitsfremd und gefährlich. *Als Organisationen* tun die Gesellschaft für Politikdidaktik, politische Jugend- und Erwachsenenbildung und die Deutsche Gesellschaft für ökonomische Bildung so, als ob es die andere Organisation nicht gebe, und bei den entsprechenden Lehrerverbänden sieht es nicht besser aus. Deshalb ist es bis heute nicht gelungen gemeinsam eine starke Lobby für die sozialwissenschaftlichen Schulfächer aufzubauen. Statt dessen grenzen sich die Organisationen voneinander ab – nicht selten borniert, vorurteilsfreudig, misstrauisch und aggressiv. Das ist ein schwerer politischer Fehler, denn die Hauptgegner der politischen und der ökonomischen Bildung sind die organisierten Interessen anderer Fächer und Fächergruppen. Dazu gehören auch Geschichte und Geographie (z.B. Memorandum 2001), die gerne für sich reklamieren, sie würden die politische und/oder ökonomische Bildung schon mit erledigen[29]. Das gemeinsame Interesse der Politikdidaktik und der Wirtschaftsdidaktik, der politischen und der ökonomischen Bildung liegt deshalb in der Stärkung des sozialwissenschaftlichen Lernbereichs insgesamt, völlig unabhängig von

---

29 So verbreitete der Verband Deutscher Schulgeographen am 24.8.1999 eine Pressemitteilung mit der Schlagzeile „Wirtschaft – wichtiger Inhalt des Geographieunterrichts".

der Frage, wie er im Einzelfall schulfachlich strukturiert und kombiniert sein mag.

Literatur

Ackermann, Paul (Hg.) (1973): Curriculumrevision im sozialwissenschaftlichen Bereich der Schule. Stuttgart.

Behrmann, Günter C.; Grammes, Tilman; Reinhardt, Sibylle (2004): Sozialwissenschaftlicher Unterricht in der gymnasialen Oberstufe. Thesen zur Entwicklung eines Kerncurriculums. In: GPJE (Hg.), 9-23.

Behrmann, Günter C.; Grammes, Tilman; Reinhardt, Sibylle (2004a): Politik: Kerncurriculum Sozialwissenschaften in der gymnasialen Oberstufe. In: Tenorth, Heinz-Elmar (Hg.): Kerncurriculum Oberstufe II. Biologie, Chemie, Physik, Geschichte, Politik. Weinheim, Basel, 322-406.

Breit, Gotthard (2004): „Sozialwissenschaften für Politische Bildung" oder „Politik als Kern der Politischen Bildung"? Anmerkungen aus Anlass der Expertise „Sozialwissenschaften: Kern-Curriculum in der gymnasialen Oberstufe. In: GPJE (Hg.), 35-50.

Breit, Gotthard; Massing, Peter (Hg.) (1992): Grundfragen und Praxisprobleme der politischen Bildung. Ein Studienbuch (Bundeszentrale für politische Bildung, Schriftenreihe; 305). Bonn.

Breit, Gotthard; Massing, Peter (Hg.) (2002): Die Rückkehr des Bürgers in die politische Bildung. Schwalbach/Ts.

Bröckling, Ulrich; Krasmann, Susanne; Lemke, Thomas (Hg.) (2000): Gouvernementalität der Gegenwart. Studien zur Ökonomisierung des Sozialen. Frankfurt am Main.

Campbell, John L.; Hollingsworth, J. Rogers; Lindberg, Leon L. (Hg.) (1991): Governance of the American Economy. Cambridge.

Claußen, Bernhard (1997): Zum Stellenwert der Soziologie in Theorie und Praxis der politischen Bildung. In: Lamnek (Hg.), 27-80.

DAI = Deutsches Aktieninstitut (Hg.) (1999): Memorandum zur ökonomischen Bildung. Ein Ansatz zur Einführung des Schulfaches Ökonomie an allgemeinbildenden Schulen. Frankfurt am Main.

Davies, Peter (1996): Economics and Business Studies. A Subject in the Curriculum? In: Walstad, William B. (Hg.): Secondary Economics and Business Education. New Developments in the United Kingdom, United States and other Nations. O.O. (London), 29-38.

Deichmann, Carl (2004): Politisches Wissen und politisches Handeln. Orientierungen für Bildungsstandards und für ein Kerncurriculum in der politischen Bildung. In: GPJE (Hg.), 51-68.

Diekmann, Andreas; Voss, Thomas (Hg.) (2004): Rational-Choice-Theorie in den Sozialwissenschaften. Anwendungen und Probleme. München.

DVPB (2000) = Deutsche Vereinigung für politische Bildung: Wirtschaftslehre in der politischen Bildung. Positionspapier der DVPB zum Verhältnis von ökonomischer und politischer Bildung. In: Polis (2000) 2, 24-25. <http://www.sowi-online.de/reader/oekonomie/dvpb.htm> vom 17.12.2000.

DVPB (2004) = Deutsche Vereinigung für politische Bildung: Ziele und Aufgaben. <http://www.dvpb.de/wir/ziele.htm> vom 5.5.2004.

Foucault, Michel (1989): De la gouvernementalité. Leçons d'introduction aux cours des années 1978 et 1979. Paris.

Gagel, Walter (2000): Einführung in die Didaktik des politischen Unterrichts. Opladen, 2. Aufl.

GPJE (Hg.) (2002): Politische Bildung als Wissenschaft. Bilanz und Perspektiven (Schriftenreihe der Gesellschaft für Politikdidaktik und politische Jugend- und Erwachsenenbildung; 1). Schwalbach/Ts.

GPJE (Hg.) (2003): Lehren und Lernen in der politischen Bildung (Schriftenreihe der Gesellschaft für Politikdidaktik und politische Jugend- und Erwachsenenbildung; 2).
Schwalbach/Ts.

GPJE (Hg.) (2004): Politische Bildung zwischen individualisiertem Lernen und verbindlichen Bildungsstandards (Schriftenreihe der Gesellschaft für Politikdidaktik und politische Jugend- und Erwachsenenbildung; 3). Schwalbach/Ts.

GPJE (Hg.) (2004a): Nationale Bildungsstandards für den Fachunterricht in der Politischen
Bildung an Schulen. Schwalbach/Ts.

Grammes, Tilman (1998): Kommunikative Fachdidaktik: Politik, Geschichte, Recht, Wirtschaft. Opladen.

Hartwich, Hans-Hermann (2000): Kein neues Fach Ökonomie, aber eine modernere Wirtschaftslehre in der schulischen politischen Bildung! In: Gegenwartskunde 49 (2000)
1, 23-36. <http://www.sowi-online.de/forum/oekonomie/hartwich.htm>

Hartwich, Hans-Hermann (2001): Politische Bildung und ökonomische Bildung gehören in
der Schule zusammen. In: sowi-onlinejournal 2 (2001) 1. <http://www.sowi-
onlinejournal.de/2001-1/hartwich.htm> vom 01.07.2001.

Hedtke, Reinhold (2001): Ökonomische Bildung im Boom? Konzeptionen, Interessen und
Herausforderungen. In: AWT-Info, H. 2001, Jubiläumsausgabe, 85-101.

Hedtke, Reinhold (2001a): Zwischen Integration und Separation – Eine Einführung. In:
sowi-onlinejournal 2 (2001) 1. <http://www.sowi-onlinejournal.de/2001-1/hedtke.htm>

Hedtke, Reinhold (2002): Wirtschaft und Politik. Über die fragwürdige Trennung von ökonomischer und politischer Bildung. Schwalbach/Ts.

Hedtke, Reinhold (2002a): Die Kontroversität in der Wirtschaftsdidaktik. In: Gesellschaft,
Wirtschaft, Politik (Neue Folge von Gegenwartskunde) 51 (2002) 2, 173-186.

Hedtke, Reinhold (2003): Historisch-politische Bildung. Ein Exempel für das überholte
Selbstverständnis der Fachdidaktiken. In: Politisches Lernen 21 (2003) 1-2, 112-122.

Hedtke, Reinhold (2004): Wirtschaftsdidaktik in Wissensgesellschaften. In: Schlösser,
Hans Jürgen (Hg.): Anforderungen der Wissensgesellschaft. Informationstechnologien
und Neue Medien als Herausforderungen für die Wirtschaftsdidaktik. Bergisch Gladbach, 131-164.

Hedtke, Reinhold (2004a): Ökonomische Bildung im Rahmen politischer Bildung. Das Kerncurriculum „Ökonomische Bildung als integrativer Teil der politischen Bildung" In:
Weitz, Bernd (Hg.): Standards der ökonomischen Bildung. Bergisch Gladbach, 77-110.

Hedtke, Reinhold (2005): Ökonomisches Lernen. In: Sander, Wolfgang (Hg.): Handbuch
politische Bildung. Schwalbach/Ts. 335-345.

Hedtke, Reinhold (Hg.) (2000): Forum „Das Integrationsproblem der sozialwissenschaftlichen
Fächer". Online-Reader. <http://www.sowi-online.de/forum/integration/index.htm>.

Hedtke, Reinhold (Hg.) (2000a): Forum „Ökonomische und politische Bildung". Online-
Reader. <http://www.sowi-online.de/forum/oekonomie/index.htm>.

Henkenborg, Peter (1995): Wie kann die politische Bildung neu denken? Ambivalenzen
gestalten. In: Gegenwartskunde 44 (1995) 2, 167-181.

Henkenborg, Peter (2001): Zur Philosophie des Politikunterrichts: Zum Kern politischer Bildung in der Schule. In: sowi-onlinejournal 2 (2001) 1. <http://www.sowi-onlinejournal.
de/2001-1/henkenborg.htm>

Henkenborg, Peter (2002): Politische Bildung für die Demokratie. Demokratie-lernen als
Kultur der Anerkennung. In: Hafeneger/Henkenborg/Scherr (Hg.): Pädagogik der Anerkennung. Grundlagen, Konzepte, Praxisfelder. Schwalbach/Ts., 106-131.

Hill, Paul B. (2002): Rational-Choice-Theorie. Bielefeld.

Holtmann, Antonius (Hg.) (1972): Das sozialwissenschaftliche Curriculum in der Schule. Neue Formen und Inhalte. Opladen.

Kahsnitz, Dietmar (1996): Arbeitslehre ist sozialökonomische Bildung und damit Teil der Gesellschaftslehre. In: Frank Nonnenmacher (Hg.): Das Ganze sehen. Schule als Ort politischen und sozialen Lernens. Festschrift zur Emeritierung von Volker Nitzschke (Reihe Politik und Bildung; 9). Schwalbach/Ts.: Wochenschau, 143-152 (auch in: arbeiten + lernen/Wirtschaft, 7 (1997) 25). <http://www.sowi-online.de/forum/oekonomie /oekonomie/kahs_arb.htm> vom 29.7.2000.

Kahsnitz, Dietmar (1999): Sozioökonomische Bildung – ein Kernelement der Allgemeinbildung. In: Aus Politik und Zeitgeschichte. Beilage zur Wochenzeitung Das Parlament, B 35-36/99, 27. August 1999, 33-38. <http://www.sowi-online.de/forum/oekonomie/ kahs_soz.htm> vom 29.7.2000.

Kahsnitz, Dietmar (2001): Marktwirtschaft, individuelle Freiheitsrechte und Persönlichkeitsentwicklung – Allgemeinbildung erfordert ein Unterrichtsfach für Sozioökonomie. In: sowi-onlinejournal 2 (2001) 2 <http://www.sowi-onlinejournal.de/2001-2/ soziooekonomie_kahsnitz.htm> 11.11.2001.

Kaiser, Franz-Josef (Hg.) (1978): Die Stellung der Ökonomie im Spannungsfeld sozialwissenschaftlicher Disziplinen. Bad Heilbrunn.

Kaiser, Franz-Josef; Kaminski, Hans (1999): Methodik des Ökonomie-Unterrichts. Grundlagen eines handlungsorientierten Lernkonzepts mit Beispielen. Bad Heilbrunn, 3. Aufl.

Kaiser, Franz-Josef; Kaminski, Hans (Hg.) (2003): Wirtschaftsdidaktik. Bad Heilbrunn.

Kaminski, Hans (1977): Grundlegende Elemente einer Didaktik der Wirtschaftserziehung. Wissenschaftstheoretische Voraussetzungen, Probleme der Curriculumentwicklung, Strategien zur unterrichtlichen Realisation. Bad Heilbrunn.

Kaminski, Hans (1990): Zum Verhältnis Fachdidaktik – Fachwissenschaft – allgemeine Didaktik aus der Sicht der ökonomischen Bildung und Erziehung. In: Keck, Rudolf W. (Hg.): Fachdidaktik zwischen allgemeiner Didaktik und Fachwissenschaft. Bestandsaufnahme und Analyse. Bad Heilbrunn, 252-271.

Kaminski, Hans (1994): Der Gegenstandsbereich der ökonomischen Bildung. Anmerkungen zur Bestimmung von Inhalten und Zielen zur ökonomischen Bildung. Teil 1 u. 2. In: arbeiten+lernen/Wirtschaft 4 (1994) 14, 7-13, und 15, 4-8.

Kaminski, Hans (1996): Ökonomische Bildung und Gymnasium. Neuwied/Berlin.

Kaminski, Hans (1997): Neue Institutionenökonomik und ökonomische Bildung. In: Kruber (Hg.), 129-159.

Kaminski, Hans (1999): Ökonomische Bildung im Gymnasium. In: Krol/Kruber (Hg.), 183-207.

Kaminski, Hans (2001): Kerncurriculum Ökonomische Bildung. In: Kaminski/Hübinger/Zedler/Staudt (Hg.), 8-30. <http://www.sowi-online.de/forum/oekonomie/kerncurriculum. pdf> vom 5.5.2004.

Kaminski, Hans (2001a): Zum Verhältnis von Fachwissenschaft und Fachdidaktik in der ökonomischen Bildung. Aspekte von Interdisziplinarität aus der Sicht der Ökonomik. In: Unterricht Wirtschaft, Teil 1: 2 (2001) 8 (4. Quartal), 49-55, Teil 2: 3 (2002) 9 (1. Quartal), 60-68.

Kaminski, Hans (2002): Zum Verhältnis von Fachwissenschaft und Fachdidaktik in der ökonomischen Bildung. Aspekte von Interdisziplinarität aus der Sicht der Ökonomik. Teil 2. In: Unterricht Wirtschaft 3 (2002) 9, 60-68.

Kaminski, Hans (2002a): Zur Diskussion der ökonomischen Bildung als Fach oder als Integrationsaufgabe – oder zur vikarischen Funktion der politischen Bildung für die ökonomische Bildung. In: Unterricht Wirtschaft 3 (2002) 12 (4. Quartal), 4-10.

Kaminski, Hans; Hübinger, Bernd; Zedler, Reinhard; Staudt, Wolfgang (Hg.) (2001): Soziale Marktwirtschaft stärken. Kerncurriculum Ökonomische Bildung. (Zukunftsforum Politik; 26). Bonn. <http://www.sowi-online.de/forum/oekonomie/kerncurriculum. pdf> vom 5.5.2004.

Karpe, Jan (2001): Wirtschaftspolitische Bildung als Teil einer modernen ökonomischen Bildung. In: Schlösser (Hg.), 63-75.

Karpe, Jan; Krol, Gerd-Jan (1997): Ökonomische Verhaltenstheorie, Theorie der Institutionen und ökonomische Bildung. In: Kruber (Hg.) (1997), 75-102.

Karpe, Jan; Krol, Gerd-Jan (1999): Funktionsbedingungen moderner Gesellschaften und Neue Institutionenökonomik als Herausforderung für die ökonomische Bildung. In: Krol/Kruber (Hg.), 21-48.

Kollmann, Karl (2001): Essentielle Mängel im Wirtschaftswissen – Die großen wirtschaftswissenschaftlichen Disziplinen ignorieren das Wirtschaftssubjekt „Haushalt" noch immer. In: sowi-onlinejournal 2 (2001). <http://www.sowi-onlinejournal. de/2001-2/maengel_kollmann.htm> vom 11.11.2001.

Krol, Gerd-Jan (2001): „Ökonomische Bildung" ohne „Ökonomik"? Zur Bildungsrelevanz des ökonomischen Denkansatzes. In: sowi-onlinejournal 1 (2001). <http://www.sowi-onlinejournal.de/2001-1/krol.htm> vom 01.07.2001.

Krol, Gerd-Jan; Kruber, Klaus-Peter (Hg.) (1999): Die Marktwirtschaft an der Schwelle zum 21. Jahrhundert. Neue Aufgaben für die ökonomische Bildung? (Wirtschafts- und Berufspädagogische Schriften; 19). Bergisch Gladbach.

Kruber, Klaus-Peter (1997): Stoffstrukturen und didaktische Kategorien zur Gegenstandsbestimmung ökonomischer Bildung. In: Kruber (Hg.) (1997), 55-74.

Kruber, Klaus-Peter (1999): Fachdidaktische Forschung und Lehre – der Schlüssel zur ökonomischen Bildung. In: Krol/Kruber (Hg.), 1-19. <http://www.sowi-online. de/forum/oekonomie//krub_did.htm> vom 29.7.2000.

Kruber, Klaus-Peter (2000): Kategoriale Wirtschaftsdidaktik – der Zugang zur ökonomischen Bildung. In: Gegenwartskunde 49 (2000) 3, 285-29. <http://www.sowi-online.de/ forum/oekonomie/kruber.htm> vom 27.2.2001.

Kruber, Klaus-Peter (2001): Ökonomische Bildung: Fach oder Prinzip? Die Frage nach dem Spezifikum von Wirtschaftsunterricht im Lernfeld Politik. In: sowi-onlinejournal 2 (2001) 1. <http://www.sowi-onlinejournal.de/2001-1/kruber.htm> vom 01.07. 2001. ·

Kruber, Klaus-Peter (2001a): Wirtschaftspolitische Bildung im Lernfeld politische Bildung. In: sowi-onlinejournal 2 (2001) 2. <http://www.sowi-onlinejournal.de/2001-2/wirtschaftspolitische_bildung_kruber.htm> vc0m 11.11.2001.

Kruber, Klaus-Peter (Hg.) (1997): Konzeptionelle Ansätze ökonomischer Bildung. (Wirtschafts- und Berufspädagogische Schriften; 17). Bergisch Gladbach.

Kuhn, Hans-Werner (1996): Didaktische Perspektiven der Richtlinienrevision für das Fach Sozialwissenschaften. In: Politisches Lernen 14 (1996) 2-3, 137-155.

Kuhn, Hans-Werner; Massing, Peter (Hg.) (2000): Lexikon der politischen Bildung. Bd. 3: Methoden und Arbeitstechniken. Schwalbach/Ts.

Kunz, Volker; Druwe, Ulrich (Hg.) (1994): Rational Choice in der Politikwissenschaft. Grundlagen und Anwendungen. Opladen.

Kurtz, Thomas (2002): Berufssoziologie, Bielefeld.

Lamnek, Siegfried (1997a): Soziologie und politische Bildung. In: ders. (Hg.), 9-24.

Lamnek, Siegfried (Hg.) (1997): Soziologie und politische Bildung. Opladen.

Lawson, Tony (1997): Economics and Reality. London, New York.

Lemke, Thomas (2001): „Die Ungleichheit ist für alle gleich". Michel Foucaults Analyse der neoliberalen Gouvernementalität. In: 1999. Zeitschrift für Sozialgeschichte des 20. und 21. Jahrhunderts 16 (2001) 2, 99-115.

Levi, Margaret (2000): The Economic Turn in Comparative Politic. In: Comparative Political Studies 33 (2000) 6, 822-844.

Lucas, Robert E. (1972): Expectations and the Neutrality of Money. In: Journal of Economic Theory 4 (1972) 2 (April), 103-124.

Lüdecke, Sigrid; Sczesny, Christoph (1999): Ökonomische Bildung im internationalen Vergleich. In: Wirtschaft und Erziehung 51 (1999) 3, 130-139.

Massing, Peter (1995): Wege zum Politischen. In: Massing/Weißeno (Hg.), 61-98.

Massing, Peter (2000): Wege zu einem kategorialen und handlungsorientierten Politikunterricht. In: Kuhn/Massing (Hg.), 5-38.

Massing, Peter (2002): Politikdidaktik als Wissenschaft? In: GPJE (Hg.), 32-44.

Massing, Peter; Weißeno, Georg (Hg.) (1995): Politik als Kern der politischen Bildung. Wege zur Überwindung unpolitischen Politikunterrichts (Schriften zur politischen Didaktik; 24). Opladen.

Memorandum (2001) = Bundesvereinigung der Deutschen Arbeitgeberverbände; Stiftung der Deutschen Wirtschaft; Verband Deutscher Schulgeographen e.V.: Memorandum 2001. Stärkung des Faches Geographie auch als Vermittler von wirtschaftlichen Kenntnissen in der Schule notwendig. <http://www.erdkunde.com/info/bda_vdsg.htm> vom 7.11.2003.

MSWWF (1999) = Ministerium für Schule und Weiterbildung, Wissenschaft und Forschung des Landes Nordrhein-Westfalen (Hg.) (1999): Richtlinien und Lehrpläne für die Sekundarstufe II – Gymnasium, Gesamtschule in Nordrhein-Westfalen. Sozialwissenschaften. Frechen. <http://www.lehrplaene.org/nordrhein_westfalen/nw_sw_go_11_13/Book?query=richtlinien>

Pandel, Hans-Jürgen (1978): Integration durch Eigenständigkeit? Zum didaktischen Zusammenhang von Gegenwartsproblemen und fachspezifischen Erkenntnisweise. In: Schörken (Hg.), 346-379. <http://www.sowi-online.de/forum/integration/01beitrag. htm> vom 22.11.2000.

Pandel, Hans-Jürgen (2001): Fachübergreifendes Lernen. Artefakt oder Notwendigkeit? In: sowi-onlinejournal 2 (2001) 1. http://www.sowi-onlinejournal.de/2001-1/pandel.htm> vom 1.7.2001.

Pindyck, Robert; Rubinfield, Daniel (2003): Mikroökonomie. München.

Pohl, Kerstin (Hg.) (2004): Positionen der politischen Bildung 1. Ein Interviewbuch zur Politikdidaktik. Schwalbach/Ts.

Reeken, Dietmar von (2001): Politisches Lernen im Sachunterricht. Didaktische Grundlegungen und unterrichtspraktische Hinweise (Dimensionen des Sachunterrichts; 1). Baltmannsweiler.

Reinhardt, Sibylle (1997): Didaktik der Sozialwissenschaften. Gymnasiale Oberstufe. Sinn, Struktur, Lernprozesse. Opladen.

Reinhardt, Sibylle (1997a): Wissenschaftspropädeutik am Beispiel des Faches Sozialkunde. In: Keuffer, J. (Hg.): Modernisierung von Rahmenrichtlinien. Beiträge zur Rahmenrichtlinienentwicklung (Studien zur Schul- und Bildungsforschung; 4). Weinheim, Basel, 274-285.

Reinhardt, Sibylle (2000): Ökonomische Bildung für alle – aber wie? Plädoyer für ein integrierendes Fach. In: Gegenwartskunde 49 (2000) 4, 505-512. <http://www.sowi-online.de/forum/oekonomie/reinhoeko.htm> vom 04.09.2001.

Retzmann, Thomas (2001): Braucht die ökonomische Bildung ein eigenes Fach an allgemein bildenden Schulen? In: sowi-onlinejournal 1 (2001) 1. <http://www.sowi-onlinejournal.de/2001-1/retzmann.htm>

Rosen, Rüdiger von (2000): Wirtschaft in die Schule! Plädoyer für ein Schulfach Ökonomie an allgemein bildenden Schulen. In: Gegenwartskunde 49 (2000) 1, 11-22. http://www.sowi-online.de/forum/oekonomie/rosen.htm vom 29.7.2000.

Rosenau, James N. (1992): Governance, Order, and Change in World Politics. In: ders.; Czempiel, Ernst-Otto (Hg.): Governance without Government. Order and Change in World Politics. Cambridge, 1-29.

Rüsen, Jörn (1996): Historische Sinnbildung durch Erzählen. Eine Argumentationsskizze zum narrativistischen Paradigma der Geschichtswissenschaft und der Geschichtsdidaktik im Blick auf nicht-narrative Faktoren. In: Internationale Schulbuchforschung 18 (1996) 4, 501-544.

Rushing, Francis W.; Wilson, Marie (2000): Economics and business education. Convergence or divergence? In: Lines, David (Hg.): Effective Strategies in Economics and Business Education. An International Perspective. London, 100-114.

Sander, Wolfgang (1988): Lernen für die Mündigkeit: Perspektiven der politischen Bildung. Marburg

Sander, Wolfgang (1989): Zur Geschichte und Theorie der politischen Bildung. Allgemeinbildung und fächerübergreifendes Lernen in der Schule. Marburg.

Sander, Wolfgang (1997): Theorie der politischen Bildung: Geschichte – didaktische Konzeptionen – aktuelle Tendenzen und Probleme. In: ders. (Hg.), 5-45.

Sander, Wolfgang (2002): Politikdidaktik heute – wo steht die Wissenschaft vom politischen Lernen? In: GPJE (Hg.), 9-19.

Sander, Wolfgang (Hg.) (1993): Konzepte der Politikdidaktik. Aktueller Stand, neue Ansätze und Perspektiven. Hannover.

Sander, Wolfgang (Hg.) (1997): Handbuch politische Bildung. Praxis und Wissenschaft (Politik und Bildung; 11). Schwalbach/Ts.

Schierenbeck, Henner (1995): Grundzüge der Betriebswirtschaftslehre. München, Wien.

Schlösser, Hans Jürgen (2001): Ökonomische Bildung, Wirtschaftsdidaktik, Wirtschaftswissenschaft. In: sowi-onlinejournal 2 (2001) 2. <http://www.sowi-onlinejournal.de/2001-2/oekonomische_bildung_schloesser.htm> vom 11.11.2001.

Schlösser, Hans Jürgen (Hg.) (2001a): Stand und Entwicklung der ökonomischen Bildung (Wirtschafts- und Berufspädagogische Schriften; 25). Bergisch Gladbach.

Schlösser, Hans Jürgen; Weber, Birgit (1999): Zehn Thesen zur ökonomischen Bildung am Gymnasium. In: Bertelsmann Stiftung, Heinz Nixdorf Stiftung, Ludwig-Erhard Stiftung (Hg.): Wirtschaft in der Schule. Eine umfassende Analyse der Lehrpläne für Gymnasien. <http://www.sowi-online.de/forum/oekonomie/schl_web.htm>

Schörken, Rolf (Hg.) (1974): Curriculum Politik. Von der Curriculumtheorie zur Unterrichtspraxis. Opladen.

Schörken, Rolf (Hg.) (1978): Zur Zusammenarbeit von Geschichts- und Politikunterricht (Anmerkungen und Argumente zur historischen und politischen Bildung; 20). Stuttgart.

Sczesny, Christoph; Lüdecke, Sigrid (1998): Ökonomische Bildung Jugendlicher auf dem Prüfstand: Diagnose und Defizite. In: Zeitschrift für Berufs- und Wirtschaftspädagogik 94 (1998) 3, 403-420. <http://www.sowi-online.de/forum/oekonomie/sczelued.htm>

Steinmann, Bodo (1997): Das Konzept „Qualifizierung für Lebenssituationen" im Rahmen der ökonomischen Bildung heute. In: Kruber (Hg.) (1997), 1-22.

Steinmann, Bodo; Weber, Birgit (Hg.) (1995): Handlungsorientierte Methoden in der Ökonomie. Ein Sammelband mit 31 Beiträgen für die Unterrichtspraxis. Neusäß: Kieser.

Thommen, Jean-Paul; Achleitner, Ann-Kristin (1998): Allgemeine Betriebswirtschaftslehre. Umfassende Einführung aus managementorientierter Sicht. Wiesbaden.

Ulrich, Peter (2001): Wirtschaftsbürgerkunde als Orientierung im politisch-ökonomischen Denken. In: sowi-onlinejournal 2 (2001) 2. <http://www.sowi-onlinejournal.de/2001-2/wirtschaftsbuergerkunde_ulrich.htm>

Weber, Birgit (1995): Handlungsorientierte Methoden. In: Steinmann/Weber (Hg.), 17-45. <http://www.sowi-online.de/methoden/dokumente/weberho.htm> vom 12.4.2002.

74   Reinhold Hedtke

Weber, Birgit (2001): Stand ökonomischer Bildung und Zukunftsaufgaben. In: sowi-onlinejournal 2 (2001) 2. <http://www.sowi-onlinejournal.de/2001-2/zukunftsaufgaben _weber.htm> vom 11.11.2001

Weinbrenner, Peter (1997): Plädoyer für eine „zukunftsfähige" ökonomische Bildung. In: Kruber, Klaus-Peter (Hg.), 225-262.

Weinbrenner, Peter (1997a): Ökonomisches Lernen. In: Sander (Hg.), 301-314.

Weißeno, Georg (1997): Politikunterricht in der gymnasialen Oberstufe. In: Sander (Hg.), 190-200.

Weißeno, Georg (2002): Wo steht die Politikdidaktik als Wissenschaft? In: GPJE (Hg.), 20-31.

Weißeno, Georg (2003): Lehren und Lernen im Politikunterricht? In: GPJE (Hg.), 34-44.

Wood, B. Dan; Bohte, John (2004): Political Transaction Costs and the Politics of Administrative Design. In: Journal of Politics 66 (2004) 1, 176-202.

Würth, Reinhold; Klein, Hans Joachim (2001): Wirtschaftswissen Jugendlicher in Baden-Württemberg. Eine empirische Untersuchung. Künzelsau.

Klaus-Peter Kruber

Ökonomische und politische Bildung – der mehrperspektivische Zugriff auf Wirtschaft und Politik

1. Eine alte Diskussion in neuer Auflage

Politische und ökonomische Bildung haben ein gemeinsames Problem: Ihre Stellung in der Schule ist prekär. Unbestritten ist politische Bildung eine zentrale Aufgabe von Allgemeinbildung, und es besteht verbreiteter Konsens, dass zu einer zeitgemäßen Allgemeinbildung auch eine Hinführung zur Arbeits- und Wirtschaftswelt gehört. Aber bis heute wird diskutiert, ob es dazu eigener Fächer bedarf, oder ob es sich um eine Querschnittsaufgabe von Schule insgesamt handelt. Als Schulfach, in der Lehrerbildung und als wissenschaftliche Fachdidaktik hat die politische Bildung die längere Tradition (Sander 2004, 113ff.). Gemeinschaftskunde, Sozialkunde, Politik oder ähnliche Fächer wurden bereits in den 60er Jahren des 20. Jahrhunderts als Unterrichtsfächer in den westdeutschen Bundesländern eingerichtet – anfangs vielfach unsicher über die Inhalte und zunächst in Konkurrenz mit der Geschichte, die politische Bildung für sich reklamierte. Die Vermittlung politischer Bildung ist heute in allen Bundesländern für alle Schularten und Schulstufen vorgesehen – dieses Prinzip beinhaltet allerdings nicht immer ein eigenes Fach und angemessenes Stundenvolumen für Politik.

„Wirtschaft" gelangte erst seit den 70er Jahren als Arbeitslehre mit starkem Akzent auf der Berufsorientierung in allgemein bildende Schulen, zuerst in die Hauptschulen. Etwa gleichzeitig begann die Entwicklung einer eigenen Fachdidaktik der ökonomischen Bildung als Teil von Allgemeinbildung (die berufliche Wirtschaftsbildung hat eine längere Tradition). Die Gymnasien sperrten sich besonders lange dagegen, Wirtschaftsthemen einen eigenen Platz im Curriculum einzuräumen. Hier wirkte ein bis auf den Neuhumanismus (v. Humboldt, Niethammer) zurückreichendes Bildungsverständnis nach, das die Befassung mit Wirtschaftsthemen nicht als Teil von Allgemeinbildung betrachtete (vgl. Albers, in: Kruber 1994, 27ff.).

Erst seit in den 90er Jahren Bildungsexperten und nahezu alle gesellschaftlichen Gruppen nachdrücklich die Einführung von Wirtschaftsunterricht in den allgemein bildenden Schulen forderten, wurden wirtschaftliche Inhalte nach und nach auch an den Gymnasien eingeführt. (Schlösser/Weber 1999) Dies geschah allerdings nicht durch Einrichtung eines eigenen Fachs (Ausnahme: Bayern; das Fach Wirtschaft/Recht hat dort eine lange Tradition), sondern die Länder brachten wirtschaftliche Inhalte in bestehende Fächer ein (Politik, Sozialkunde, Erdkunde), oder sie schufen neue Kombinationsfächer (Sozialwissenschaften, Politik/Wirtschaft/Gesellschaft, Wirtschaft/Umwelt/Europa, Wirtschaft/Politik). Didaktische Konzepte und inhaltliche Fragen der Lehrerausbildung für diese fälschlich so genannten „Integrationsfächer" blieben meistens offen und wurden „pragmatisch", d.h. in der Regel additiv im vorgegebenen Rahmen, gelöst.

In Hessen wird nun das Fach „Politik" in „Politik und Wirtschaft" umbenannt. Das Stundenvolumen des neuen Faches soll je zur Hälfte auf politische und ökonomische Themen aufgeteilt sein, wie dies bereits in Schleswig-Holstein (Wirtschaft/Politik) der Fall ist. Auch in einigen anderen Bundesländern werden ähnliche Konzepte umgesetzt. Für Wirtschaftsthemen bedeutet dies eine Verbesserung: Sie werden stärker als bisher im Unterricht vertreten sein.

Die Reform in Hessen wurde im November 2003 auf einer Tagung an der Universität Frankfurt unter der Überschrift „Integration der ökonomischen in die politische Bildung" diskutiert. Diese Formulierung deutet auf ein Verständnis hin, wonach *ökonomische in politische Bildung eingegliedert* werden soll. Ziele und Methoden der politischen Bildung wären demnach in dem zukünftigen Fach strukturbildend dominant, Wirtschaft würde primär als politisches Aktionsfeld wahrgenommen, das nach politikwissenschaftlichen und politikdidaktischen Kriterien bearbeitet wird. Der angestrebten Integration der ökonomischen in die politische Bildung entspricht die für manche Bildungspolitiker sympathische Vorstellung, man brauche dann in der Lehrerbildung keine wesentlichen Änderungen vorzunehmen: Politiklehrer mit etwas Aus- oder Fortbildung in „Wirtschaft" könnten auch den Wirtschaftsunterricht abdecken[1]. Wirtschaftsdidaktische Lehrstühle und zusätzliche wirtschaftswissenschaftliche Lehrangebote für Lehramtsstudierende an den Universitäten kann man sich so sparen. Neu wäre ein solches Vorgehen nicht; sowohl in den alten wie besonders in den neuen Bundesländern war bzw. ist dies die gängige Praxis bei der „Qualifizierung" für Wirtschaftsunterricht.

Die zugrunde liegende Vorstellung, Ökonomie könne an Schulen als Teilgebiet von Politik (oder eines anderen Fachs) unterrichtet werden, bedeutet einen Rückfall in längst überholt geglaubte Zeiten. Sie ist weder fachwissenschaftlich noch fachdidaktisch haltbar. Sie schadet dem Anliegen sowohl der ökonomischen als auch der politischen Bildung, und sie schürt eine sachlich nicht gebotene Rivalität, wo Kooperation, gegenseitige Ergänzung und offensives Eintreten für gemeinsame Ziele angesagt ist.

---

1   Das Studium des Fachs Sozialkunde (Wissenschaft von der Politik) für das Lehramt an Gymnasien an der Universität Gießen umfasst 70 SWS: Politikwissenschaft, Soziologie und Fachdidaktik. Unter 7 Themenbereichen im Pflicht- und Wahlpflichtbereich wird sowohl im Grund- wie im Hauptstudium auch „Politik und Wirtschaft" genannt. Das Studium dieses Wahlpflichtbereichs umfasst ca. 6 SWS. Eine Einführung in die Wirtschaftswissenschaft als Grundlegung ist nicht vorgesehen. (StO Sozialkunde vom 30.1.1997, Universität Gießen)
     In Sachsen umfasst das Fach Gemeinschaftskunde für das Lehramt an Mittelschulen an der Universität Leipzig 58 SWS, davon 34 SWS Politikwissenschaft, 16 SWS Soziologie und 4 SWS Fachdidaktik. Im Studiengebiet Soziologie ist im Grund- und im Hauptstudium je eine 2-stündige Lehrveranstaltung „Wirtschaftssystem der BR Deutschland" vorgesehen. Die gleiche Quantität wirtschaftsbezogener Studien wird im Studiengang Gemeinschaftskunde für das Lehramt an Gymnasien in Sachsen (bei insgesamt 78 SWS) gefordert. 4 SWS „Wirtschaft" – das reicht offenbar für Gemeinschaftskundelehrer/innen! (StO Gemeinschaftskunde Mittelschule bzw. Gymnasium vom 15. 11. 2002, Universität Leipzig)

2. Ziele, Aufgaben und Themenfelder politischer und ökonomischer Bildung

Politische und ökonomische Bildung weisen bezüglich ihrer Ziele, Aufgaben und Themenfelder viele Gemeinsamkeiten bzw. Überschneidungen auf. Ihr gemeinsames übergeordnetes Bildungsziel ist der mündige Staats- bzw. Wirtschaftsbürger, der in der Lage ist, kompetent, selbstbestimmt und verantwortungsbewusst sein Leben zu gestalten. Darüber hinaus streben beide die Befähigung der Heranwachsenden zur Mitgestaltung ihrer von Politik und Wirtschaft geprägten gesellschaftlichen Umwelt an.

Gemeinsam ist beiden „Teilbildungen" auf den ersten Blick auch der Gegenstand: Wirtschaft und Politik stellen in der Realität nicht zwei getrennte Lebensbereiche dar, sondern sie sind aufs Engste miteinander verwoben und interdependent. Es entspricht der Alltagswirklichkeit, dass politische Entscheidungen die wirtschaftliche Situation des Individuums beeinflussen (Rentenreform, Steuererhöhung) bzw. wirtschaftliche Probleme in der Politik thematisiert werden (Betriebsverlagerung eines Unternehmens, Arbeitslosigkeit). Nahezu alle politischen Probleme haben eine ökonomische Dimension, und umgekehrt ist Wirtschaft Gegenstand politischer Interventionen.

Wirtschaften vollzieht sich in einer politisch gestalteten Rahmenordnung und wird von prozesspolitischen Eingriffen des Staates beeinflusst. Die Gestaltung des Rahmens schafft die für Wirtschaften erforderlichen institutionellen Voraussetzungen. Eingriffe in den Wirtschaftsprozess erfolgen dort, wo das dem ökonomischen Prinzip folgende Handeln von Haushalten und Unternehmen zu politisch nicht erwünschten Ergebnissen führt. Über Veränderungen der institutionellen Rahmenordnung oder durch geld- oder fiskalpolitische Eingriffe in den Wirtschaftsprozess sollen Verhaltensänderungen von Wirtschaftssubjekten erreicht werden, die politischen Zielvorgaben entsprechen.

Politische Gestaltungsmöglichkeiten sind von ökonomischen Prozessen und ihren Ergebnissen abhängig. Beispielhaft wird das an der Abhängigkeit des Steueraufkommens von der Wirtschaftsentwicklung deutlich, wodurch die finanziellen Handlungsspielräume für politisch gewollte Projekte erweitert oder eingeschränkt werden. Ferner hat die Wirtschaftslage eines Landes (Arbeitslosigkeit, Inflation, Finanzierbarkeit der sozialen Sicherungssysteme etc.) großen Einfluss auf die Einstellungen zu Politik, die Beurteilung von Regierungsarbeit und die Wahlentscheidungen der Bürger (siehe bspw. die Diskussionen um Arbeitsmarktreformen unter dem Stichwort Hartz IV).

Folgt man der in der Politikwissenschaft gebräuchlichen Unterscheidung in policies, politics und polity (Nassmacher 1998, 2ff.), lassen sich Gemeinsamkeiten und Unterschiede deutlicher herausarbeiten. Auf der Ebene der policies (Aufgabenfelder) finden sich erhebliche Überschneidungen zwischen Wirtschaft und Politik. Beispiele für Problemfelder, die von Politikwissenschaft und Wirtschaftswissenschaft gleichermaßen bearbeitet werden, sind Finanzpolitik, Sozialpolitik, Europäische Integration, Entwicklungspolitik etc. Andererseits finden sich Probleme, die schwerpunktmäßig einer der beiden Disziplinen zugeordnet werden können, wo die andere weniger beizutragen hat (bspw. Demokratie, Friedenssicherung, Menschenrechte, Wahlen einerseits, Beruf, betriebliche Leistungsprozesse, Konsumentenverhalten andererseits; vgl. Abb. 1)[2]

Abb. 1: Aufgabenfelder von Politik und Wirtschaft

Schwerpunktthemen der Politikwissenschaft	Überschneidungsbereich von Politikwissenschaft und Ökonomie	Schwerpunktthemen der Wirtschaftswissenschaften
Demokratie	Sozialpolitik	Beruf
Frieden	Finanzpolitik	Konsum
Menschenrechte	Arbeitslosigkeit	Betrieb
Wahlen	Europäische Integration	Geld u. Kredit
....	Internat. Beziehungen	....
	Entwicklungspolitik	
	....	

Auf der Ebene der politics (Prozesse) und der polity (Institutionen) treten stärker die unterschiedlichen Fragestellungen und Instrumente hervor, anhand derer die beiden Disziplinen die Problemfelder untersuchen. Stark vereinfacht steht im Mittelpunkt politischer Willensbildungsprozesse die Frage nach Macht und nach ihrer Legitimation, während in der Ökonomie die Frage nach der Effizienz von Entscheidungen und nach ihren Wirkungen im Wirtschaftskreislauf dominiert. Politik untersucht auf der Institutionenebene die Verfassung einer Gesellschaft, Ökonomie befasst sich schwerpunktmäßig mit dem Funktionieren (bzw. Funktionsstörungen) von Märkten.

Entsprechend den unterschiedlichen Zugriffen der Bezugsdisziplinen auf die eine Welt richten zwar auch politische und ökonomische Bildung den Blick auf die gleiche Lebenswelt von Heranwachsenden, aber mit teilweise unterschiedlichen Perspektiven. Folgt man einer gebräuchlichen Lexikondefinition (Holtmann 1994, 470), besteht das Leitziel politischer Bildung darin, „Wissen und Einsichten zu vermitteln, Fähigkeiten des Urteilens, der Kritik und des Handelns zu wecken, um den Bürgern einer demokratisch verfassten Gesellschaft ein selbst- und mitbestimmtes Leben zu ermöglichen." Diese Zielformulierung macht – bezogen auf die Schule – die Befähigung der Heranwachsenden zu eigener Urteilsbildung und zur Mitwirkung an der Gestal-

---

2 Vgl. im Anhang die Übersicht über Aufgabenfelder der ökonomischen und politischen Bildung. Diese Übersicht wurde von Julia Richter im Rahmen einer Staatsexamensarbeit anhand der Kriterien Situationsbezug, Problemorientierung und Wissenschaftsorientierung unter Auswertung der Arbeiten profilierter Fachdidaktiker erstellt. (Julia Richter: Wirtschaft und Politik. Zum Gegenstandsbereich des Faches Wirtschaft/Politik, Kiel 2004)

tung und Legitimation von Normen zur Sicherung von Frieden, Freiheit, sozialer Gerechtigkeit etc. zum Zentrum politischer Bildung.

Als Leitziel ökonomischer Bildung kann man die Entwicklung einer Persönlichkeit bezeichnen, die in der Lage ist, in ökonomisch geprägten Lebenssituationen verständig, selbstbestimmt und verantwortlich zu entscheiden und eine Position zu entwickeln zu der Grundfrage: Wie kann auf individueller und gesellschaftlicher Ebene ein effizienter und verantwortlicher Umgang mit Knappheiten so organisiert werden, dass die Verwirklichungschancen[3] des Einzelnen in der Gesellschaft erweitert werden?

Beide Zielsetzungen beziehen sich auf die Befähigung der Heranwachsenden, ihr eigenes Leben und das Zusammenleben in der Gesellschaft „mündig" mit zu gestalten, sie führen aber zu (teilweise) anderen Fragestellungen. Jedenfalls ist die ökonomische Sicht nicht ohne weiteres in der politischen enthalten (und umgekehrt).

3. Persönlichkeitsbildung für Lebenssituationen in Wirtschaft und Politik

Die Orientierung an Abgrenzungen und Fragestellungen der Bezugswissenschaften (hier: der Wirtschaftswissenschaften, insbesondere der Volkswirtschaftslehre, und der Politikwissenschaft) ist nicht das einzige Kriterium für fachdidaktische Überlegungen zur Ermittlung, Auswahl und Begründung relevanter Lernziele und Inhalte von Unterricht. (Kaminski 2003, 45ff.; Reetz 2003, 99ff.)

Fachdidaktik hat, wie Dubs (siehe Kruber 1999, 9) in einem anschaulichen Modell verdeutlicht, eine integrative Funktion zwischen

- Fachwissenschaften als Bezugsdisziplinen und Wahrheitskriterium,
- pädagogischem Wissen der Lehrkraft,
- Wissen über die Schülerinnen und Schüler und dem
- Wissen über die Abhängigkeit der Schule von ihrer gesellschaftlichen Umwelt.

Eine wichtige Aufgabe der Fachdidaktik ist es, Verbindungen zwischen Lerngegenständen aufzuzeigen und Zusammenhänge herzustellen, um Heranwachsende für eine Welt zu qualifizieren, die nicht nach Fächern sortiert ist, sondern sich in komplexen Lebenssituationen konkretisiert.

Der Lebenssituationsansatz hat eine alte Tradition in der Pädagogik. In seiner heutigen Form geht er auf Saul Robinsohn zurück. Robinsohn forderte 1967 einen wissenschaftlich fundierten Gesamtentwurf für ein zeitgemäßes

---

3   Vgl. zu diesem Begriff, der Freiheit, materiellen Wohlstand und Lebensqualität umfasst, Amartya K. Sen: Ökonomie für den Menschen, München/Wien 2000.

Curriculum. Ausgehend von wissenschaftlich analysierten und prognostizierten aktuellen und zukünftigen Lebenssituationen der Heranwachsenden sollen die zu ihrer Bewältigung benötigten Qualifikationen ermittelt und in Lernziele und geeignete Lerninhalte transformiert werden.

Dieser Ansatz wurde 1978 in der ökonomischen Bildung von Ochs/Steinmann aufgegriffen. Als ökonomisch geprägte Lebenssituationen der überwiegenden Mehrheit der Heranwachsenden unterscheiden sie „Leistungserstellung und Einkommenserzielung" durch Erwerbs- und Hausarbeit einerseits und „Einkommensverwendung für Konsum und Vorsorge" andererseits. Diese grundlegenden Lebenssituationen können auf den Ebenen Haushalte/Unternehmen, Märkte und Gesamt-/Weltwirtschaft untersucht und ausdifferenziert werden. Das zunächst fachwissenschaftliche Raster wird zur Hilfe für didaktische Entscheidungen, wenn die Lernbedeutung der einzelnen Lebenssituationen überprüft wird. Die Lernbedeutung ergibt sich aus der Bedeutung der Lebenssituation für die Bedürfnisbefriedigung der Heranwachsenden, aus den Hindernissen, die der Bedürfnisbefriedigung entgegenstehen, und aus den Handlungs- und Entscheidungsspielräumen, die in der jeweiligen Lebenssituation gegeben sind. Je wichtiger eine Lebenssituation für die Befriedigung von Existenz- und Entfaltungsbedürfnissen ist, je stärker die Gefährdung der Bedürfnisbefriedigung in der Praxis ist, je mehr Entscheidungs- und Handlungsspielräume den Betroffenen günstigstenfalls eröffnet werden können, desto höher ist die Lernbedeutsamkeit der betreffenden Lebenssituation. „Berufswahl", „Stellung des Arbeitnehmers im Betrieb", „Soziale Sicherung" oder „Konsumverhalten Jugendlicher" sind nach diesen Kriterien Beispiele für höchst lernbedeutsame Lebenssituationen. (Ochs/Steinmann 1978, zit. nach Kruber 1994, 36ff.)

In einer überarbeiteten und erweiterten Fassung dynamisiert Steinmann das Konzept, indem er die Lebenssituationen um *Entwicklungen* ergänzt, die von ökonomischen Entscheidungen ausgehen, und die die Lebenssituationen beeinflussen und verändern. Beispiele für solche Entwicklungen sind Umweltschädigungen, die europäische Integration oder Auswirkungen der Globalisierung. Eine weitere Ergänzung erfährt das Konzept durch ausdrückliche Einbeziehung von Handlungsfähigkeit als anzustrebender Qualifikation. Die bis dahin im Vordergrund stehenden Sach- und Wertkompetenzen werden um die Fähigkeit, in sozialen Zusammenhängen handeln zu können, erweitert. Das erfordert den Einsatz handlungsorientierter Methoden im Unterricht. (Steinmann 1997, 1ff.)

Wählt man einen solchen (in der ökonomischen Bildung stärker als in der Didaktik der Politik verbreiteten) fachdidaktischen Zugang über Lebenssituationen, wird die Notwendigkeit der Berücksichtigung verschiedener Disziplinen bei der Bearbeitung wirtschaftlicher und politischer Themen besonders deutlich. Lebenssituationen sind komplex und lassen sich nicht monodisziplinär erklären. Allerdings stoßen wir hier auf ein weiteres Problem:

Auch die Erweiterung auf zwei Bezugsdisziplinen reicht in der Regel nicht aus, Lebenssituationen umfassend zu bearbeiten: Arbeitslosigkeit hat ökonomische und politische Bezüge – aber auch psychologische, ethische, historische usw. Eine Auseinandersetzung mit Problemen der Biotechnologie betrifft Biologie und Technik, hat aber auch eine ethische, politische, rechtliche und ökonomische Dimension. Eine monodisziplinäre Fachdidaktik greift zu kurz – diese Erkenntnis ist wahrlich nicht neu: Multidisziplinarität ist ein Wesensmerkmal von Bildung. Das beantwortet aber noch nicht die Frage, wie sie auf der Ebene der Schulfächer und der Lehrerbildung umgesetzt werden kann. Eine Beschränkung der Aspekte und Fokussierung auf bestimmte fachliche Perspektiven ist unumgänglich und hat sich auch bewährt, wenn zugleich Bezüge hergestellt und Verbindungen aufgezeigt werden. Eine solche Position vertritt auch Steinmann (1997, 20f.): Da er eine „umfassende Gesellschaftslehre" nicht für realisierbar hält, fordert er die Einbettung des Wirtschaftsunterrichts in ein auf die Gesellschaft als Ganzes bezogenes Curriculum der Schule, in dem – ganz im Sinne von Robinsohn – die einzelnen Fächer ihre Inhalte und Methoden aufeinander beziehen und ergänzen.

4. Die politische Bildung auf der Suche nach ihrem spezifischen Profil

In der Didaktik der politischen Bildung findet zur Zeit eine spannende Diskussion über Ziele und Ansatzpunkte von politisch bildendem Unterricht statt. Dies kann hier nicht im Einzelnen nachgezeichnet werden. Einige Stichworte mögen genügen.

Im Bestreben, sich vom Vorwurf abzusetzen, Institutionenkunde zu betreiben, und geleitet von der Absicht, politische Bildung stärker an der Lebenswelt von Heranwachsenden auszurichten, hat sich in den 80er Jahren des 20. Jahrhunderts ein Konzept politischer Bildung verbreitet, das die Demokratisierung der Gesellschaft „von unten" anstrebt. Ausgehend von sozialen Lebensbezügen Heranwachsender (z.B. in der Schule), sollen Bürger in allen Lebensbereichen zur Wahrnehmung von Mitbestimmungsmöglichkeiten befähigt und in Demokratie eingeübt werden. Demokratische Normen und mehr Partizipation werden in der kommunalen und nationalen Politik, aber auch in der Wirtschaft und in der Gesellschaft (bspw. im Verhältnis der Geschlechter) eingefordert, und politische Bildung soll hierzu befähigen. Dieser Ansatz (und die damit verbundene Bevorzugung handlungsorientierter Methoden) hat wesentlich dazu beigetragen, Jugendliche für politische Bildung zu interessieren und soziales und politisches Engagement zu befördern.

Einige Fachdidaktiker befürchten allerdings, in einem zu allgemein als „Erziehung zu sozialem Verhalten" akzentuierten Unterricht könnte leicht der eigentliche Kern politischer Bildung ausgeblendet werden. So hat sich nach

Auffassung von Sander durch das Bestreben, im Unterricht von der „Betroffenheit" der Heranwachsenden auszugehen, „ein subjektivitäts- und alltagsbezogenes Verständnis von ‚politischer Bildung' verbreitet, in dem, vermittelt über den Begriff der ‚Ganzheitlichkeit' nahezu jedes subjektorientierte, soziale und kulturelle Lernen schon als ‚politisch' verstanden werden konnte." (Sander 1997, 33) Gegen diese Tendenz, soziales Verhalten mit politischer Kompetenz gleich zu setzen, bezeichnet Sander die „Politikdidaktik als Wissenschaft vom *politischen* Lernen" (a.a.O., 19; Hervorhebung K.P.K.). Ähnlich wendet sich auch Grammes (1998, 231) gegen eine „Versozialwissenschaftlichung" der Politikdidaktik (ich würde übrigens lieber von „Versozialkundlichung" sprechen).

Diese Kontroverse wird aktuell diskutiert im Zusammenhang mit Entwürfen für Bildungsstandards politischer Bildung (vgl. Beiträge in POLIS 4/2003 und GPJE 2004) und dem BLK-Modellprogramm „Demokratie lernen und leben" (vgl. die Beiträge von Fauser, Breit und Sanders in: POLIS 3/2003). Das Programm „Demokratie lernen und leben" sieht als Aufgabe politischer Bildung die Erziehung zu demokratischen Umgangs- und Lebensformen in Schule und Gesellschaft an. Die Autoren dieses Modells verstehen „Demokratisierung" als eine Fächer übergreifende allgemeinpädagogische Aufgabe der Schulentwicklung, die gleichzeitig den Kern politischer Bildung vermittelt. Demgegenüber kritisiert Breit die „Einengung von Demokratie auf demokratisches Verhalten im Umgang mit anderen unter Ausblendung von Demokratie als politischer Form" und er befürchtet eine „Entpolitisierung der Jugendlichen", denen „reale Politik" vor diesem verkürzten Demokratieverständnis nur zu leicht als „schmutziges Geschäft" erscheinen könnte. (Breit in: POLIS 3/2003, 7) Sander fordert ein nach „*professionellen* Gesichtspunkten" bestimmtes Fach, in dem es darum geht, „*demokratisch Politik* zu lernen." (Sander in: POLIS 3/2003, 9; Hervorhebung i.O.) Auch andere prominente Fachdidaktiker der politischen Bildung fordern gegenüber den auf Sozialkunde zielenden Tendenzen einen stärker von der Politikwissenschaft her geprägten Zugang (Patzelt 1994, 64); hierzu gehören bspw. didaktische Modelle, die vom Politikzyklus ausgehen. (Massing 1999, 28ff.)

Festzuhalten bleibt: Politikdidaktiker bemühen sich um die Schärfung des Profils politischer Bildung gegenüber einem eher allgemeinpädagogischen, auf Enkulturation in die Gesellschaft zielenden Ansatz. Sie wehren sich gegen eine Vereinnahmung durch Geschichte, Soziologie oder Pädagogik – da mutet es etwas seltsam an, wenn gleichzeitig Verbandsvertreter die Integration der ökonomischen in die politische Bildung fordern. [4]

---

4 Vgl. die Stellungnahme des stv. Vorsitzenden der Deutschen Vereinigung für politische Bildung, Landesverband Nordrhein-Westfalen, zu den Rahmenvorgaben für die ökonomische Bildung in NRW (in: POLIS 3/2003, 27-29). Interessant ist, dass er bezogen auf Politik und Wirtschaft fordert, was er bezogen auf andere Fächer als problematisch ansieht: „Fächerverbindendes Lernen kann nur dann stattfinden, wenn die einzelnen fachspezifischen Zugriffe –

5. Die Suche nach einem integrativen sozialwissenschaftlichen Paradigma

Politische und ökonomische Bildung sind beide im Lernfeld Gesellschaft angesiedelt (Grammes 1998, 195ff.). In amerikanischen High Schools werden Civic Education und Economic Education traditionell den Social Studies zugerechnet (Wesley/Wronski 1958, 481ff; 503ff.). Gegenstand der Social Studies ist das Zusammenleben von Menschen in vielfältigen Bezügen, die aus didaktischen Gründen – so Wesley/Wronski – unter historischen, geografischen, politischen und ökonomischen Fragestellungen betrachtet und analysiert werden.

Anders als Wesley/Wronski veranlasst die Zugehörigkeit zum Lernfeld Gesellschaft einige Fachdidaktiker zur Suche nach einem *überfachlichen* sozialwissenschaftlichen Paradigma, das einen integrativen Zugriff auf Lebenssituationen ermöglichen soll. Hedtke (2002, 30ff.) bezeichnet die ökonomische Verhaltenstheorie und den Neo-Institutionalismus als Fächer übergreifende Theorieansätze, die in der Ökonomie, in der Politik und in der Soziologie gleichermaßen Anwendung finden (vgl. Hedtkes Übersicht über Anwendungsfelder des überdisziplinären Paradigmas „ökonomische Verhaltenstheorie", a.a.O., 34).

Aus der Sicht der ökonomischen Bildung ist das ein Gedanke, der interessante Perspektiven eröffnet und gewiss viele Anhänger finden kann. Die ökonomische Verhaltenstheorie und die auf ihr aufbauende Neue Institutionenökonomik werden von führenden Didaktikern als die grundlegenden Denkansätze angesehen, die das Besondere ökonomischer Bildung begründen (vgl. dazu den nächsten Abschnitt).

In der Tat findet die ökonomische Verhaltenstheorie in der Politikwissenschaft (beispielsweise in der Ökonomischen Theorie der Politik und in der Public Choice Theorie) und in der Soziologie in neuerer Zeit verbreitet Anwendung. Sie bildet eine wichtige Scharnierstelle zwischen den Disziplinen, und sie liefert einen Anstoß, die lange Zeit auseinander driftenden Wissenschaften wieder näher aneinander heran zu führen. Hedtke spricht gar von einer „sozialwissenschaftlichen Verhaltenstheorie".[5]

Ich teile jedoch nicht den Optimismus, die Disziplinen könnten sich auf eine gemeinsame Theorie menschlichen Verhaltens einigen, die dann die gemeinsame Basis für eine integrative sozialwissenschaftliche Bildung schaffen könnte. Eine allseits akzeptierte sozialwissenschaftliche Verhaltenstheorie

---

etwa von Politik, Erdkunde und Geschichte – deutlich in ihren Eigenheiten und Unterschieden herausgearbeitet und erst danach systematisch aufeinander bezogen werden." (S. 28)

5   Hedtke warnt zwar vor „einer diffusen – und illusionären! – sozialwissenschaftlichen Ganzheitlichkeit", plädiert aber doch für eine „paradigmatische Integration", d.h. die „Bearbeitung eines Problems oder Themas mit einem oder mehreren disziplinübergreifenden Paradigmen, z.B. ökonomische Verhaltenstheorie/Rational Choice-Theorie." (Hedtke 2002, 48f.)

existiert derzeit nicht. Die ökonomische Verhaltenstheorie ist als Denkansatz in den Wirtschaftswissenschaften relativ unbestritten, in der Politikwissenschaft und in der Soziologie stellt sie aber nur einen Ansatz neben anderen dar.

Ökonomische Verhaltenstheorie und Institutionenökonomik beruhen (unter anderem) auf

– dem methodologischen Individualismus,
– dem Eigennutzaxiom und
– dem Konzept (begrenzter) Rationalität.

Dabei handelt es sich um methodische Konzepte, die sich in der Ökonomie und in vielen anderen sozialen Zusammenhängen, in denen es um Entscheidungen unter Knappheitsbedingungen geht, als theoretisch fruchtbar und empirisch gehaltvoll bewährt haben, die aber dem Menschenbild und dem Politikverständnis mancher Lehrer widersprechen. Von einigen Politikdidaktikern wird dieser Denkansatz abgelehnt. Und von Lehrern und Lehrerinnen, die die ethische Bewusstseinsbildung ins Zentrum ihres (Politik- bzw. Sozialkunde-)Unterrichts rücken, wird der Ansatz der ökonomischen Verhaltenstheorie als Basis von Bildungskonzepten heftig bekämpft. (vgl. hierzu Krol 2001, 20ff.) Eine gemeinsame Theorie für alle Sozialwissenschaften wäre Voraussetzung für eine integrative Fachdidaktik. Weder bei Hedtke, noch bei Sibylle Reinhardt, der wohl profiliertesten Vorkämpferin eines integrierten Schulfachs Sozialwissenschaften, findet sich eine die Disziplinen Soziologie, Politologie und Ökonomie übergreifende allgemeine sozialwissenschaftliche Theorie oder eine eigenständige Fachdidaktik Sozialwissenschaften. (Reinhardt 1997)

6. Das Spezifikum ökonomischer Bildung

Ein die Ökonomik besonders prägender Denkansatz, die ökonomische Verhaltenstheorie, wurde bereits kurz angesprochen. Häufig wird das „Besondere" ökonomischer Bildung auf das „Denken in den Kategorien der ökonomischen Verhaltenstheorie" reduziert. Dies greift aber deutlich zu kurz. Im Folgenden werden drei „Denkansätze" als paradigmatisch für die ökonomische Bildung herausgearbeitet.

6.1   Denken in den Kategorien der ökonomischen Verhaltenstheorie: Nutzen/Kosten-Überlegungen unter Beachtung des institutionellen Rahmens

Die ökonomische Verhaltenstheorie untersucht das Verhalten von Individuen als gesellschaftlichen Akteuren. Ihre Fragestellung richtet sich dabei auf das Verhalten oder Handeln von Menschen unter Knappheitsbedingungen. Sie analysiert das Entscheidungsverhalten von Menschen und richtet ihr Augenmerk dabei nicht auf ihre Wünsche und Ziele (Präferenzen), sondern auf die Bedingungen und Beschränkungen, unter denen sie handeln (Restriktionen). Die Präferenzen werden – auch aus messtechnischen Gründen – als zunächst unveränderlich unterstellt.

Die der ökonomischen Verhaltenstheorie zugrunde liegenden Annahmen (methodologischer Individualismus, Typisierung, begrenzt rationales Verhalten) wurden bereits erwähnt.

Der methodologische Individualismus geht von der Annahme aus, dass einzig Individuen entscheiden können. Kollektive („der Staat", „der Betrieb") entscheiden nicht als solche, sondern kollektives Verhalten – also das typische Verhalten einer Gruppe, die aus einzelnen Menschen besteht – hat letztlich seinen Ursprung in lauter Einzelhandlungen.

Die ökonomische Verhaltenstheorie untersucht die Bedingungen, unter denen diese typischen Einzelhandlungen stattfinden. Es wird angenommen, dass gleiche Bedingungen bei unveränderten Präferenzen typisches (antizipierbares) Verhalten bewirken. Als typisiert wird dieses Verhalten deshalb bezeichnet, weil nicht ausgeschlossen werden soll, dass Individuen vereinzelt auch anders handeln.

Das Modell begrenzt rationalen Verhaltens geht aus von einem teilweise informierten und seinen eigenen Vorteil anstrebenden Menschen, der absichtsvoll und rational Entscheidungen fällt. Volkswirten geht es nicht in erster Linie um die Erklärung oder Prognose des konkreten Verhaltens Einzelner, sondern um empirisch gehaltvolle Aussagen über das Verhalten von Makrogrößen. Weil Knappheit eines der entscheidenden Merkmale wirtschaftlicher Situationen ist, hat das Modell des rational handelnden und seine eigenen Interessen verfolgenden Menschen in den Wirtschaftswissenschaften einen hohen Erklärungswert erlangen können.

Bei Pädagogen hingegen, die ihre Aufgabe in der Vermittlung von Kenntnissen, Einsichten und Normen sehen, um auf diese Weise erzieherisch auf das Verhalten ihrer Schüler und Schülerinnen einzuwirken und – ökonomisch gesprochen – Präferenzen (Wünsche, Werthaltungen und Ziele) zu formen, rief und ruft dieses Modell noch immer Bedenken hervor. Dem stellen Vertreter der ökonomischen Verhaltenstheorie gegenüber, dass die Schule mit ihrem pädagogischen Ansatz, der auf individuelle Verhaltensmodifikationen durch Präferenzänderungen zielt, angesichts der großen gesellschaftlichen

Probleme zu kurz greift: Trotz Bewusstseinsbildung und des Wissens um mögliche Verhaltensänderungen sind gesellschaftlich bedeutsame Probleme wie Umweltverschmutzung oder die Krise der Sozialsysteme nicht in den Griff zu bekommen.

Die ökonomische Verhaltenstheorie deutet derartige gesellschaftliche Krisenerscheinungen als Rationalitätenfalle- oder soziale Dilemmata, weil individuell rationale Handlungen (Autofahren) gesellschaftlich unerwünschte Handlungsergebnisse (Umweltschädigung) erzeugen. Dies bedeutet umgekehrt, dass gesellschaftlich wünschenswerte Verhaltensweisen sich auf individueller Ebene als unvorteilhaft erweisen (Dilemma) und zu „Selbstausbeutung" führen können. Selbstausbeutung in diesem Sinne liegt beispielsweise vor, wenn Individuen aus ökologischen Gründen auf ein Auto verzichten und die damit verbundenen Unbequemlichkeiten in Kauf nehmen, obwohl „alle anderen" weiter fahren und der individuelle Verzicht die Umweltschädigung nicht verhindert.

Rationalitätendilemmata sind gekennzeichnet durch unintendierte Wirkungen absichtsvollen Handelns: Zwar wollen die meisten Menschen eine saubere Umwelt haben (Präferenzen), doch sind beispielsweise die monetären Kosten, der Zeitaufwand, das Einarbeiten in die Fahrpläne oder die Unbequemlichkeit des Öffentlichen Personennahverkehrs (Restriktionen) für viele Menschen derartig groß, dass sie trotz bester Absichten und wider besseres Wissen doch wieder in ihr eigenes Auto steigen.

Gerade für die Krisenerscheinungen der modernen Gesellschaft gewinnt die ökonomische Verhaltenstheorie ihren besonderen Wert: Demnach müssten nur genügend Anreize (aus ökonomischer Sicht: Nutzen) geschaffen bzw. negative Sanktionen (aus ökonomischer Sicht: Preise) angedroht werden, um Probleme mit Externalitäten und Kollektivguteigenschaften in den Griff zu bekommen.

Der pädagogische Ansatz scheint dem ökonomischen Denkansatz diametral gegenüber zu stehen. Ein auf die Persönlichkeitsbildung und die Moralisierung der Schüler und Schülerinnen ausgerichtetes Streben steht in offenem Widerspruch zu einem Menschenbild, das nur durch Restriktionen Verhaltensänderungen bewirken will.

Tatsächlich geht es jedoch um Verhalten in unterschiedlichen Kontexten: Die Annahmen der ökonomischen Verhaltenstheorie gelten vorwiegend in Zusammenhängen,

- die anonymisiert sind,
- in denen es um Kollektivgüter geht,
- in denen die Wirkungen externer Effekte nicht über Marktpreise abgegolten werden,
- in denen Menschen aufgrund von komplexen Ursache-Wirkung-Beziehungen von den Folgen ihren Handlungen getrennt werden.

In solchen Situationen können – so begründen Karpe/Krol (1997, 75ff.) die ergänzende Bedeutung des ökonomischen Denkansatzes in der Schule – auf Verhaltensänderungen abzielende moralische Appelle zur „Erosion moralischer Standards" führen, weil moralisches Verhalten gar nicht mehr ernst genommen wird. Aus individueller Sicht kommt es zu unzumutbarer Verantwortungszuweisung, wenn Einzelne sich für die Wirkungen der Handlungen des Kollektivs verantwortlich fühlen.

Festzuhalten bleibt, dass die ökonomische Verhaltenstheorie typisiertes menschliches Verhalten in sozialen Kontexten erklären und voraussagen kann und für diese Situationen einen hohen Erklärungswert besitzt. Die ökonomische Verhaltenstheorie erfährt ihre Grenzen dort, wo Nutzen-Kosten-Zurechnungen nicht gewollt sind (z.B. in Freundschaftsbeziehungen).

Auf der Basis der ökonomischen Verhaltenstheorie hat sich in der Wirtschaftswissenschaft die Neue Institutionenökonomik entwickelt (Kaminski 1997, 129ff.). Sie ist ein Denkansatz, der strukturelle Handlungsbedingungen, die institutionell vorgegeben sind, verantwortlich für kollektive Schädigungen macht, die aus – durchaus erwünschtem – eigennützigem individuellem Verhalten entstehen. Das Versagen gegenwärtiger Institutionen ist demnach verantwortlich für gesellschaftliche Krisen wie Umweltverschmutzung, Ausbeutung der Sozialsysteme, Arbeitslosigkeit, Steuerhinterziehung, Schattenwirtschaft, Lebensmittelskandale usw. Institutionen werden innerhalb der Neuen Institutionenökonomik funktional erklärt als Einrichtungen, die Unsicherheit reduzieren und Anreize geben. Das können Gesetze, Regeln, Normen, aber auch Preise und Einkommen sein – Restriktionen, die in Entscheidungssituationen als Anreize oder Sanktionen wirksam werden. Autoren, die das ökonomisch-verhaltenstheoretische Konzept mit Grundgedanken der Neuen Institutionenökonomik verknüpfen, haben vier Funktionen von Institutionen in modernen Gesellschaften ausgemacht:

–   Unsicherheitsreduktion: Institutionen geben Handlungsorientierungen und stabilisieren dadurch Erwartungen und reduzieren Transaktionskosten (Beispiel: Verbraucherschutzgesetze regeln Qualitätsanforderungen an Konsumartikel oder Garantiebedingungen).
–   Interaktionsregelung und Kooperationsförderung (Konventionen, Regeln und Gesetze können z.B. das Trittbrettfahrerproblem verhindern).
–   Freiheitssicherung: Institutionen können bei gegenseitiger Freiheitsbeschränkung größtmögliche individuelle Freiheit sichern. Dazu zählen in Marktsituationen beispielsweise die Rechte und Pflichten aus Kaufverträgen.
–   Flexibilisierung: Institutionen können – weil sie von Menschen zweckgebunden konzipiert werden – an sich ändernde Bedingungen angepasst werden.

Die Ursachen für das Versagen gegenwärtiger Institutionen werden von der Neuen Institutionenökonomik in einer „Kette von historischen Zufälligkeiten, versunkenen Kosten, Lerneffekten und (erwartungsinduzierenden) mentalen Wahrnehmungsmodellen" (Karpe/Krol 1997, 97) gesehen. Damit werden Institutionen als in gewissen Abständen überprüfungsbedürftig und veränderbar verstanden. Unterstützt wird die Neue Institutionenökonomik von der Erfahrung, dass zumindest in anonymisierten Kontexten moralische Appelle wenig bewirken, kollektive Institutionen hingegen, die in Form von Regeln oder Gesetzen formuliert werden (wie z.B. die Anschnallpflicht im Auto, die Geschwindigkeitsbeschränkung in Tempo 30-Zonen oder die Einführung des Dosenpfands), durchaus die gewünschten Effekte erzielt haben.

Die Schnittstelle von Neuer Institutionenökonomik und ökonomischer Verhaltenstheorie ist die Annahme, dass menschliches Verhalten durch Anreize und Sanktionen bestimmt wird und somit steuerbar ist. Dem individualethischen Ansatz, der an die moralische Vernunft des Menschen appelliert und dadurch Verhaltensänderungen bewirken will, wird damit ein ordnungsethischer Ansatz gegenüber gestellt, der erwünschtes Verhalten durch Veränderung von Rahmenbedingungen erzielen will. Die Ökonomik liefert hierzu die theoretischen Grundlagen.

Damit ist der individualethische Ansatz jedoch nicht obsolet. Das Wissen um „richtiges" Verhalten und um die Auswirkungen des eigenen Tuns wie auch das Bewusstsein darum, dass das menschliche Zusammenleben in größtmöglicher Freiheit nur dann gelingen kann, wenn jeder sich an die dazu aufgestellten Regeln hält, ist die notwendige – wenn auch gemäß ökonomischer Verhaltenstheorie und Neuer Institutionenökonomik nicht hinreichende – Bedingung für sich änderndes Verhalten. (Breier 1997, 161ff.) Insofern verhalten sich der individualethische und der ordnungsethische Ansatz komplementär zueinander.

Die Betrachtung und Beurteilung der Handlungsbedingungen von Menschen veranlasst wirtschafts- und ordnungspolitisches Denken. Funktionen und Dysfunktionen von Institutionen können erkannt werden und der Zusammenhang zwischen Wirtschaft und politischer Gestaltung wird deutlich. Systemisches Denken wird durch das Aufdecken von Ursachen und Wirkungen bzw. unerwünschten Nebenwirkungen geschult (vgl. den nächsten Unterabschnitt). Darüber hinaus wird die Veränderbarkeit von Institutionen als Prinzip verstanden, was auch verhindert, dass das – prinzipiell notwendige – Vertrauen in Institutionen zu kritikloser Anpassung führt. Mit dem Konzept der ökonomischen Verhaltenstheorie als ergänzendem Modell menschlichen Verhaltens kann vermieden werden, dass sich Schüler und Schülerinnen für Dinge verantwortlich fühlen, die sie erstens nicht zu verantworten haben und die zweitens ihren Möglichkeitsbereich sprengen. Sie gewinnen eine Einschätzung ihres individuellen Handlungsspielraumes. Nicht zuletzt kann das Denken in institutionellen Kategorien einen gesellschaftlichen Kommunikationsprozess in Gang setzen, der uns über die notwendige und adäquate Umgestaltung von Institutionen vielleicht wirklich einer Lösung gesellschaftlicher Probleme näher bringt. (Vgl. Karpe/Krol 1997, 98f.; Kaminski 1997, 140ff.)

Deutlich wird auch, dass der homo oeconomicus als Modell typisierter menschlicher Verhaltensweisen in bestimmten gesellschaftlichen Kontexten zu sehen ist. Ihn als alleinigen Erklärungsansatz auch für private Kontexte zu beanspruchen, würde das Modell überstrapazieren. Im Wirtschaftsunterricht allerdings kann er als Verhaltenstyp benutzt werden, weil das Modell die unterstellten Beziehungen zwischen Entscheidungen einerseits und den institutionellen Bedingungen andererseits hervorhebt.

6.2 Denken in Systemzusammenhängen: Strukturen und Zusammenhänge analysieren und beurteilen

Moderne Gesellschaften sind gekennzeichnet durch funktionale Differenzierung. Sie bestehen aus verschiedenen Subsystemen, von denen eines die Wirtschaft darstellt, die ihrerseits in weitere Subsysteme (Unternehmen, Haushalte, Verbände etc.) aufgegliedert werden kann. Innerhalb des sozialen Systems erfüllt die Wirtschaft bzw. das Wirtschaften die Aufgabe der (physischen) Erhaltung des Menschen in der Gesellschaft. Das Medium der Wirtschaft ist Geld: Wer Geld hat, hat Optionen bei wirtschaftlichen Entscheidungen; wer zahlen kann, erhält, was er braucht. Das System Wirtschaft funktioniert in erster Linie über finanzielle Anreizstrukturen. Wenn in einem anderen System – z.B. im ökologischen System – Störungen auftreten (Luftverschmutzung), so nutzen aus systemtheoretischer Sicht moralische oder andere Appelle an das System Wirtschaft wenig. Wirksamer wäre die Schaffung monetärer Anreize für umweltverträglicheres bzw. das Verhängen monetärer Sanktionen für umweltschädigendes Verhalten.

Systemisches Denken muss die Verbindungen der Elemente eines Systems wie auch die der Systeme untereinander beachten. Den Verbindungen liegen kausale Zusammenhänge als Ursache-Wirkung-Beziehungen zugrunde, die unterschiedlich komplex sein können. Diese Systembeziehungen stellen sich dar als

– einfache Kausalketten, die einen linearen Ursache-Wirkungs-Zusammenhang beschreiben;
– Kreisläufe, die zirkuläre Zusammenhänge beschreiben, wobei die von einer Ursache ausgehenden Wirkungen letztlich wieder auf die Ursache zurück wirken (Rückkoppelungsprozesse);
– Netzwerke, bei denen von einer Ursache mehrere Haupt- und Nebenwirkungen ausgehen, die ihrerseits Ursache für weitere Wirkungen sind oder als Rückkoppelungen auf Ursachen zurückwirken;

- Regelkreise: Netzwerke können sich selbst regulierende Systeme bilden, die äußere Anstöße (Schocks) verarbeiten und in stabile Systemzustände überführen können.

Der Sinn systemischen Denkens liegt in der Reduzierung von Komplexität, um verwickelte Zusammenhänge verständlich zu machen. Insofern ist ein System immer auch ein Modell, da es die gedankliche Konstruktion eines Ausschnitts der Wirklichkeit darstellt. Entscheidend beim systemischen Denken ist der dynamische Aspekt: Systeme und ihre Strukturen werden in ihrer Prozesshaftigkeit und in ihren Interdependenzen betrachtet. (Schiller 2001, 89ff.)

Die Wirtschaftswissenschaften sind ein besonders ergiebiges Anwendungsfeld für systemisches Denken. Ganz allgemein beruhen wirtschaftswissenschaftliche Theorien auf Hypothesen über Kausalketten, Regelkreise oder vernetzte Beziehungen zwischen Subsystemen des Systems Wirtschaft. Systemdenken hat eine lange Tradition in der Nationalökonomie: Adam Smith (1723-1790) beschreibt den Markt als Regelsystem und die Marktwirtschaft als selbstregulierendes Netzwerk aus verschiedenen Märkten. Das Modell des Wirtschaftskreislaufs (tableau économique) von Francois Quesnay (1694-1774) wird von vielen als der Anfang makroökonomischer Forschung angesehen.

In der Mikroökonomik werden Beziehungen zwischen Elementen eines Subsystems untersucht (beispielsweise der Zusammenhang zwischen Preis und angebotener bzw. nachgefragter Menge eines Gutes auf einem Markt oder zwischen technischen Produktionsbedingungen, Produktionsmenge und Kosten eines Betriebs). Ökonomen untersuchen ferner die Beziehungen zwischen verschiedenen Subsystemen (zum Beispiel den Wettbewerb zwischen Unternehmen im Oligopol). Die Betriebswirtschaftslehre betrachtet Unternehmen als vernetzte Systeme, in denen funktional oder institutionell abgegrenzte Subsysteme und Elemente in monetären und sozialen Beziehungen zueinander stehen: So besteht z.B. zwischen Beschaffung, Produktion und Absatz eine zirkuläre monetäre Beziehung (Ausgaben, Einnahmen), wobei das System äußere Einflüsse (steigende Rohstoffpreise, Absatzstockungen) verarbeiten muss. Zwischen den Subsystemen Unternehmensleitung, Aktionäre, Mitarbeiter, Betriebsrat bestehen komplizierte rechtliche und soziale Beziehungen, die die betrieblichen Entscheidungsprozesse beeinflussen.

Grafische Modelle des Wirtschaftskreislaufs sind als Einstieg in die Makroökonomik aus Ökonomielehrbüchern nicht wegzudenken. Sie sind nicht nur didaktisch fruchtbare Modelle zur Veranschaulichung von makroökonomischen Beziehungen zwischen Subsystemen (Haushalten, Produktionsstätten, Vermögenskonto, Staat, Ausland) eines Wirtschaftssystems, sie erlauben auch wichtige Erkenntnisse über Wirkungen von Verhaltensänderungen (vermehrtes Sparen der Haushalte) oder wirtschaftspolitischen Eingriffen (Steuererhöhung) auf volkswirtschaftliche Größen (Inlandsprodukt, Volkseinkommen). Die Vorstellung einer Volkswirtschaft als vernetztes System liegt auch den makroökonomischen Kreislaufgleichungen zugrunde, in denen Ökonomen ihre Hypothesen über funktionale Beziehungen zwischen ökonomischen Größen zusammenfassen. Ein Beispiel ist die bekannte Gleichung für die Verwendung des Inlandsprodukts $Y = C(Y) + I(i) + G + Ex\text{-}Im$. Das Inlandsprodukt wird verwendet für den privaten Konsum, für Investitionen, für die Nachfrage des Staates und den Außenbeitrag (die Differenz zwischen Export und Import). Im einfachsten Modell hängen der Konsum vom Volkseinkommen ab und die Investitionen vom Zinssatz. Staatsausgaben und Außenbeitrag werden als gegeben unterstellt. Untersucht wird nun, wie sich z.B. eine Zinsänderung auf die Investitionstätigkeit und über sie auf das Volkseinkommen und den Konsum auswirkt. Schon diese simple System-Modellierung zeigt Dependenzen und Interdependenzen in der Volkswirtschaft auf und ermöglicht somit wichtige Erkenntnisse. Um aussagefähige Erkenntnisse zu gewinnen, muss ein System in seinen relevanten Beziehungen abgebildet werden. Erst wenn die Verhaltensannahmen weiter spezifiziert und weitere Beziehungen zwischen den Elementen erfasst werden, können Wirkungen von Ursachen (wirtschaftspolitische Eingriffe in die Volkswirtschaft) und ihre Neben- und Rückwirkungen erkannt und beurteilt werden. Systemdenken führt u.a. zu der Erkenntnis, dass Vorsicht geboten ist vor dem naiven Glauben, durch Manipulation eines Instruments könnten ganz bestimmte Wirkungen erzielt werden. Sind die Systemzusammenhänge nicht hinreichend berücksichtigt, können Neben- und Folgewirkungen die beabsichtigte Wirkung in Frage stellen. Systemdenken ist der systematische Ansatz, Handlungen in komplexen Zusammenhängen zu strukturieren, um Ursachen und Folgen erkennen und einer Beurteilung unterziehen zu können.

Die Beispiele ließen sich multiplizieren. Festzuhalten bleibt: Das komplexe, weitgehend nur intellektuell erschließbare Feld Wirtschaft lässt sich als Konglomerat zahlreicher Systeme und Subsysteme interpretieren und mit Hilfe der Systemtheorie erforschen. Ökonomische Problemstellungen eignen sich daher in besonderer Weise, das Denken in Systemen zu erlernen – eine Fähigkeit, die sich auch in anderen Lebensbereichen als fruchtbar erweist. Systemdenken erfordert Abstraktionsvermögen, Bildung von Strukturen und Erkennen von Zusammenhängen, es trainiert gleichzeitig dynamisches Denken (Wirkungsketten) und integratives (häufig Fächergrenzen überschreitendes) Denken. Im Unterricht kann es gelernt werden (Kaiser/Kaminski 1999, 203ff.):

- an einem vorgegebenen System (Nachvollziehen von Beziehungen, Abschätzen von Wirkungen in verbalen, grafischen oder evtl. algebraischen Modellen; ein Beispiel ist die Arbeit mit einem Marktmodell),
- durch Erstellung eines Systems (Strukturbildung und Modellierung eines Problemfelds, bspw. Darstellung der Konkurrenzbeziehungen auf einem Oligopolmarkt),

– durch Anwendung von Systemen zur konkreten Problemlösung (in Simulationen, bspw. in einem Planspiel, einem Lernbüro oder auch in der
„Realität" eines Unternehmenspraktikums).

6.3 Denken in ordnungspolitischen Zusammenhängen: Wirtschaftspolitik als ordnende Gestaltungsaufgabe verstehen

In modernen Volkswirtschaften spielt der Staat eine bedeutende Rolle. Durch
seine Wirtschaftspolitik greift er in die Wirtschaft ein, und die Ziele und Ergebnisse wirtschaftspolitischer Maßnahmen sind Gegenstand politischer
Auseinandersetzungen. Aus ökonomischer Sicht lassen sich mehrere Gründe
für staatliche Eingriffe in die Wirtschaft anführen:

– Das selbstregulierende System Marktmechanismus benötigt für sein
Funktionieren institutionelle Grundlagen (Eigentums-, Vertragsrecht,
Geld und Währung, Verhinderung von Monopolen usw.);
– Märkte „versagen", wo Unteilbarkeiten und Nichtausschließbarkeit exis-
tieren (öffentliche Güter müssen vom Staat bereit gestellt werden) oder
wenn externe Effekte auftreten (Bildungs-, Umweltpolitik);
– Ergebnisse des Marktes werden politisch nicht akzeptiert, so dass der
Staat Marktergebnisse korrigieren soll: Sozialpolitik, Umverteilungspolitik;
– Marktprozesse sind verbunden mit Instabilitäten (Wachstumsschwankun-
gen, Arbeitslosigkeit, Inflation); dem Staat wird die Aufgabe der Kon-
junkturstabilisierung übertragen.

Art und Umfang der Staatstätigkeit in der Wirtschaft sind umstritten. Zu einer
besser fundierten Urteilsbildung in diesem Problemfeld beizutragen ist eine
Aufgabe ökonomischer und politischer Bildung gleichermaßen.

Aufgaben und Umfang der Staatstätigkeit in der Wirtschaft und Ziele und
Methoden von wirtschaftspolitischen Eingriffen in den Wirtschaftsablauf
sind spätestens seit der Kritik Adam Smith' am Merkantilismus ein umstrit-
tenes Thema der Wirtschaftstheorie. Einen besonders herausragenden Stellenwert nimmt diese Frage in neoliberalen Konzepten (Buchanan, von
Hayek) und im deutschen Ordo-Liberalismus ein. Von Walter Eucken (1891-
1950) stammt die Unterscheidung von Wirtschaftssystemen und ihrer konkreten Ausprägung in der Realität, der Wirtschaftsordnung. Vor dem Hintergrund der Vermachtung und der sozialen Auswüchse des wilden Kapitalis-
mus einerseits und den Erfahrungen mit der sowjetischen und der NS-
Planwirtschaft andererseits suchte Eucken nach einer Ordnung der Wirtschaft, in der Effizienz, Freiheit und soziale Verträglichkeit miteinander ver-
eint sind. Diesen Zielen entspricht nach seiner Auffassung am besten eine
Marktwirtschaft mit einer vom Staat durchgesetzten Rahmenordnung, die

durch klare Prinzipien wirtschaftliche Freiheit und Verantwortung gegen private Macht von Monopolen und Verbänden schützt und die Funktionsfähigkeit von dezentralen Märkten gewährleistet. Erforderlich ist nach Eucken ein starker Staat, der unbestechlich die Spielregeln festsetzt, sich aber darauf beschränkt und nicht selbst (bzw. nur in gut begründeten Ausnahmefällen) in die Marktprozesse eingreift. In der politischen Praxis hat sich das Konzept nicht durchgesetzt: Die Staatstätigkeit hat sich auch im Nachkriegsdeutschland nie auf die Rahmenordnung beschränkt, und die Staatsaufgaben wurden auf immer mehr Bereiche ausgedehnt. Durchgesetzt hat sich die Unterscheidung von Ordnungs- und Prozesspolitik (Spielregelsetzung bzw. Eingriffe in das Spiel).

Gründe für die geringe Neigung von Regierungen in Demokratien, sich hinsichtlich regulierender und umverteilender Eingriffe in die Wirtschaft selbst zu beschränken, liefert die ökonomische Theorie der Politik. Alois Schumpeter (1883-1950) und Anthony Downs geben die Fiktion eines „gemeinwohlorientierten Staates" als Willensbildungseinheit auf und betrachten die Akteure im politischen Prozess genauer. Sie wenden die ökonomische Verhaltenstheorie auf die Politik an: Politiker sind politische Unternehmer, die im Wettbewerb untereinander um Wählerstimmen werben und dabei Leistungen (Straßen, Schulen, Kindergeld etc.) anbieten müssen, um ihre (Wieder-) Wahl zu erreichen. (Downs 1957) Wirtschaftspolitik wird zum Instrument im Ringen um politische Macht. Die wachsende Staatsquote und Eingriffe in die Wirtschaft werden aus dem politischen Prozess erklärt.

Wirtschaftstheoretische Argumente für die Ausweitung staatlicher Eingriffe in die Wirtschaft liefert die keynesianische Makroökonomik. Im Anschluss an John Maynard Keynes (1883-1946) gehen Keynesianer von der Instabilität der Marktwirtschaft aus. Sie begründen damit die Notwendigkeit von staatlicher Konjunkturpolitik und von Einkommensumverteilung zwecks Stärkung der Massenkaufkraft (Nachfragetheorie). Wohl und Wehe der Wirtschaft werden zur Aufgabe der Regierenden, an der diese gemessen werden. Staatseinnahmen (Steuern, Staatsverschuldung) und Staatsausgaben werden in diesem Konzept zu den entscheidenden Instrumenten für Wachstums- und Verteilungspolitik.

In den achtziger und neunziger Jahren des 20. Jahrhunderts entbrannten heftige Kontroversen in der Wirtschaftstheorie zwischen Nachfragetheoretikern und Angebotstheoretikern (u.a. Milton Friedman, *1912). Letztere wollen die wachsende Staatsquote eindämmen und staatliche Regulierungen zurückfahren. Aber auch in der praktischen Politik ist die „richtige" Wirtschaftspolitik umstritten und ein hoch bedeutsames Thema in Wahlkämpfen (Stichworte sind z.B. die Kontroversen um Thatcherismus, Reaganomics, Sozialstaat versus Deregulierung).

Seit den neunziger Jahren setzt sich in der Wirtschaftstheorie eine Denkrichtung durch, die die Bedeutung von Institutionen für soziale Prozesse hervorhebt (R. Coase, D. North, M. Olson). Ökonomische Vorgänge vollziehen sich in Institutionen (dazu gehören z.B. Sitten und Gebräuche, Rechtsnormen, Organisationen), von denen verhaltenslenkende Anreize und Sanktionen ausgehen. Beispielsweise ist die Funktionsfähigkeit von Märkten abhängig von Institutionen zur Durchsetzung von vertraglichen Verpflichtungen (Eigentumsrechte, Treu und Glauben im Geschäftsverkehr, Kaufvertrags- und Gewährleistungsrecht usw.). Umweltschädigungen können aus dieser Sicht als Folge fehlender Eigentumsrechte an „freien" Gütern (Luft) angesehen werden, was Produzenten und Konsumenten zu ihrer exzessiven Nutzung (Verschmutzung) anreizt. Das Fehlen von geeigneten Institutionen kann erhebliche Transaktionskosten verursachen, die die Effizienz des Wirtschaftens in einem Betrieb, auf einem Markt oder in der Volkswirtschaft beeinträchtigen. Umgekehrt kann die Existenz geeigneter Institutionen die Transaktionskosten senken und wesentliche Produktivitätssteigerungen ermöglichen. Die Ausgestaltung von Institutionen kann zudem mehr oder weniger freiheitsbeschränkend sein. Ihre Auswahl ist also auch mit Blick auf das Ziel politische und ökonomische Freiheit nicht beliebig. Ein Auswahlkriterium ist, ob und wie weit sie zur Verbesserung der Funktionsfähigkeit der angestrebten Wirtschafts- und Gesellschaftsordnung beitragen. Die Erforschung der Entwicklung und Veränderung von Institutionen im Zuge der Wirtschaftsgeschichte und ihrer gelungenen bzw. ungeeigneten Gestaltung durch die Wirtschaftspolitik hat dazu beigetragen, den „Aufstieg und Niedergang von Nationen" (Olson 1991) zu erklären. Nach dem Ansatz der Institutionenökonomik wirkt Wirtschaftspolitik über die Veränderung von Anreiz- oder Sanktionssystemen. Aufgabe von Wirtschaftspolitik ist es demnach, durch Gestaltung von Institutionen Verhaltensanreize so zu setzen, dass die von Eigennutz geleiteten Handlungen der Wirtschaftssubjekte sich im Systemzusammenhang entsprechend der gesellschaftlichen Ordnungsvorstellungen koordinieren.

In den Lebenssituationen Konsum/Freizeit und Arbeit/Erwerbstätigkeit sind wir von wirtschaftspolitischen Entscheidungen betroffen (als Steuerzahler, Empfänger von Sozialleistungen, bei Fragen des Arbeitsrechts oder der Lebensmittelüberwachung etc.). Als Bürger sind wir aufgerufen, uns über wirtschaftspolitische Konzepte (beispielsweise über Maßnahmen zur Bekämpfung der Arbeitslosigkeit oder zur Sicherung der Renten) ein Urteil zu bilden und in Wahlen zu entscheiden. Allgemeindidaktische Kriterien wie Problemgehalt, Kontroversität, Aktualität, Betroffenheit und Entscheidungsbedarf sprechen für die Lernbedeutsamkeit des Themenfeldes Wirtschaftspolitik. Gefordert ist ökonomische Bildung für Staatsbürger. Der spezielle Beitrag der Ökonomie besteht in der Erarbeitung des notwendigen Orientierungswissens über Fakten, der Fähigkeit, in Systemzusammenhängen zu denken und in der Fähigkeit, Wirtschaftspolitik unter ordnungspolitischen Aspekten zu sehen und zu beurteilen.

Mit „Denken in ordnungspolitischen Zusammenhängen" ist hier nicht eine Übernahme des Ordo-Konzepts von Eucken gemeint. Gemeint ist vielmehr allgemein die Fähigkeit, Zusammenhänge und gegenseitige Abhängigkeiten zwischen der Ordnung des Systems Wirtschaft und Eingriffen in dieses System durch die Wirtschaftspolitik zu erkennen und diese Erkenntnis für die Beurteilung von Wirtschaftspolitik nutzen zu können.

– Dazu gehört die Erkenntnis, dass ökonomische Effizienz, Freiheitsspielräume und soziale Leistungsfähigkeit eines Wirtschaftssystems von den Institutionen einer Wirtschaftsordnung abhängig sind, von denen viele gestaltbar sind (Gesetze, Organisationen), andere hingegen sich nur allmählich ändern (Sitten) und sich weitgehend der Gestaltung entziehen.

– Dazu gehört ferner die Erkenntnis, dass Wirtschaftspolitik in der Veränderung von gestaltbaren Institutionen (z.B. Kaufvertrags- oder Arbeitsgesetze, Steuern, Subventionen, Zulassungsprüfungen) besteht, mit denen verhaltenslenkende Anreize und Sanktionen verbunden sind. Wirtschaftspolitiker wollen mit der Gestaltung von Anreizen und Sanktionen auf die Wirtschaftenden einwirken, um sie zu einem Verhalten zu veranlassen, das politischen Zielen der Regierenden entspricht (Einführung von Studiengebühren, um Angebot und Nachfrage nach Bildung besser zu koordinieren; Anhebung der BAFöG-Sätze, um Jugendlichen aus einkommensschwachen Schichten ein Studium zu ermöglichen; Einführung von Ökosteuern, um den Energieverbrauch zu drosseln). Wirtschaftspolitische Maßnahmen werden letztlich begründet mit gesellschaftspolitischen Vorstellungen über eine „richtig" geordnete Gesellschaft. Dabei spielen soziale, kulturelle, ökologische oder ideologische Leitbilder eine Rolle. Was unter dem „Gemeinwohl" zu verstehen ist, ist in einer pluralistischen Gesellschaft in aller Regel umstritten, so dass stets nach den konkreten Zielen wirtschaftspolitischer Maßnahmen und den dahinter stehenden Interessen der beteiligten Akteure gefragt werden muss.

– Zu fragen ist, wie Änderungen von Anreizen und Sanktionen im Systemzusammenhang wirken (vgl. Abschnitt 4.3), welche negativen Folgewirkungen zu berücksichtigen sind, und welche Eingriffe in Handlungs- und Freiheitsspielräume für die einzelnen Wirtschaftssubjekte damit verbunden sind. Sowohl mit Blick auf das Effizienz- als auch auf das Freiheitsziel ist demnach die Auswahl der Regelungen und ihre Änderung nicht beliebig. Ein Beispiel sind die unterschiedlichen Effekte einer Mietpreisbindung im Sozialwohnungsbau einerseits oder eines an Familiengröße und Einkommen gekoppelten Wohngeldes andererseits. Mögliche Nebenwirkungen und Zielkonflikte sind zu beachten und es ist zu prüfen, ob die Maßnahmen zur Ordnung im Systemzusammenhang beitragen, oder ob sie diese eher zerstören.

– Mit der Erkenntnis, dass Wirtschaftspolitik im politischen Willensbildungsprozess entsteht, kommen Kategorien der politischen Analyse wie Konflikt, Interesse, Macht, Recht, Mitbestimmung usw. ins Blickfeld

(Giesecke, Sutor). Die Übertragung ökonomischer Denkkategorien wie Rationalverhalten, Wettbewerb, Informationskosten usw. auf politische Willensbildungsprozesse trägt zum Verständnis bei, warum Wirtschafts-politik im politischen Prozess häufig mit so vielen, aus ökonomischer Sicht „sachfremd" erscheinenden Modifikationen umgesetzt wird.

Die Berücksichtigung politischer Einflussfaktoren und das Fragen nach den Wirkungen wirtschaftspolitischer Maßnahmen auf die Ordnung der System-zusammenhänge in Wirtschaft und Gesellschaft verhindern eine Verengung der Sichtweise alleine auf ökonomische Nutzen-Kosten-Überlegungen. Den-ken in ordnungspolitischen Zusammenhängen schlägt Brücken zu anderen Fächern (Politik, Geschichte) und ordnet ökonomische Bildung in das Lern-feld Gesellschaft ein. Es schärft die Urteilsfähigkeit in wirtschaftspolitischen Fragestellungen – nicht zuletzt, weil das Urteil über Wirtschaftspolitik in ers-ter Linie von den Wirkungen und nicht von den Motiven her begründet wird.

7. Kategoriale Erschließung ökonomischer und politischer Themenfelder

7.1 Stoffkategorien als Such- und Auswahlinstrumente für Lerninhalte

Ökonomische und politische Bildung verfolgen das Ziel, die Entscheidungs- und Handlungsfähigkeit der Heranwachsenden in unserer von Wirtschaft und Politik geprägten Gesellschaft zu entwickeln. Hierzu werden Kenntnisse über Fakten und Funktionszusammenhänge in Wirtschaft und Politik benötigt. Wissen über Wirtschaft und Politik muss ergänzt werden durch die Entwick-lung von spezifischen Denkweisen und Methoden, die es ermöglichen, Prob-leme unter politischem bzw. ökonomischem Blickwinkel zu betrachten, und die so gewonnenen Einsichten zu einer verantwortungsbewussten Beurtei-lung zusammenzuführen. Politische und ökonomische Bildung stehen hier allerdings vor einer besonderen Herausforderung: Die Fülle relevanter The-men und ihre stets wechselnde Aktualität machen die Auswahl und Begrün-dung von Lerninhalten zu einem immer wieder neu sich stellenden Problem für Fachdidaktiker, Lehrplanautoren und die Lehrkräfte in den Schulen.

Folgt man dem auf Wolfgang Klafki (1975) zurückgehenden kategorialen Ansatz der bildungstheoretischen Didaktik (Plöger 1999, 43ff.), benötigt man elementare und fundamentale Einsichten, die es erlauben, ökonomische und politische Sachverhalte zu analysieren und für eigene Entscheidungen fruchtbar zu machen. Es müssen exemplarische Inhalte gefunden werden, an denen transferierbare Erkenntnisse gewonnen werden können. Die Bei-spiele sollten Typisches, Allgemeines, Repräsentatives, Elementares und

Fundamentales des jeweiligen Wissensbereichs vermitteln. (Klafki 1996, 141ff.) Sie sollten

- elementar sein in dem Sinne, dass sie hinter ihnen liegende Prinzipien, Strukturen oder Gesetzmäßigkeiten erkennen lassen;
- fundamental sein in dem Sinne, dass sie Erfahrungen ermöglichen, die grundlegende Einsichten fördern. Fundamental sind allgemeine Grundprinzipien und Strukturerfahrungen, anhand derer wir die Welt (oder auch ein bestimmtes Fach) gliedern und erfassen können und die quasi Bausteine für weiteres Wissen sind. Fundamentale Einsichten bieten damit Ansätze für weitere Lernsituationen.

Die so gewonnenen Exempla eröffnen kategoriale Einsichten und Erkenntnisse, d.h., sie bieten strukturelle Einsichten in grundlegende Phänomene der entsprechenden Wissenschaft (Stoffkategorien). Sie dienen der pädagogisch und fachlich begründeten didaktischen Reduktion des Stoffes. Gewonnen werden sie beispielsweise durch Befragung von Experten oder Analyse von Lehrbüchern renommierter Fachautoren. Auch dann bleibt jedoch festzuhalten, dass ausgewählte Kategorien, die exemplarisch für fundamentale und elementare Einsichten des Faches stehen, immer eine Auswahl oder eine Interpretation des jeweiligen Autors sind und sehr unterschiedlich ausfallen können, obwohl sie sich auf dieselbe Bezugswissenschaft oder denselben Wirklichkeitsausschnitt stützen. Ihre Auswahl ist daran orientiert, dass sie Einsichten und Erkenntnisse bei einem Lernenden eröffnen – ihr Ziel ist also der gelungene Transfer vom Lehrenden zum Lernenden.

Der kategoriale Ansatz ist in der Didaktik der politischen bzw. der ökonomischen Bildung gleichermaßen verbreitet. Beispiele sind Giesecke (1972) und Sutor (1984) in der politischen, Dauenhauer (1978, 67ff.) und May (1978) in der ökonomischen Bildung. Ein kategoriales Konzept liegt auch den National Content Standards in den USA zugrunde (Saunders/Gilliard 1997, 9ff.): In 22 kategorialen Einsichten wird der Kern von Wirtschaften destilliert und für drei Jahrgangsebenen (4., 8., 12. Jg.) didaktisch erschlossen.

Eine Gegenüberstellung zweier Kategoriensysteme aus der Politikdidaktik (Sutor) und der Wirtschaftsdidaktik (Kruber) ermöglicht uns, auf der Ebene der von den jeweiligen Fachdidaktikern als elementar und fundamental eingeschätzten Begriffe, Prinzipien und Zusammenhänge die Frage nach Gemeinsamkeiten und Unterschieden von politischer und ökonomischer Bildung wieder aufzunehmen (vgl. Abb. 2 und 3; auf die Darlegung der Auswahlkriterien und die Begründung der Stoffkategorien muss hier aus Raumgründen verzichtet werden).

Sutor ordnet seine Stoffkategorien in drei Gruppen, so dass sie zugleich als Analyseraster für politische Problemstellungen dienen können.

Abb. 2: Kategorien politischer Bildung (Bernhard Sutor 1994, 35)

Kategorien des Einstiegs und der Situationsanalyse	Kategorien der Möglichkeitserörterung	Kategorien der Urteilsbildung, Entscheidungsdiskussion
Problem, Konflikt	Macht, Organisation	Menschenwürde
Betroffenheit, Bedeutsamkeit	Recht, Verfahrensregeln,	Zumutbarkeit, Grundkonsens
Meinung	Institutionen	Legitimität, Gemeinwohl
Information	Beteiligung, Mitbestimmung	Wirksamkeit, Folgen,
Interessen, Beteiligte	Koalition, Kompromiss,	Verantwortbarkeit
Interpretation, Ideologie	Zielkonflikte	
Geschichtlichkeit, Strukturen	Durchsetzung, Entscheidung	

Mein eigener Vorschlag für Stoffkategorien ähnelt im Aufbau eher dem NCEE-Konzept; er listet kategoriale Einsichten auf in das, was Wirtschaften ausmacht:

Abb. 3: Stoffkategorien ökonomischer Bildung (Klaus-Peter Kruber 1997, 55ff.)

- Die Verwendungskonkurrenz von Ressourcen äußert sich in *Knappheit* von Mitteln im Verhältnis zu den Zielen (*Bedürfnissen*) der Menschen.
- Dies erfordert *Nutzen-Kosten*-Überlegungen und *Entscheidungen* gemäß dem *ökonomischen Prinzip* unter *Risiko*bedingungen.
- Wirtschaften vollzieht sich *arbeitsteilig* in spezialisierten *Berufen, Betrieben*.
- Wirtschaftsprozesse bedürfen der *Koordination*, die im Betrieb über *Organisation* und *Planung*, in der Marktwirtschaft überwiegend über *Märkte* im *Wettbewerb* erfolgt.
- Wirtschaften vollzieht sich, vermittelt durch *Geld*, in *Wirtschaftskreisläufen* innerhalb und zwischen Haushalten, Unternehmen, Staat und Ausland.
- Wirtschaften ist mit *Interdependenzen* und oft mit *Zielkonflikten* verbunden.
- Wirtschaftsprozesse vollziehen sich nicht gleichgewichtig (Strukturwandel, Gefahr von *Instabilitäten* wie z.B. Beschäftigungs-, Geldwertschwankungen).
- Wirtschaften ist mit *externen Effekten* und *sozialen Ungleichheiten* verbunden.
- Dies erfordert *Eingriffe des Staates* in den Wirtschaftsablauf (Wirtschafts-, Sozial-, Umweltpolitik).
- Wirtschaftliche Entwicklungen und wirtschaftspolitische Eingriffe berühren die Interessen Einzelner oder von sozialen Gruppen unterschiedlich (*Interessenkonflikte*).
- Wirtschaftliche Entwicklungen und wirtschaftspolitische Eingriffe berühren *Werte* wie Freiheit, soziale Gerechtigkeit und Sicherheit und sind daher *Gegenstand politischer Auseinandersetzungen*.
- Wirtschaften erfolgt in einer Rahmenordnung aus rechtlichen, sozialen und anderen *Institutionen* (*Wirtschaftsordnung*, Prinzipien der Sozialen Marktwirtschaft).
- Wirtschaftsordnung und –verfassung werden im demokratischen Staat gestaltet und legitimiert (→ Gegenstand der politischen Bildung i.e.S.).

Ein Vergleich zeigt, dass politische und ökonomische Stoffkategorien sich in weiten Bereichen unterscheiden. Darin kommen die unterschiedlichen Fragestellungen von Politikwissenschaft und Wirtschaftswissenschaft zum Ausdruck. Dort, wo gleiche Kategorien genannt werden (Interessen, Konflikt),

sind die gemeinsamen policy-Felder angesprochen, die einmal unter dem
Aspekt der politischen (Herrschafts-) Macht, zum anderen unter dem der
ökonomischen (Verteilungs-) Macht betrachtet werden. Die letzten drei kategorialen Aussagen bei Kruber sind Ausdruck der hier angestrebten Überlappung der beiden Disziplinen.

In seiner Untersuchung „zum Kern politischer Bildung" stellt auch Peter
Henkenborg ein differenziertes Kategorienmodell zur politischen Bildung vor
(2001, 15). Abschließend kommt er zu dem Ergebnis: „Für den Zusammenhang von Politikunterricht und Ökonomie ist interessant, dass sich durchaus
Überschneidungen zwischen diesem (hier: Henkenborgs, d.Verf.) politikdidaktischen Kategoriensystem und Kategoriensystemen der Wirtschaftsdidaktik finden lassen. Das betrifft Kategorien wie Bedürfnisse, Normen, Institutionen, Entscheidungen, Effizienz oder Knappheit. Allerdings spielt die
Mehrzahl ökonomischer Basiskategorien in den politikdidaktischen Kategoriensystemen bislang keine Rolle, z.B. volkswirtschaftliche Kategorien wie
Arbeitsteilung, Erwartung, Markt, Wettbewerb, Geld, Wirtschaftskreislauf,
Instabilität. Ebenso bleiben betriebswirtschaftliche Kategorien in der politischen Bildung bislang zumeist unberücksichtigt." (Henkenborg 2001, 17f.)
Henkenborg folgert daraus nicht, dass das eine Kategoriensystem in das andere integriert werden solle, sondern er ist überzeugt, dass sie sich ergänzen
und dass „beide Fächer weiterhin voneinander lernen (können)." (a.a.O.)

Die politische Sicht enthält nicht ohne weiteres die ökonomische (das gilt
selbstverständlich auch umgekehrt). Unterschiede bestehen zudem auch dort,
wo von Didaktikern die gleichen Kategorien genannt werden (Beispiel: unter
„Institutionen" verstehen Politiker und Ökonomen nicht ohne Weiteres das
Gleiche, und politische und ökonomische „Entscheidungen" orientieren sich
nicht am gleichen Kriterium). Im Unterricht müssen beide Aspekte angesprochen werden: Zahlreiche Alltagsbeobachtungen werden erst verständlich,
wenn politische *und* ökonomische „Logik" beachtet werden (ein Bespiel sind
Aussagen, wonach etwas als „ökonomisch sinnvoll, aber politisch nicht um-
setzbar" bezeichnet wird). Politisch und ökonomisch bildender Unterricht
muss Fächer überlappend komplementär angelegt sein.

7.2   Bildungskategorien als Leitfragen an den „Stoff"

Stoffkategorien strukturieren zunächst nur das Lernfeld unter fachwissenschaftlichen Aspekten. Sie identifizieren die exemplarischen politischen bzw.
ökonomischen Prinzipien und Einsichten, die im Unterricht herausgearbeitet
werden sollen. Aufgabe des Didaktikers ist es nun, die geplanten Themen des
Unterrichts so auszuwählen, dass ihre Bearbeitung dazu beiträgt, die spezifischen Bildungsziele zu erarbeiten, und sie in der Gesamtheit des Unterrichts
dieses Faches so zusammen zu führen, dass bei den Lernenden die Fähigkeit,

in politischen und ökonomischen Kategorien zu denken, entwickelt wird. Dazu sind die fachwissenschaftlich geprägten Stoffkategorien um pädagogische und ethische Fragen zu ergänzen, die zu einer reflexiven Auseinandersetzung mit wirtschaftlichen und politischen Problemstellungen führen sollen. Übersetzt der Didaktiker die so ergänzten Stoffkategorien in Leitfragen an die für den Unterricht ins Auge gefassten Inhalte (Unterrichtsstoffe), lässt sich die notwendige exemplarische Stoffauswahl besser begründen und die didaktische Reichweite des Unterrichts lässt sich besser einschätzen. Insbesondere können die Leitfragen dazu beitragen, dass die Frage nach der „Bildungsbotschaft" nicht durch Fixierung auf die exemplarisch ausgewählten Materialien überlagert und verdrängt wird. Die Stoffkategorien können auf diese Weise als Bildungskategorien fruchtbar gemacht werden.

Am Beispiel meines Ansatzes (Kruber 1997, 2001) soll diese Vorgehensweise verdeutlicht werden. Danach werden zur Auswahl von Lerninhalten folgende Leitfragen an die für den Unterricht in Frage kommenden Stoffe gerichtet:

– *Hat der Stoff eine über den Tag hinaus reichende Bedeutsamkeit für die Lernenden?* Das heißt: Kann daran etwas Bedeutsames für die gegenwärtige oder zukünftige Lebenssituation der Heranwachsenden als Konsumenten, Erwerbstätige oder Wirtschaftsbürger gelernt werden (objektive Betroffenheit und Transferaspekt)?
– *Eignet sich der Stoff zur Einführung in ökonomische Denkweisen und Methoden?* Das heißt: Wird die Notwendigkeit, angesichts von Ziel-Mittel-Knappheiten entscheiden, planen und organisieren zu müssen, deutlich? Sind zur Bearbeitung des Stoffes Nutzen-Kosten-Überlegungen erforderlich? Lassen sich die Verhalten steuernden Wirkungen von Institutionen erarbeiten? Werden Risiken und mögliche Zielkonflikte wirtschaftlicher Entscheidungen deutlich?
– *Eignet sich der Stoff zur Offenlegung von wirtschaftlichen Zusammenhängen?* Das heißt: Werden Funktionsweise und –bedingungen von Marktmechanismus und Wettbewerb erkennbar? Lassen sich Wirkungszusammenhänge auf einzelwirtschaftlicher oder gesamtwirtschaftlicher Ebene aufzeigen? Können Ursachen von Strukturwandel und gesamtwirtschaftlichen Instabilitäten erarbeitet werden?
– *Eignet sich der Stoff zur Offenlegung von Grundsätzen der Wirtschaftsordnung?* Das heißt: Werden Grenzen des Marktes (bspw. Externalitäten, Kollektivgüter, soziale Sicherung) und ihre wirtschaftspolitischen Konsequenzen angesprochen? Lassen sich unterschiedliche Konzepte von Wirtschaftspolitik erarbeiten? Wird ihre Orientierung an Leitbildern erkennbar?
– *Eignet sich der Stoff, die engen Verbindungen von Wirtschaft und Politik zu erkennen?* Das heißt: Werden Interessen, Konflikte, Macht und die

Notwendigkeit einer in der Rechtsordnung verankerten Wirtschaftsverfassung angesprochen?
- *Eignet sich der Stoff, ethische Grundfragen des Wirtschaftens zu bearbeiten?* Das heißt: Werden Werte wie Freiheit, soziale Gerechtigkeit, soziale Sicherheit, Erhaltung der Natur angesprochen?

Das Arbeiten an nach solchen Leitfragen ausgewählten Stoffen kann zu den Leitzielen ökonomischer Bildung führen: Wenn die zugrunde liegenden Prinzipien, Methoden und funktionalen Zusammenhänge vom Schüler im Wirtschafts- bzw. Politikunterricht an immer neuen Problemstellungen erarbeitet werden, sollte es ihm gelingen, die kategoriale Funktion der angesprochenen Prinzipien etc. zu erkennen, und sie als Instrumente zur Analyse und Bewältigung von Lebenssituationen nutzen zu lernen.

Ökonomische *Bildung* erfordert aber noch ein Weiteres. Wie in der letzten Leitfrage anklingt, impliziert Bildung eine Auseinandersetzung mit Normen und Werten. Ökonomische Bildung muss Leitbilder wirtschaftlichen Verhaltens diskutieren und offen sein für unterschiedliche Lebensentwürfe. Bildung soll zur Persönlichkeitsentwicklung und Urteilsfähigkeit beitragen. Bei der Bearbeitung ausgewählter Lebenssituationen müssen daher auch normative Fragen angesprochen werden: Fragen nach dem Sinn von Konsum, Arbeit, Beruf etc., Fragen nach dem Stellenwert von Wirtschaft im Leben des Einzelnen und der Gesellschaft, Fragen nach den Zielen von Wirtschaftspolitik. Spätestens an dieser Stelle wird deutlich, dass ökonomische Bildung nicht einfach wissensorientierter Unterricht über das Funktionieren von Wirtschaft ist, sondern eine persönliche Auseinandersetzung mit Wirtschaft, Wirtschaftspolitik und eigenem wirtschaftlichem Verhalten erfordert (eine Feststellung, die entsprechend für den Politikunterricht gilt).

8. Zur Verankerung von politischer und ökonomischer Bildung in Schulen und in der Lehrerausbildung

Die Erfahrungswelt des Menschen ist komplex und nicht monodisziplinär zu erklären. Das gilt für Wirtschaft und Politik gleichermaßen und wird – wie eingangs erwähnt – von Bildungspolitikern als Argument für die Integration von Fächern genutzt. Die Komplexität von Lebenssituationen ist allerdings kein Argument gegen eine Gliederung in Fächer. Im Gegenteil, gerade wegen der Komplexität hat sich die Differenzierung in unterschiedliche Disziplinen entwickelt. Thematisiert man von Anfang an alle Zusammenhänge gleichzeitig, überfordert das die Lernenden und erschwert die Strukturierung des Lernstoffs. Insofern hat sich (ungeachtet der Notwendigkeit, die Fächerdifferenzierung immer wieder zu überprüfen und anzupassen) die Organisation von Unterricht in Fächern im Grundsatz bewährt. Eine Differenzierung komplexer Zusammenhänge unter disziplinären Aspekten ist erforderlich, um zwischen „Umgangserfahrungen" und wissenschaftlich vermittelten Erfahrungen unterscheiden zu lernen. Benner (2002, 75) fordert für die Sekundarstufenschulen aus bildungstheoretischer Sicht, „Lernende so in die szientifischen Aussagesysteme einzuführen, dass sie den Blickwechsel und die Konstruktionen kennen lernen, die für die Entstehung dieser Satzsysteme konstitutiv waren und die es zu erinnern gilt, um sachkundig mit den Errungenschaften neuzeitlicher Wissenschaft und Technik umgehen zu können."

Unstrittig ist, dass Schulfächer nicht eine „reduzierte Abbildung" ihrer wissenschaftlichen Bezugsdisziplinen darstellen, und dass gerade in der Schule der Verbindung und Überlappung von Inhalten eine besondere Bedeutung zukommt. Diese und weitere Argumente sind allgemein bekannt, so dass einige zusätzliche Stichworte genügen können. Die Verankerung in einem Fach ist Voraussetzung

– für die Entwicklung von didaktisch-methodischen Konzeptionen;
– für eine qualifizierte Lehrerausbildung;
– für eine angemessene Verankerung in Stundentafeln und Lehrplänen;
– für eine Verankerung in der Praxis des Unterrichts (Fächer übergreifende Prinzipien verflüchtigen sich nur zu leicht ins „Irgendwo");
– für die Professionalisierung des Unterrichts (Materialien, Schulbücher);
– für das Selbstverständnis und die Außenvertretung der Lehrkräfte (Fachzeitschriften, Verbände).

Die Vermittlung von ökonomischer und politischer Bildung in Schulen erfordert ihre „Verankerung" in den Stundentafeln und die Einrichtung einer entsprechenden Lehrerbildung. (Schlösser/Weber 1999, 43ff.) Die Probleme der Einführung neuer Fächer in die Stundentafeln der Schulen sind bekannt. Die „Verankerung in einem Fach" kann bei eng benachbarten Disziplinen mit erheblichen Überschneidungsbereichen auch als „Doppelfach" geschehen, wie das in Hessen geplant und in Schleswig-Holstein bereits eingeführt ist. Dabei ist allerdings ein zeitlicher und inhaltlicher Mindestumfang für den Unterricht unverzichtbar. Im Lehrplan könnte die Verbindung von Wirtschaft und Politik konzeptionell so hergestellt werden, dass er, ausgehend von politik- bzw. wirtschaftsbezogenen Grundlegungen, zu gemeinsamen Problemstellungen hinführt.

Diese Überlegung ist nicht neu; sie liegt beispielsweise den Vorstellungen von Sibylle Reinhardt zum Fach „Sozialwissenschaften" in Nordrhein-Westfalen und in Brandenburg zu Grunde. Reinhardt schlägt zur Realisierung des angestrebten Integrationsfaches ein Sequenz-Modell vor, das verschiedene Stufen der Integration unterscheidet:

- additive Verknüpfung der Disziplinen („Doppelfach"),
- „leitwissenschaftliches Arbeiten" (ausgehend von einer „dominanten" Disziplin werden Brücken zu anderen hergestellt)
- interdisziplinäre Integration zu einem Fach. (Reinhardt 1997, 57ff.)

Das Modell scheint mir widersprüchlich zu sein, denn einerseits will Reinhardt durch die Sequenzierung den Unterricht des Schulfachs strukturieren und zur „Integration" führen. Andererseits betont Reinhardt unmittelbar anschließend „den idealtypischen Charakter auch dieses Modells" und fordert, „dass diesen sinnvollen Erfahrungsprozessen die nötige Zeit gegeben werden sollte. Dass das o. a. Konzept nicht in 12 Schuljahren und nicht mit Reststunden im Fach auch nur näherungsweise realisiert werden kann, ist sicher ohne Explikation deutlich geworden." (Reinhardt 1997, 59) Die Sequenz beschreibt meines Erachtens eher die Synthese von Wissen und Erfahrung bei der Auseinandersetzung mit realen Problemen im Prozess lebenslangen Lernens als das Lernen in einem Schulfach. Problematisch scheint mir auch die zweite Modellstufe: Welche Disziplin soll „Leitwissenschaft" sein, und wie wird diese Funktion legitimiert? Ist das nicht eher einer Frage der Ziele des Faches und der Inhalte des Unterrichts als der „Dominanz" einer bestimmten Disziplin?

Eine Schlüsselrolle kommt in jedem Falle der Lehrerbildung zu. Die Vermittlung von politischer und ökonomischer Bildung ist eine außerordentlich anspruchsvolle Lehraufgabe. Ihre Komplexität wird noch wesentlich verstärkt, wenn Politik und Wirtschaft zu einem Fach zusammengefasst werden. Dafür sprechen auch die empirisch erforschten Erfahrungen in den USA. Als wichtigstes Problem der Economic Education bezeichnet Walstad (2001, 203ff.) die häufig unzureichende Ausbildung der Lehrkräfte. Dieses Defizit macht sich besonders dort bemerkbar, wo Economics in anderen Fächern „integriert" unterrichtet wird (Walstad spricht von „infusion"). Häufig haben die Lehrkräfte in Infusionsfächern in ihrem Studium keine oder nur eine minimale Ausbildung in Wirtschaftswissenschaft erhalten.

Auch die Erfahrung in Deutschland mit dem Studium von „Integrationsfächern" zeigt, dass sie zu Patchwork-Studiengängen werden, in denen kleine Flicken notdürftig aneinander geheftet werden, wobei die Teilstudien weder in den einzelnen Disziplinen hinreichend qualifizieren, noch das angestrebte Ganzheitliche in den Blick gerät. Die Problematik, wie etwa in Studiengängen für das Fach Sozialkunde in insgesamt 30 SWS Politikwissenschaft, Wirtschaftswissenschaft, Soziologie und Berufsorientierung fachwissenschaftlich und fachdidaktisch qualifiziert studiert werden sollen, ist bekannt. Dennoch sind solche Studiengänge Realität. Interessanterweise sind diese Studiengänge typisch für das Lernfeld Gesellschaft; mir sind keine entsprechenden Studiengänge „Fremdsprachen" bzw. „Naturwissenschaften" bekannt, in denen z.B. das Englisch- oder das Chemiestudium auf den Umfang von 6 oder 10 SWS reduziert wird. Vor dem Hintergrund von Patchwork-Studiengängen verwundert es nicht, wenn so ausgebildete Lehrkräfte „Kunde" vermitteln, am Schulbuch kleben (sofern es eines in der Schule gibt) bzw. ihren Unterricht auf „graue Materialien" von Parteien oder Wirtschaftsverbänden aufbauen. Auf der Strecke bleibt nur zu häufig das Ziel, strukturbildendes Wissen zu vermitteln und die Schülerinnen und Schüler zu befähigen, in politischen und in ökonomischen Kategorien denken und urteilen zu lernen.

Gymnasiale Studiengänge verfügen über größere Stundenvolumen, aber bei Doppelfächern wie „Politik und Wirtschaft" bleibt selbst bei einer 50:50-Lösung[6] natürlich doch die Tatsache eines gegenüber anderen Fächern deutlich reduzierten Studiums der universitären Bezugsdisziplinen. Hinzu kommt, dass die fachwissenschaftlichen Lehrangebote meistens aus Diplom- oder Magister-Studiengängen übernommen werden und nicht auf die Adressatengruppe Lehramtsstudierende zugeschnitten sind (dieses Problem stellt sich allerdings in vielen gymnasialen Ausbildungsgängen). Vor allem wirtschaftswissenschaftliche Fakultäten tun sich schwer, sich der Aufgabe Lehrerausbildung anzunehmen (und vergeben auf diese Weise eine große Chance, zu dem von Ökonomen eingeforderten grundlegenden Wirtschaftsverständnis von Bürgern beizutragen).

Ein besonderes Problem stellt die angestrebte „Integration" der Disziplinen in einem Doppelfach dar. Sie kann nicht von den Fachwissenschaftlern erwartet werden, diese konzentrieren sich auf ihre Diplom-Studiengänge. Die Zusammenführung wäre in erster Linie von der Fachdidaktik zu leisten. Fachdidaktiker müssten Gemeinsamkeiten und Spezifika des politik- bzw. wirtschaftswissenschaftlichen Zugriffs auf Gesellschaft herausarbeiten und – aufbauend auf soliden fachwissenschaftlichen Grundlagen – auf Probleme bzw. Lebenssituationen bezogen in Projektseminaren oder ähnlichen Veranstaltungen zusammenführen. Nach meinen Erfahrungen mit dem Fach Wirtschaft/Politik gelingt das nur sehr eingeschränkt. Das liegt einerseits an den unzureichenden Ressourcen der Fachdidaktiken, die – statt in diesen Bereichen besonders gestärkt zu werden – an vielen Universitäten abgebaut werden. Es liegt aber auch an den oben diskutierten inhaltlich-konzeptionellen Problemen: den eigenständigen Fragestellungen und Methoden zweier traditionsreicher Disziplinen und dem Fehlen einer „sozialwissenschaftlichen Fachdidaktik". Und es liegt schließlich daran, dass in Schulen und Lehrerbildung zwei profilierte Disziplinen in einen engen Rahmen gepresst werden, der nicht auf ein Doppelfach zugeschnitten ist.

---

6   In Schleswig-Holstein umfasst das Studium eines Faches für das Lehramt an Gymnasien 68 SWS. Im Fach Wirtschaft/Politik entfallen davon je 30 auf Politikwissenschaft und Wirtschaftswissenschaft, 8 auf Fachdidaktik. Das Studium eines Faches für das Lehramt an Realschulen umfasst 48 SWS. Für Wirtschaft/Politik bedeutet das je 20 für Politik und Wirtschaft, 8 für Fachdidaktik.

9. Ökonomische und politische Bildung: verzahnte Überlappung mit spezifischen Perspektiven

Nicht Konfrontation zwischen Politik- und Wirtschaftsdidaktik ist angesagt, und auch nicht die Integration von Wirtschaft in Politik (oder umgekehrt), sondern Kooperation und gegenseitige Ergänzung beider Disziplinen. Dazu gehört auf der Ebene der universitären Fachdidaktik auch eine Schärfung des Profils beider Teildidaktiken, die die jeweiligen Stärken und den Ergänzungsbedarf offen legt. Eigentlich ist das keine neue Erkenntnis, und sie wird auch von führenden Politikdidaktikern geteilt. Henkenborg fordert, dass die politische Bildung „ein eigenes Profil unter den Fächern" entwickeln muss. Ein solches Profil bietet „auch Möglichkeiten der Kooperation, aber auch der Abgrenzung zwischen dem Politikunterricht und dem Fach Ökonomie in einem gemeinsamen Lernfeld." (Henkenborg 2001, 18) Politik- und Wirtschaftsunterricht ringen beide um einen angemessenen Platz in den Stundentafeln der Schulen, und beide müssen ihren Stellenwert in Lehramtsstudien verbessern. Das geschieht m.E. am besten, indem beide ihren jeweiligen spezifischen Bildungsbeitrag *und* ihre Aufeinanderbezogenheit herausarbeiten und in der Bildungspolitik betonen. Eine verzahnte (d.h. durch Lehrplanvorgaben gewährleistete) Überlappung bei Bearbeitung der gemeinsamen Aufgabenfelder unter Wahrung der spezifischen Perspektiven ist gefordert, nicht Separation oder gar Konfrontation. Die Einführung eines gemeinsamen Schulfachs ist eine in der bildungspolitischen Praxis verbreitete Lösung. Ein solches Doppelfach Politik/Wirtschaft ist eine große Chance für vertiefte politische und ökonomische Bildung und für ihre Zusammenführung zu einer gelungenen Staats- und Wirtschaftsbürgerbildung. Diese Lösung erfordert aber, dass die Voraussetzungen für qualifizierten Unterricht und eine fachwissenschaftlich und fachdidaktisch fundierte Lehrerausbildung in beiden Teilbereichen gewährleistet sind.

Literatur

Benner, Dietrich (2002): Die Struktur der Allgemeinbildung im Kerncurriculum moderner Bildungssysteme, in: Z. f. Pädagogik, 48. Jg. (2002), 68-90
Breier, Karl-Heinz (1997): Bürgersinn und Ordnungsrahmen. Überlegungen zur individualethischen Verankerung von Ordnungsethik, in: K.P. Kruber (Hrsg.): Konzeptionelle Ansätze ökonomischer Bildung, Bergisch-Gladbach 1997, 161-186
Dauenhauer, Erich (1978): Didaktik der Wirtschaftslehre, Paderborn 1978
Downs, Anthony (1957): An Economic Theory of Democracy, New York 1957 (dt. Eine ökonomische Theorie der Demokratie, Tübingen 1968)
Giesecke, Hermann (1972): Didaktik der politischen Bildung, Neue Ausgabe, 7. A. München 1972
GPJE (Gesellschaft für Politik in Jugend- und Erwachsenenbildung): Anforderungen an nationale Bildungsstandards für den Fachunterricht in der Politischen Bildung an Schulen – Ein Entwurf, Schwalbach/Ts. 2004

Grammes, Tilman (1998): Kommunikative Fachdidaktik Politik, Geschichte, Recht, Wirtschaft, Opladen 1998

Hedtke, Reinhold (2002): Wirtschaft und Politik. Über die fragwürdige Trennung von ökonomischer und politischer Bildung, Schwalbach/Ts. 2002

Henkenborg, Peter (2001): Zur Philosophie des Politikunterrichts: Zum Kern politischer Bildung in der Schule, in: Journal of Social Science Education, H. 1 2001, 10-19; www.sowi-onlinejournal.de/2001-1

Holtmann, Everhard (1994): Politiklexikon, 2.A. München/Wien 1994

Kaiser, Franz-Josef, Hans Kaminski (1999): Methodik des Ökonomie-Unterrichts, 3. A. Bad Heilbrunn 1999

Kaiser, Franz-Josef, Hans Kaminski (2003), Hrsg.: Wirtschaftsdidaktik, Bad Heilbrunn 2003

Kaminski, Hans (2003): Zum Verhältnis von Fachwissenschaft und Fachdidaktik in der ökonomischen Bildung – Aspekte von Interdisziplinarität aus der Sicht der Ökonomik, in: Kaiser/Kaminski (2003), 41-76

Kaminski, Hans (1997): Neue Institutionenökonomik und ökonomische Bildung, in: Kruber (1997), 129-160

Karpe, Jan, Gerd-Jan Krol (1997): Ökonomische Verhaltenstheorie, Theorie der Institutionen und ökonomische Bildung, in: Kruber (1997), 75-102

Klafki, Wolfgang (1996): Neue Studien zur Bildungstheorie und Didaktik, 5. A. Weinheim 1996

Krol, Gerd-Jan, Klaus-Peter Kruber (1999) Hrsg.: Die Marktwirtschaft an der Schwelle zum 21. Jahrhundert – Neue Aufgaben für die ökonomische Bildung? Bergisch-Gladbach 1999

Krol, Gerd-Jan (2001): „Ökonomische Bildung" ohne „Ökonomik"? Zur Bildungsrelevanz des ökonomischen Denkansatzes, in: Journal of Social Science Education, H. 1 2001, 20-28; www.sowi-onlinejournal.de/2001-1

Kruber, Klaus-Peter (1994): Didaktik der ökonomischen Bildung, Baltmannsweiler 1994

Kruber, Klaus-Peter (1997) Hrsg.: Konzeptionelle Ansätze ökonomischer Bildung, Bergisch-Gladbach 1997

Kruber, Klaus-Peter (1997): Stoffstrukturen und didaktische Kategorien zur Gegenstandsbestimmung ökonomischer Bildung, in: Kruber (1997), 55-74

Kruber, Klaus-Peter (1999): Fachdidaktische Forschung und Lehre – der Schlüssel zur ökonomischen Bildung, in: Krol/Kruber (1999), 1-20

Kruber, Klaus-Peter (2001): Ökonomische Bildung – Fach oder Prinzip? Die Frage nach dem Spezifikum von Wirtschaftsunterricht im Lernfeld Politik, in: Journal of Social Science Education, H. 1 2001, 62-71; sowi-onlinejournal.de/2001-1

Massing, Peter (1999): Wege zu einem kategorialen und handlungsorientierten Politikunterricht, in: Kuhn, Hans-Werner, Peter Massing (Hg.): Politikunterricht kategorial und handlungsorientiert, Schwalbach/Ts. 1999, 5-38

May, Hermann (1978): Arbeitslehre, München 1978

Naßmacher, Hiltrud (1998): Politikwissenschaft, 3. A. München/Wien 1998

Patzelt, Werner (1994): Aufgaben politischer Bildung in den neuen Bundesländern, Dresden 1994

Plöger, Wilfried (1999): Allgemeine Didaktik und Fachdidaktik, München 1999

POLIS (Report der Deutschen Vereinigung für politische Bildung), H. 3 2003: Demokratie lernen und leben – eine Leitidee für die Politische Bildung?

Reetz, Lothar (2003): Prinzipien der Ermittlung, Auswahl und Begründung relevanter Lernziele und Inhalte, in: Kaiser/Kaminski (2003), 99-124

Reinhardt, Sibylle (1997): Didaktik der Sozialwissenschaften: gymnasiale Oberstufe. Sinn, Struktur, Lernprozesse, Opladen 1997

Sander, Wolfgang (1997): Theorie der politischen Bildung: Geschichte – didaktische Konzeptionen – aktuelle Tendenzen und Probleme, in: W. Sander (Hg.): Handbuch politische Bildung, Schwalbach/Ts. 1997, 5-48

Sander, Wolfgang (2004): Politik in der Schule. Kleine Geschichte der politischen Bildung, Marburg 2004

Saunders, Phillip, June Gilliard (1997), Eds.: A Framework for Teaching Basic Economic Concepts with Scope and Sequence Guidelines. National Council on Economic Education, New York 3rd. prtg. 1997; vgl. auch www.ncee.net/econedlink

Schiller, Günter (2001): Didaktik der Ökonomie, Donauwörth 2001

Schlösser, Hans-Jürgen, Birgit Weber (1999): Wirtschaft in die Schule. Eine umfassende Analyse der Lehrpläne für Gymnasien, Gütersloh 1999

Sen, Amartya (2000): Ökonomie für den Menschen, München/Wien 2000

Steinmann, Bodo (1997): Das Konzept „Qualifizierung für Lebenssituationen" im Rahmen der ökonomischen Bildung heute, in: Kruber (1997), 1-22

Sutor, Bernhard (1984): Neue Grundlegung politischer Bildung, 2 Bde. Paderborn etc. 1984

Sutor, Bernhard (1994): Politische Bildung als Praxis, 2. A. Schwalbach/Ts. 1994

Walstad, William (2001): Economic Education in U.S. High Schools, in: Journal of Economic Perspectives, Vol. 15, No 3 (2001), 195-210

Wesley, Edgar B., Stanley P. Wronski (1958): Teaching Social Studies in High Schools, 4. ed. Boston 1958

Anhang: Aufgabenfelder ökonomischer und politischer Bildung

Aufgabenfelder politischer Bildung	Gemeinsame Aufgabenfelder	Aufgabenfelder ökonomischer Bildung
Demokratie	*Arbeitslosigkeit*	*Konsum*
– Grundrechtsbindung – Rechtsstaatlichkeit – Repräsentative vs. plebiszitäre Demokratie – Gewaltenteilung bzw. Gewaltenverschränkung	– Ursachen und Folgen (individuell, politisch und gesamtwirtschaftlich) – Ökonomische Konzepte der Beschäftigungspolitik – Arbeitsmarktpolitik in der deutschen Politik	– Konsumentenverhalten – Marketing und Werbung – Verbraucherschutz *Produktion* – Funktionen und Abläufe in Betrieben
Friedens- und Sicherheitspolitik	*Europäische Integration*	– Stellung des Arbeitnehmers – Märkte, Wettbewerb, Unternehmensverbindungen
– Aktuelle Konflikte – Macht, Kooperation und Kontrolle in der internationalen Politik – Internationale Friedens- und Sicherheitsorganisationen (UNO, NATO etc.) – Terrorismus	– Politische Einigung – Gemeinsamer Markt – Erweiterung und Vertiefung *Globalisierung* – Wirtschaftliche Verflechtungen und globale Welthandelsordnung	– Außenwirtschaft: Freihandel vs. Protektion *Einkommensentstehung und -verwendung* – Sparen, Kreditaufnahme – Entlohnung – Tarifverhandlungen
Politische Entscheidungsprozesse	– Politische Gestaltbarkeit – Entwicklungspolitik	*Geld und Währung*
– Politikdimensionen – Regierungssysteme – Wahlen – Rolle von Parteien, Verbänden, Interessengruppen	*Wirtschaftspolitik i.w.S.* – Wirtschaftsordnung – Eingriffe des Staates in den Wirtschaftsablauf – Strukturpolitik – Finanzpolitik des Staates	– Geldfunktionen – Banken und Geldmärkte – Währungssysteme – Internationale Währungsorganisationen – Inflation und Geldwertsicherung
Migration	*Umweltproblematik*	*Berufswahl*
– Deutschland als Einwanderungsland – Asyl- und Staatsbürgerschaftsrecht – Fremdenfeindlichkeit	– Nachhaltiges Wirtschaften – Gestaltung von Umweltpolitik	– Bedeutung von Beruf heute – Funktionswandel von Erwerbstätigkeit – Anforderungen von Berufen und Entscheidungshilfen
Politische Philosophie	*Sozialstaat*	
– Politikverständnis und Grundfragen politischer Ordnung	– Eigenverantwortung vs. Solidarität – Modelle des Sozialstaats – Soziale Sicherung heute und in Zukunft – Gerechtigkeit, Sicherheit, Finanzierbarkeit	

Vgl. Julia Richter: Wirtschaft und Politik. Zum Gegenstandsbereich des Faches Wirtschaft/ Politik, Universität Kiel 2004, S. 27 (unveröff. Examensarbeit). Die Zusammenstellung erfolgte anhand der Kriterien Situationsbezug, Problemgehalt und Wissenschaftsorientierung durch Auswertung von Arbeiten von Hedtke/Kohlhaas und Kaminski (als Repräsentanten für die ökonomische Bildung) sowie Reinhardt und Sutor (politische Bildung).

Dietmar Kahsnitz

Ökonomische und politische Bildung sowie die Frage ihrer Integration aus der Perspektive einer sozialwissenschaftlichen Allgemeinbildungstheorie

1   Welche Konzeptionen ökonomischer und politischer Bildung könnten oder müssten integriert werden?

Die Einführung des Unterrichtsfachs „Politik und Wirtschaft" an hessischen Gymnasien mit einem gleich hohen Unterrichtsanteil für wirtschaftliche und politische Themen und die deutliche Erhöhung der Stundenanteile für wirtschaftliche Themen im Rahmen der politischen Bildung in anderen Bundesländern wirft erneut die Frage auf, ob es sich bei diesen Unterrichtsreformen nur um eine organisatorische Zusammenfassung im Grunde verschiedener Bildungskonzepte handelt oder ob ökonomische und politische Bildung in einer Weise integriert werden können, die sowohl die Einsichten in politische wie auch ökonomische Zusammenhänge und deren Wechselwirkungen vertieft, so dass auf diese Weise die Bildungswirkung des Unterrichts erhöht werden kann. Dies führt sofort zu der weiteren Frage, ob und welche der konkurrierenden Konzeptionen der ökonomischen und politischen Bildung überhaupt integriert werden könnten.

Im Bereich der ökonomischen Bildung (vgl. hierzu auch Hedtke 2000) reicht das Spektrum von fachwissenschaftlich orientierten Konzepten, die – unabhängig von der je historischen gesellschaftlichen Konkretion eines marktwirtschaftlichen Systems – primär Einsichten in grundlegende volkswirtschaftliche Zusammenhänge der Wirtschaft und speziell von Marktwirtschaften vermitteln wollen (z.B. Kruber 1997b, May 1978, Dauenhauer 1978, 1999/2001), bis zu jenen, die auch grundlegende Einsichten in die Strukturen, Zusammenhänge und Entwicklungen des bestehenden Wirtschaftssystems und damit auch Einsichten in die gesellschaftlichen und politischen Bestimmungsfaktoren der Wirtschaft vermitteln wollen (z.b. Weinbrenner 2000, Kahsnitz 1999, 2001). Bei den fachwissenschaftlich orientierten ökonomischen Bildungskonzeptionen reicht das Spektrum von dem dominanten neoklassischen Ansatz der Volkswirtschaftslehre, zunehmend unter Einbeziehung der Institutionenökonomik (vgl. z.B. Karpe/Krol 1997, 1999; Kaminski 1997), bis zu solchen, die die Prämissen dieses Ansatzes kritisieren und die Volkswirtschaftslehre zu einer neuen Sozioökonomie erweitern wollen (Seeber 1997).

Bei den Konzeptionen der politischen Bildung reicht das Spektrum von jenen, die einen umfasseneren sozialwissenschaftlichen Unterricht befürworten (z.b. Reinhardt 1997, Hedtke 2002), über diejenigen, die das politische System und das staatliche Handeln in den Mittelpunkt stellen und primär an den Politikwissenschaften orientiert sind (politische Bildung im engeren Sinne, z.b. Massing 1995, 187) bis zu jenen, die den Inhaltsfragen eher indifferent gegenüber stehen und stärker auf die Lernprozesse und die Entwicklung von Methodenkompetenz abheben (Sander 2002).

Von den Vertretern der ökonomischen Bildung präferiert die große Mehrheit fachwissenschaftliche (volkswirtschaftliche) Konzeptionen. Unter den Vertretern der politischen Bildung sprechen sich ebenfalls viele für eine politikwissenschaftliche Ausrichtung des Unterrichts aus.

Wenn begründet werden kann, dass fachwissenschaftliche Konzeptionen der ökonomischen und politischen Bildung den Allgemeinbildungszielen am besten entsprechen, dann stellt sich nurmehr die Frage ihrer Kooperation – z.b. in fächerübergreifenden Unterrichtseinheiten oder Projekten – nicht aber die ihrer konzeptionellen Integration. Ihre organisatorische Zusammenfassung in einem Unterrichtsfach würde dann nichts an der konzeptionellen Eigenständigkeit der beiden Bildungsbereiche ändern. Das Ergebnis wäre ein additives, nicht aber ein integriertes Unterrichtsfach. Der Vorteil dieses Unterrichtsfachs läge dann lediglich in den verbesserten Kooperationsmöglichkeiten zwischen den beiden Bildungsbereichen. Ein Problem wäre allerdings, wie die Lehrenden dieses Faches sowohl für die ökonomische wie auch die politische Bildung in einem Studiengang wissenschaftlich qualifiziert werden können. Bei zwei getrennten Fächern gäbe es im deutschen Bildungssystem zwei getrennte Studienfächer dafür.

Bevor die Möglichkeit oder Notwendigkeit einer Integration weiter erörtert wird, ist deshalb nachzuweisen, dass fachwissenschaftliche Konzeptionen für die ökonomische und die politische Allgemeinbildung bildungstheoretisch nicht begründbar sind, weil sie die Bildungsansprüche der Jugendlichen ignorieren.

2. Begründungsdefizite fachwissenschaftlicher Konzeptionen der ökonomischen und politischen Bildung

2.1 Fachwissenschaftliche Begründung von Bildungszielen und Bildungsinhalten: nicht möglich

Weitgehend Einigkeit besteht unter Fachdidaktikern in der Ablehnung einer so genannten Abbilddidaktik, nach der die Inhaltsstrukturen von Fachwissenschaften in einer altersgemäßen Reduktion unterrichtet werden sollen.

Der grundlegende Mangel von Abbildungsdidaktiken liegt darin, dass ihre Ziele und die Auswahl ihrer Inhalte nicht mit den Theorien der jeweiligen Fachdisziplinen begründet werden können: Die Physik enthält z.b. Aussagen über physikalische Zusammenhänge, strebt danach, Gesetzmäßigkeiten hierüber herauszufinden und ist auf die Ausweitung des theoretischen und empirischen Wissens über die physikalische Welt ausgerichtet. Ob und in welchem Umfang Erkenntnisse der Physikwissenschaften in allgemeinbildenden Schulen unterrichtet werden sollen, darüber enthält die Physik aber keine wissenschaftlichen Aussagen. Dasselbe gilt für alle anderen Fachwissenschaften wie z.b. Mathematik, Chemie, Wirtschaftswissenschaften, Germanistik, Religionswissenschaften etc. Zur Bestimmung, ob und in welchem Umfang welche Erkenntnisse welcher Wissenschaften im Unterricht zu vermitteln sind, bedarf es, bezogen auf die jeweiligen Fachdisziplinen, externer Kriterien.

Als externe Kriterien könnten z.b. Anforderungen der Wirtschaft bzw. des Beschäftigungssystems fungieren. Unter Aspekten der Allgemein- bzw. Persönlichkeitsbildung kann nur eine (Allgemein-)Bildungstheorie diese Kriterien begründen.

2.2 Nachweis des Bildungswerts von Fachwissenschaften: nicht ausreichend

Wenn Vertreter von im wesentlichen fachwissenschaftlichen Konzeptionen, so auch die der so genannten kategorialen ökonomischen und politischen Bildung (vgl. z.B. Kruber 1997 b, Massing 1995, 2000) sich dieser bildungstheoretischen Begründungsnotwendigkeit stellen, beziehen sie sich im allgemeinen auf das epochale Werk Klafkis zur kategorialen Bildung (Klafki 1964), auf sein Spätwerk (Klafki 1996) und/oder den Curriculumansatz von Robinsohn (Robinsohn 1971).

Für die Legitimation einer volkswirtschaftlich ausgerichteten ökonomischen Bildung sieht die Argumentation, in aller Kürze, z.B. wie folgt aus:

Aufgabe der Allgemeinbildung ist es nach Robinsohn, die Individuen zu einer selbstbestimmten Bewältigung von Lebenssituationen zu qualifizieren. Mit der Befähigung zur Bewältigung von Lebenssituationen ist nicht nur gemeint, dass Qualifikationen für ihre praktische Bewältigung zu vermitteln sind. Dazu gehört auch die Vermittlung eines umfassenderen Weltverständnisses (Robinsohn 1971, 13, 45f.).

Daran anknüpfend wird festgestellt, dass Wirtschaft ein zentraler Teil der Lebenswelt ist und dass der einzelne zur Bewältigung von wirtschaftlich geprägten Lebenssituationen über eine ökonomische Grundbildung verfügen muss (Kruber 1997 b, 56). Die dafür zu vermittelnden elementaren Stoffstrukturen und -inhalte werden i.d.R. nur der Volkswirtschaftslehre (in diesem Fall einschließlich der Theorie der Wirtschaftspolitik), nicht aber auch z.b. der Betriebswirtschaftslehre entnommen.

Die wesentlichen Stoffkategorien sind z.B. nach Kruber (Kruber 1997 b):

- „*Knappheit* der Ressourcen im Verhältnis zu den Zielen (*Bedürfnissen*) der Menschen erfordert *Entscheidungen.*
- Dies erfordert *Nutzen-Kosten*-Überlegungen und Entscheidungen gemäß dem *ökonomischen Prinzip* unter *Risiko*bedingungen.
- Wirtschaften vollzieht sich *arbeitsteilig* in spezialisierten Berufen, Betrieben.
- Wirtschaftsprozesse bedürfen der Koordination, die in der Marktwirtschaft (überwiegend) über *Märkte* im *Wettbewerb* erfolgt.
- Wirtschaften vollzieht sich in *Wirtschaftskreisläufen* zwischen Haushalten, Unternehmen, Staat und Ausland.
- Wirtschaften ist mit *Interdependenzen* und oft mit *Zielkonflikten* verbunden.
- Wirtschaftsprozesse vollziehen sich nicht gleichgewichtig (Strukturwandel, Gefahr von *Instabilitäten* wie z.B. Beschäftigungs-, Geldwertschwankungen).
- Wirtschaften ist mit materiellen und *sozialen Ungleichheiten* und *ökologischen Problemen* verbunden.
- Dies erfordert *Eingriffe des Staates* in den Wirtschafsablauf (Wirtschafts-, Sozialpolitik).
- Instabilitäten und wirtschaftspolitische Eingriffe berühren die Interessen sozialer Gruppen unterschiedlich (*Interessenkonflikte*).
- Wirtschaftspolitische Entscheidungen berühren *Werte* wie Freiheit, soziale Gerechtigkeit und Sicherheit und sind daher *Gegenstand politischer Auseinandersetzungen.*
- Wirtschaften erfolgt in einer Rahmenordnung aus rechtlichen, sozialen und anderen Institutionen (*Wirtschaftsordnung*, Prinzipien der Sozialen Marktwirtschaft)
- Wirtschaftsordnung und -verfassung werden im demokratischen Staat gestaltet und legitimiert (→ Gegenstand der politischen Bildung)" (Kruber 1997 b, 66f.).

Diese fachwissenschaftlichen Stoffkategorien bzw. -inhalte werden zu Bildungszielen, d.h. zu didaktischen bzw. Bildungskategorien umdefiniert (Kruber 1997 b, 62, 64, 71). Damit gilt der Bildungswert der Grundeinsichten der Volkswirtschaftslehre für die Bewältigung von Lebenssituationen und für ein differenzierteres Weltverständnis als belegt.

In gleicher Weise lässt sich aber der Bildungswert jeder wissenschaftlichen Disziplin begründen. Jede Fachwissenschaft, so z.B. auch die aus der ökonomischen Bildung meist ausgeschlossene Betriebswirtschaftslehre, aber auch die Rechtswissenschaft, die Medizin oder die Islamwissenschaft kann dazu dienen, praktische Lebenssituationen besser zu bewältigen oder zumindest zu einem differenzierteren Weltbild beizutragen und damit beanspruchen, im Fächerkanon der allgemeinbildenden Schule vertreten zu sein.

Mit dem leicht zu führenden Nachweis des Bildungswerts der Volkswirtschaftslehre, der Politikwissenschaften wie auch aller anderen Fachwissenschaften ist noch nichts gewonnen, denn er ist eine Antwort bzw. eine Lösung für eine Frage bzw. ein Problem, das überhaupt nicht existiert.

Die allgemeinbildende Schule steht nicht vor dem Problem, Unterrichtsinhalte zu finden, denen ein Bildungswert zugesprochen werden kann, sondern ganz im Gegenteil steht sie vor dem Auswahlproblem, was aus der Fülle der welterschließenden und in den verschiedensten Lebenssituationen nützlichen Wissensbestände unbedingt in der Schule systematisch vermittelt werden soll und was aus Zeitgründen bedauerlicherweise nicht berücksichtigt werden kann. Das Problem liegt nicht in einem Mangel an Inhalten, die einen Bildungswert haben, sondern in einem Mangel an Unterrichtszeit für all die Bildungsinhalte, die auch als wichtig angesehen und begründet werden können.

Der Nachweis des Bildungswerts einer Fachwissenschaft ist somit keine hinreichende Begründung dafür, dass sie in ihren Grundzügen im Unterricht zu vermitteln ist. Wenn man sich damit begnügt, ignoriert man das Problem der Stofffülle, die Notwendigkeit, Auswahlkriterien bildungstheoretisch zu begründen und den Sachverhalt, dass diese nicht bewältigbare Stofffülle gerade die Folge einer fachwissenschaftlichen Orientierung des allgemeinbildenden Schulwesens ist, die es deshalb wieder zu überwinden gilt:

Nach dem 2. Weltkrieg wurde das überkommene Bildungswesen zunehmend kritisiert. Sowohl die volkstümliche Bildung der Volksschule, die von 2/3 der Schüler besucht wurde, wie die überwiegend humanistische Bildung der Gymnasien galten den Anforderungen der von Wissenschaft und Technik bestimmten modernen Welt nicht mehr angemessen. Bezweifelt wurde auch, dass die Aneignung und Auseinandersetzung mit der klassischen Kultur der Griechen und Römer im Medium der griechischen und lateinischen Sprache und des Geschichtsunterrichts eine geeignete Orientierung für das Leben in der Gegenwart und Zukunft geben könnte (Robinsohn 1971, XIX, 18ff.). Fortan sollte die Auseinandersetzung mit der gegenwärtigen und zukünftigen Welt im Mittelpunkt der Allgemeinbildung stehen und sollten hierzu die Erkenntnisse der entsprechenden Wissenschaften herangezogen werden. (Deutscher Ausschuss für das Erziehungs- und Bildungswesen 1966, 86, 93ff., 152ff., 206ff., 536ff.). Damit erfuhren die möglichen Unterrichtsinhalte eine immense Ausweitung und wurde die Stofffülle für die Allgemeinbildung ein zentrales Problem (Klafki 1964, 2, 319). Häufig ins Feld geführte Aufforderungen wie „Mut zur Lücke", „multum non multa" und zur didaktischen Reduktion waren hilfloser Ausdruck, aber keine Lösung des Problems.

Um das Problem der Stofffülle hinreichend begründet zu reduzieren, um die Beliebigkeit, den pädagogischen und politischen Dezisionismus in dieser Frage zu beenden, sind z.b. nach Robinsohn (Robinsohn 1971, XIIIf., 31, 44) Bildungsziele und Auswahlkriterien erforderlich, die es ermöglichen, besonders relevante Lebenssituationen, die zu ihrer Bewältigung erforderlichen Qualifikationen und die Inhalte, die diese Qualifikationen vermitteln, zu identifizieren. Erst auf einer derartigen Grundlage kann bestimmt werden, welche grundlegenden Einsichten welcher Fachwissenschaften überhaupt in den allgemeinbildenden Schulen zu vermitteln sind und ob und wie diese Inhalte zu Unterrichtsfächern zusammenzufassen sind.

Auf einzelne Wissenschaftsdisziplinen fixierte Fachdidaktiken können sich allerdings auf eine derartige, an den Allgemeinbildungsbedürfnissen bzw. -ansprüchen der Jugendlichen ausgerichtete Argumentationsstrategie nicht einlassen. Denn eine bildungstheoretisch begründete Bestimmung z.B. dessen, was die Jugendlichen unbedingt über gesellschaftliche Zusammenhänge, deren Bedeutung für sie, über ihre Handlungs- und Mitgestaltungsmöglichkeiten lernen sollen, wird kaum vor den Grenzen dieser Fachwissenschaften, in diesem Fall Volkswirtschaftslehre und Politikwissenschaften, Halt machen können, weil sie jeweils nur ganz bestimmte Aspekte dieser gesellschaftlichen Zusammenhänge thematisieren und sie kein hinreichendes Verständnis des Gesamtzusammenhangs vermitteln können. Es verwundert deshalb nicht, wenn die fachwissenschaftlichen Konzeptionen der ökonomischen und politischen Bildung in einem krassen Gegensatz zu den konzeptionellen bzw. bildungstheoretischen Ansätzen von Klafki und Robinsohn stehen. Bevor auf die Implikationen dieser allgemeinen Didaktiken für die vorliegende Fragestellung eingegangen wird, soll noch kurz eine weitere unzureichende Argumentationsstrategie zur Legitimation von fachwissenschaftlichen Fachdidaktiken diskutiert werden.

2.3 Begriffliche Ableitung fachwissenschaftlicher Unterrichtskonzeptionen: ein definitorischer Trick

Gänzlich unangemessen – weil jegliche bildungstheoretische Begründungsnotwendigkeit ignorierend – ist es, fachwissenschaftlichen Konzeptionen mit begrifflichen Kunstgriffen den Anschein einer Begründung zu verleihen. Die Argumentationsstrategie lautet dann z.B.: der Kern oder Gegenstand der politischen (ökonomischen) Bildung sei die Politik (Ökonomie). Diese werde von den Politikwissenschaften (der Ökonomik = Volkswirtschaftslehre) erforscht. Politische (ökonomische) Bildung habe deshalb die grundlegenden Erkenntnisse der Politikwissenschaften (Volkswirtschaftslehre) zu vermitteln.

Genau so willkürlich könnte man von den Begriffen Sozialkunde oder Gesellschaftslehre ausgehen, deren Gegenstand die Gesellschaft ist, die von der Soziologie erforscht wird und folgern, dass Soziologie – sei es neben oder anstelle von Politikwissenschaften – zu unterrichten ist bzw. eine soziologische Bildung anstelle oder neben die politische Bildung treten soll.

Abgesehen davon, dass derart willkürliche Setzungen von nicht weiter begründeten Ausgangsbegriffen nicht zum Ausgangspunkt für die Bestimmung von Bildungszielen und -inhalten gemacht werden können, lassen sich mit dieser Argumentationsstrategie letztlich alle Wissenschaftsdisziplinen scheinbar als Unterrichtsfächer begründen. Man muss nur die entsprechenden Ausgangsbegriffe formulieren, z.B. psychologische, medizinische, meteorologische oder astronomische Bildung. Das Ergebnis wäre wieder eine unbewältigbare Fülle von wissenschaftlichen Grundkenntnissen als Unterrichtsinhalte.

3. Fachwissenschaftliche Konzeptionen im Widerspruch zu ihren didaktischen Begründungen

Bei allen Unterschieden zwischen den allgemeinen Didaktiken von Klafki und Robinsohn stimmen sie doch in ihrer Kritik an einer fachwissenschaftlich strukturierten Bildung überein, weil diese wegen der Fülle fachwissenschaftlicher Kenntnisse einen oberflächlichen Enzyklopädismus zur Folge hat und komplexe Wirklichkeitszusammenhänge zerreißt. Bei Klafki gilt das gleichermaßen für sein frühes opus magnus über die kategoriale Bildung (Klafki 1964) wie für sein Spätwerk, in dem die kategoriale Bildung nur noch in einer Fußnote Erwähnung findet (Klafki 1996).Wenn fachwissenschaftlich ausgerichtete Didaktiken der ökonomischen und politischen Bildung, z.T. auch kategoriale Fachdidaktiken genannt, ausgerechnet mit diesen beiden Didaktikern bzw. deren Konzeptionen theoretisch begründet werden, ist das höchst verwunderlich.

3.1 Gegensatz von fachwissenschaftlichen (kategorialen) Didaktiken der ökonomischen und politischen Bildung zur Bildungstheorie von Klafki

Allgemeinbildung soll nach Klafki nicht enzyklopädisches Überblickswissen vermitteln, sondern Einsichten in grundlegende Zusammenhänge, die es den Individuen ermöglichen, die Fülle der Einzelerscheinungen und des Besonderen zu strukturieren. Lernen sollen die Schüler/innen auch, die an exemplarischen Inhalten gewonnenen grundlegenden Zusammenhänge selbständig auf andere Sachverhalte der Wirklichkeit anzuwenden. Die ins Auge gefassten grundlegenden Zusammenhänge sind Zusammenhänge in der realen Welt, in der Wirklichkeit und nicht etwa grundlegende Einsichten von einzelnen Fachwissenschaften. Ganz im Gegenteil wendet sich Klafki explizit gegen eine fachwissenschaftliche Orientierung in der Bildung:

Der kategoriale Charakter der Bildung liegt für ihn ebenso wie für Elzer, den er zustimmend zitiert, darin, „dass sich in ihr und durch sie Wesentliches im Menschen ‚kategorisiert‘. Das durch wahrheitliche Erkenntnis zustande gekommene Wissen, das Bildungswissen schafft etwas, funktionalisiert im Menschen ein Sein, auf das hin er angelegt ist. Bildung ist ihm ... eine Kategorie des Seins und nicht des Wissens und Erlebens" (Klafki 1964, 295). Sie ist nicht bloße Wissensvermittlung, sondern auch Reflexion auf die Sollensgehalte (Klafki 1964, 303).

Ausgehend von den Erkenntnissen der geisteswissenschaftlichen Pädagogik wird eine Ausrichtung der Schulfächer an Fachwissenschaften bzw. an dem Wissenschaftssystem als ein unpädagogischer Szientismus kritisiert (Klafki 1964, 318ff.): „Wissenschaftliche Bildung im eigentlichen Sinne des Wortes kann ... auch deshalb nicht Leitbegriff der Jugenderziehung und -bildung sein, weil diese den jungen Menschen schrittweise, d.h. unter Wahrung und Erfüllung jeder Lebensstufe, in die Wirklichkeit einführen muss, die er einmal wird meistern müssen. In keinem Falle erschöpft sich diese ‚Wirklichkeit‘ in den Inhalten der Wissenschaften. Es ist jeweils neu zu fragen, (erstens) wie weit die Wissenschaften in dieser konkreten Lebenswirklichkeit eine Rolle spielen, (zweitens) in welcher Weise wissenschaftliche Ergebnisse in den ‚verschiedenen Lebensräumen‘, denen einer der Zöglinge wahrscheinlich angehören wird, auftreten" (Klafki 1964, 318f.). Als charakteristisch für das szientifische Moment der Fachwissenschaft und des verwissenschaftlichten Fachunterrichts gilt das prinzipielle Absehen von der Bedeutsamkeit einer Erkenntnis für die Existenz des Menschen (Klafki 1964, 320). So kommt Klafki zu dem Ergebnis: „nirgends also sind die Lehrfächer ‚bloße Abschnitte aus den Wissenschaften‘, nirgends auch bloß ‚propädeutische Wissenschaft‘; sie sind vielmehr ... ‚Konzentrationsfelder didaktischer Arbeit‘" (Klafki 1964, 320f.).

Ausdrücklich begrüßt er deshalb, dass sich „in der *Didaktik der politischen Bildung*... die Entwicklung einer elementaren Strukturlehre der politisch-gesellschaftlich-rechtlich-wirtschaftlichen Wirklichkeit immer klarer als die zentrale Aufgabe herausgestellt (hat)" (Klafki 1964, 371).

Der unpädagogische Szientismus wird auch für die wachsende Stoffüberfülle in den Lehrplänen verantwortlich gemacht (Klafki 1964, 319). Ebenso wird hervorgehoben, dass die Pädagogik der unendlichen Fülle objektiv wertvoller geistiger Inhalte, wozu die Wissenschaften erheblich beitragen, ausgeliefert ist, wenn sie über keine Kriterien der Rechtfertigung ihrer inhaltlichen Auswahl vor den gegenwärtigen und zukünftigen Möglichkeiten und Aufgaben des jungen Menschen verfügt.

Der Stofffülle kann man nach Klafki nur entgehen, wenn man sich auf das Elementare im Rahmen der Allgemeinbildung beschränkt: Bei dieser Elementarbildung wird zwischen drei Ebenen, die auch als drei Ebenen des Problems der kategorialen Bildung bezeichnet werden, unterschieden. Die drei Ebenen sind die des Fundamentalen, die der kategorialen Voraussetzung geistiger Aneignung und Bewältigung und die des Geschichtlich-Elementaren (Klafki 1964, 327). Die kategorialen Fachdidaktiken der ökonomischen und politischen Bildung beziehen sich (weitgehend) nur auf die Ebene der kategorialen Voraussetzungen geistiger Aneignung und Bewältigung. So wird z.B. die Ebene des Fundamentalen, die auf die Vermittlung des Geistes, des Ethos eines Gegenstandsbereiches der Bildung bzw. des betreffenden Lebensgebietes und die ihm angemessene Gesinnung und Haltung zielt (Klafki 1964, 326, 331ff.), in keiner Weise thematisiert.

Mit der Ebene der kategorialen Voraussetzungen geistiger Aneignung und Bewältigung, das sollte nach dem bereits Gesagten deutlich geworden sein, können aber nicht fachwissenschaftliche Kategorien und grundsätzliche fachwissenschaftliche Zusammenhänge gemeint sein. Gedacht ist vielmehr an die diesen vorgelagerte „kategoriale Voraussetzung geistiger Aneignung und Bewältigung". „Es handelt sich dabei nicht nur um Erkenntnis- und Verstehenskategorien – Zahlenbegriffe, ‚Staat', ‚Entwicklung', ‚Ursache-Wirkung' usf. – sondern, wie etwa im praktisch-sittlichen Bereich, auch um Motivationsstrukturen im Sinne Derbolavs oder um motivierende ‚Wertideen' im Sinne Litts: Wahrhaftigkeit, Gerechtigkeit, Treue, Hilfsbereitschaft o.ä." „Hier geht es immer um die übergreifenden Grundbegriffe, Kategorien, Methoden, Werte, Ideen, Strukturen, Typen, Grunderfahrungen usf., die als Voraussetzungen, als Bedingungen der Möglichkeit geistiger Aneignung und Bewältigung im Bereich der Erkenntnisbildung, der ästhetischen oder sittlichen Bildung notwendig und in jeder gelungenen Aneignung nachweisbar sind." (Klafki 1964, 326). Was immer man auch von diesen Kategorien halten mag, so liegen sie als grundsätzliche Voraussetzungen der geistigen Aneignung der Welt offensichtlich auf einer abstrakteren, vorgelagerten, u.a. erkenntnistheoretischen und moralischen Metaebene gegenüber den einzelwissenschaftlichen Disziplinen und unterscheiden sich prinzipiell von den jeweiligen Kategorien der Einzelwissenschaften. Dementsprechend sind auch die Kategorien der politischen Bildung, die Sutor im Anschluss an Klafki formuliert, nicht mit den fachwissenschaftlichen Kategorien und Grunderkenntnissen der Politologie gleichzusetzen (Sutor 1984, II/68ff.).

Entgegen den Ansprüchen eignet sich Klafkis Theorie der kategorialen Bildung aufgrund ihrer Abstraktheit und ihres Metacharakters nicht, die zentralen Inhalte der Allgemeinbildung theoretisch zu begründen und damit das Problem der Stofffülle im Unterricht zu beherrschen (vgl. auch Robinsohn 1971, 27). Klafki hat deshalb in seinem Spätwerk ohne Bezugnahme auf seine kategoriale Bildungskonzeption eine Konzentration der Allgemeinbildung auf epochaltypische Schlüsselprobleme gefordert. Allgemeinbildung bedeutet für ihn jetzt „ein geschichtlich vermitteltes Bewusstsein von zentralen Problemen der Gegenwart und – soweit voraussehbar – der Zukunft zu gewinnen. Einsicht in die Mitverantwortlichkeit aller angesichts solcher Probleme und Bereitschaft, an ihrer Bewältigung mitzuwirken. Abkürzend kann man von einer Konzentration auf *epochaltypische Schlüsselprobleme* unserer Gegenwart und der vermutlichen Zukunft sprechen." (Klafki 1985, 56). Auf eine Begründung der zu behandelnden Schlüsselprobleme verzichtet er, weil dieses u.a. „so etwas wie eine Theorie des gegenwärtigen Zeitalters und seiner Potenzen und Risiken im Hinblick auf die Zukunft (erfordere)" (Klafki 1996, 56).

Wesentliche Schlüsselprobleme sind für ihn vor allem die Friedensfrage, die Umweltfrage, Probleme gesellschaftlich produzierter Ungleichheit, Gefahren und Möglichkeiten technischer Systeme und die Subjektivität des Einzelnen und das Phänomen der Ich-Du-Beziehung (Klafki 1996, 56f.). An diesen epochaltypischen Schlüssel- bzw. Strukturproblemen soll auch vernetztes Denken gelernt werden. D.h. sie sind in ihrer Komplexität und nicht additiv aus der Perspektive von Einzelwissenschaften und von Fachunterricht zu behandeln. Klafki plädiert im Anschluss an die Reformpädagogik für einen fächerübergreifenden Unterricht und für einen Problemunterricht, dessen angemessene Form der Epochalunterricht ist: „Durch den Schulvormittag von Halbtags- und Ganztagsschulen müsste sich an allen oder den meisten Tagen der Schulwoche ein Band von mindestens 2 Schulstunden, besser noch: etwa 2 Zeitstunden ziehen, das in epochalem Wechsel dem ‚Problemunterricht' vorbehalten ist, der jeweils Anteile mehrerer der herkömmlichen Fächer in sich vereinigt und in dem, um es zu wiederholen, durchaus auch begrenzte fachliche Lehrgangssequenzen ihren Ort finden können und müssen, wenn das jeweils anstehende Problem es erfordert" (Klafki 1996, 66). Problemunterricht und Fachunterricht stehen damit nicht in einem grundsätzlichen Widerspruch, doch wird die Auswahl der Fachinhalte von der Spezifizierung der Schlüsselprobleme und nicht der Systematik der Fachwissenschaften gesteuert und wird ausgeschlossen, dass z.B. die ökonomischen und politischen Aspekte der angesprochenen Schlüsselprobleme in einem fachwissenschaftlichen Unterricht isoliert behandelt werden. Sie sind in den problemorientierten Epochalunterricht zu integrieren.

Die Unvereinbarkeit einer fachwissenschaftlichen Strukturierung der Bildung mit den bildungstheoretischen Überlegungen von Klafki gilt also auch für dessen Spätwerk.

3.2 Gegensatz von fachwissenschaftlichen Didaktiken der ökonomischen und politischen Bildung zum Curriculumansatz von Robinsohn

Genauso eindeutig und ähnlich begründet wie bei Klafki ist die Kritik von Robinsohn an einer fachwissenschaftlichen Konzipierung der Allgemeinbildung. Seine Curriculumüberlegungen sind jedoch konkreter und erlauben deshalb auch konkretere Schlussfolgerungen zu den Implikationen seines Ansatzes für die Ausgestaltung der politischen Bildung als eine umfassende, fächerintegrierende Gesellschaftslehre und – falls die ökonomische Bildung aus der politischen Bildung (Gesellschaftslehre) ausdifferenziert wird – über eine fächerintegrierende ökonomische Bildung als Teil der Gesellschaftslehre. Die willkürlichen Beschränkungen fachwissenschaftlicher Didaktiken der ökonomischen und politischen Bildung und ihr Gegensatz zu der sie angeblich legitimierenden Curriculumtheorie treten dabei noch deutlicher hervor.

Ausgangspunkt aller Überlegungen sind die Bildungsziele (Robinsohn 1971, XIII). Bildungsziel ist die Persönlichkeitsbildung, die Mündigkeit und Selbstbestimmung des Individuums. (Robinsohn 1971, XVII). Zu bewähren hat sich diese Selbstbestimmung der Individuen in Lebenssituationen. Bei der Bestimmung der besonders wichtigen Lebenssituation für die Individuen und der Qualifikationen, die zu deren Bewältigung erforderlich sind, kommt den Sozialwissenschaften eine besondere Bedeutung zu. Von den Bildungszielen und den relevanten Lebenssituationen ausgehend sind dann die Bildungs- bzw. Unterrichtsinhalte zu ermitteln, die die Subjekte die erforderlichen Qualifikationen erwerben lassen. Die einzelnen Fachwissenschaften tragen zur Bestimmung der relevanten Lebenssituation und der hierfür notwendigen Qualifikationen bei, doch bleiben stets die Bildungsziele und nicht die Fachwissenschaft der Ausgang der Überlegungen bzw. das Auswahlkriterium für die Bildungsinhalte.

Zur Rolle der Wissenschaften sagt Robinsohn: „Aus ihnen gewinnen wir Zugänge zum Weltverstehen und Mittel zur Existenzbewältigung. Keinesfalls aber ist das Curriculum ihre Abbildung, auf elementarer Ebene etwa. Eine solche bloße Ableitung wäre eine neuere Form der ‚didaktischen Reduktion‘. ‚Fächer‘ führen leicht zur Fragmentierung und zum Zerschneiden von Zusammenhängen, die in Lebenssituationen relevant sind" (Robinsohn 1971, XVIIf.). „Wenn wir, wie sogleich zu zeigen ist, dennoch bei der Überprüfung der Bildungsinhalte zunächst von dem Universum der Fachwissenschaften ausgehen, so deshalb, weil vorrangig durch ihre verschiedenen Disziplinen die Beobachtung und die Interpretation der Wirklichkeit, immer bezogen auf Gegebenheit und Möglichkeit, auf Gegenwart und Zukunft, systematisch unternommen wird und weil durch ihre Methoden und Resultate der Mensch diese Wirklichkeit zu bewältigen unternimmt. Insoweit ist die Suche nach dem Kategorialen oder nach den „structures of the disciplines" als eine Teilaufgabe der Curriculumermittlung berechtigt. Wir können jedoch im didaktischen Zusammenhang weder die akademischen Fachabgrenzungen übernehmen, noch die fachimmanenten Zielsetzungen – die überdies vieldeutig sein können – ohne weiteres auf die Bildungsleistung dieser Fächer übertragen." (Robinsohn 1971, 46).

Wie Klafki sieht Robinsohn, dass das Problem der nicht bewältigbaren Stofffülle in der Schule vor allem eine Konsequenz fachwissenschaftlicher Orientierungen ist. Das Wesen der Fachwissenschaften ist ja gerade das Streben nach grenzenloser Ausdehnung des Wissens in den jeweiligen Fachgebieten und die Begründung der Ausdifferenzierung weiterer wissenschaftlicher Disziplinen. Die Folge einer fachwissenschaftlichen Orientierung ist ein Enzyklopädismus, dem nur gegengesteuert werden kann, wenn man über Auswahlkriterien verfügt, die von Bildungszielen bestimmt bzw. gesteuert werden (Robinsohn 1971, XVIII). Dass die notwendige Beteiligung der Fachwissenschaften an der Entwicklung von Curriculuminhalten stets auch die Gefahr der Verfolgung von fachwissenschaftlichen Interessen und Fachegoismen und der Vernachlässigung der Bildungsaufgabe beinhaltet, ist Robinsohn ebenfalls wohl bewusst: „Es wird nicht leicht sein, die Reflexion des Fachwissenschaftlers von der schieren Reproduktion seines Faches, wie er es als wissenschaftlicher Spezialist zu behandeln gewohnt ist, auf dessen Funktion in der Erreichung von Bilddungswirkungen und in der Bestimmung von Bildungshorizonten zu lenken. Die Gefahr eines fachspezifisch verzerrten Weltbildes wird nicht übersehen. Aber auch der Wissenschaftler kann auf eine Verantwortung für die Rolle seiner Wissenschaft in Bildung und Erziehung hingewiesen werden, der er sich ebenso wenig entziehen sollte, wie der für ihre sonstigen sozialen Auswirkungen." (Robinsohn 1971, 50).

Den fachwissenschaftlichen Partikularinteressen bzw. Egoismen soll nach Robinsohn ·durch Einbeziehung von Vertretern der anthropologischen Wissenschaften (Verhaltenswissenschaftler, Psychologen, Pädagogen, die allerdings auch eine einseitige fachwissenschaftliche Orientierung aufweisen können) und Abnehmern von Bildung – etwa von verantwortlichen Vertretern bestimmter Berufsgruppen als Experten für die Anforderungen an Schulabsolventen – in die Curriculumentwicklung entgegengewirkt werden (Robinsohn 1971, 50, 51).

Das Ergebnis einer derartigen Curriculumentwicklung kann durchaus sein, dass einzelne Unterrichtsfächer sich relativ stark an Fachwissenschaften orientieren. Dennoch wäre die Auswahl der Inhalte weiterhin von den Bildungszielen und den Lebenssituationen, für die qualifiziert werden soll, und nicht von dem System der jeweiligen Fachwissenschaft gesteuert.

Für die politische und die ökonomische Bildung wäre eine derartige fachwissenschaftliche Orientierung nach Robinsohns Ausführungen zu wichtigen Lebenssituationen jedoch nicht begründbar:

3.2.1 Konsequenzen des Curriculumansatzes (I): politische Bildung als umfassende Gesellschaftslehre/Sozialkunde

In der politischen Bildung wird häufig der mündige Bürger als oberstes Bildungsziel angegeben, ohne dass dieses näher begründet und spezifiziert wird. Nimmt man die Definition von Robinsohn als Bezugspunkt, sind Schüler „für ein mündiges, d.h. personell als auch ökonomisch selbständiges und selbstverantwortliches Leben so gut wie möglich (vorzubereiten)" (Robinsohn 1971, 46). „Es ist unwahrscheinlich, dass ‚Mündigkeit' erreichbar ist, ohne Einsicht in die Dinge sozialen Lebens und politischen Handelns." (Robinsohn 1971, 18). Explizit wird darauf verwiesen, dass die relevanten Lebenssituationen auch die Berufsarbeit bzw. die berufliche Lebenssituation umfassen (Robinsohn 1971, 48). Aus dem Bildungsziel des mündigen Bürgers folgt somit, dass die Jugendlichen auf ein selbstbestimmtes Handeln in gegenwärtig und zukünftig besonders relevanten sozialen, wirtschaftlichen (beruflichen) und politischen Lebenssituationen vorzubereiten sind. Dazu müssen sie die komplexen Strukturen dieser Lebenssituationen, insbesondere deren soziale, wirtschaftliche, technische und politische Bestimmungsfaktoren sowie deren Zusammenwirken, und die Handlungsmöglichkeiten der Subjekte kennen lernen.

Mit Robinsohn und seinem Verständnis des mündigen Bürgers lässt sich nur eine umfassende integrierte Gesellschaftslehre/Sozialkunde begründen. Ob diese umfassenden Unterrichtsinhalte in einem Fach unterrichtet werden können oder eine Ausdifferenzierung von Fächern nahe liegt, lässt sich auf dieser allgemeinen Stufe der Argumentation noch nicht sagen.

Entscheidend für die Bestimmung der Inhalte der integrierten Gesellschaftslehre ist jedoch, dass man mit den Bildungszielen des mündigen Bürgers, einer sozialwissenschaftlichen Analyse der Lebenssituationen (Robinsohn 1971, 45) und deren Handlungsanforderungen über ein Auswahlkriterium für die unterrichtsrelevanten Erkenntnisse der Fachwissenschaften verfügt. Ohne ein die Auswahl steuerndes Bildungsziel stünde man einem immensen Umfang akkumulierten Wissens einer Vielzahl von Fachwissenschaften, die zur Erklärung dieser Lebenssituation beitragen können, gegenüber. Ohne selegierende Bildungsziele wäre ein oberflächlicher Enzyklopädismus unvermeidlich (Klafki 1964, 323; Robinsohn 1971, XVIII; Massing 1995, 63).

Viele Politikdidaktiker lehnen jedoch eine derartig umfassende, integrierte Konzeption einer Gesellschaftslehre ab. Sie sehen darin eine Überfrachtung des Fachs und eine Überforderung der Lehrer/innen und – je nach personeller Ausstattung – auch der Hochschullehrer/innen, die schließlich nicht in allen möglichen Bezugswissenschaften kompetent sein können (Massing 1995, 62; Ackermann u.a. 1994, 42). Sie entscheiden sich deshalb als Politologen und Anhänger einer fachwissenschaftlich orientierten Didaktik recht willkürlich dafür, nur eine der vielen Fachwissenschaften, die die gesellschaftlichen Verhältnisse analysieren, nämlich die Politikwissenschaften zur zentralen fachwissenschaftlichen Grundlage für die Bestimmung von Unterrichtsinhalten zu wählen (Ackermann u.a. 1994, 42f.; Massing 1995, 61ff.). Qualifikationen, die für eine selbstbestimmte Bewältigung z.B. wichtiger sozialer oder beruflicher Lebenssituationen notwendig sind, werden nur dann und insoweit vermittelt, als sie durch einen politikwissenschaftlich ausgerichteten Unterricht zur erzielen sind. Anderenfalls entfallen sie als Unterrichtsinhalte, so wichtig sie auch sein mögen, sofern sich ihrer nicht andere Fächer wie Ethik, Religion und Deutsch annehmen. Unterrichtsthemen wie Familie, Jugend, Drogen, Kriminalität etc. sieht man dementsprechend gerne aus der politischen Bildung ausgeschlossen.

Der Unterricht wird also nicht mehr von dem Bildungsziel des mündigen Bürgers und dessen Qualifizierung zur Bewältigung besonders wichtiger, komplexer Lebenssituationen, sondern von dem Interesse an einem politikwissenschaftlichen, d.h. einem fachwissenschaftlichen Unterricht bestimmt. Hierzu wird das Bildungsziel des mündigen Bürgers explizit oder implizit auf das des Staatsbürgers reduziert und anstelle der Qualifizierung für die Bewältigung relevanter sozialer, politischer und beruflicher Lebenssituationen die Vermittlung politischer Analyse-, Urteils- und Handlungskompetenz bzw. demokratischer Handlungskompetenz angestrebt (Ackermann u.a. 1994, 42, Massing 2000, 36).

Die Beschränkung auf die Politikwissenschaften lässt sich aber nicht durchhalten, wenn es mit dem Bildungsziel der Vermittlung von politischer Analyse-, Urteils- und Handlungskompetenz ernst gemeint ist. Denn dieses Bildungsziel beinhaltet auch und vor allem die Aufgabe, die Jugendlichen (Staatsbürger) zu befähigen, sachlich informiert und in gesellschaftlicher Verantwortung ihre Interessen in politischen Prozessen zu vertreten. Hierzu müssen die Jugendlichen auch in die Lage versetzt werden, die grundsätzlichen Möglichkeiten der politischen Regelung wichtiger sozialer und wirtschaftlicher (beruflicher) Lebenssituationen, darauf bezogener politischer Programme und faktischer politischer Entscheidungen angemessen analysieren und beurteilen zu können. Das erfordert, dass sie die (potentiellen) Wirkungen unterschiedlicher politischer Regelungen und Maßnahmen auf ihre sozialen und wirtschaftlichen Lebenssituationen ermessen können, was wiederum grundlegende Kenntnisse über die Struktur- und Funktionszusammenhänge dieser Lebensbereiche voraussetzt. Sollen die Jugendlichen zu einer kompetenten Beurteilung z.B. der Jugend-, Familien-, (Berufs)Bildungs-, aber auch Wirtschafts-, Sozial-, Einwanderungs-, Integrations-, Gesundheits- und Drogenpolitik etc. für ihre gegenwärtig und zukünftig wichtigen Lebenssituationen befähigt werden, benötigen sie eine Vielzahl von theoretischen Erklärungen und Erkenntnissen aus sozialwissenschaftlichen und wirtschaftswissenschaftlichen Bezugsdisziplinen zu Inhaltsbereichen, die eigentlich ausgegrenzt werden sollen. Selbst wenn man sich auf das Bildungsziel der Vermittlung politischer Analyse-, Urteils- und Handlungskompetenz beschränkt, gibt es also kein Entrinnen von einer umfassenden integrierten Gesellschaftslehre/Sozialkundekonzeption (Kahsnitz 1996).

3.2.2 Konsequenzen des Curriculumansatzes (II): ökonomische Bildung als Teil der Gesellschaftslehre/Sozialkunde

Bei der Umsetzung der umfassenden Gesellschaftslehre in der Schulpraxis könnte sich erweisen, dass sie auch bei einer hinreichenden Anzahl an Unterrichtsstunden nicht in einem Fach unterrichtet werden kann, weil die Lehrer/innen hierfür nicht die notwendigen wissenschaftlichen Qualifikationen in einem Studiengang erwerben können.

Ähnlich wie im naturkundlichen Unterricht müssten dann Ausdifferenzierungen vorgenommen werden. Diese verliefen dann aber nicht entlang von fachwissenschaftlichen Grenzen, wie bei den naturwissenschaftlichen Fächern. Vielmehr wäre dann nach Robinsohn eine Differenzierung nach Lebenssituationen vorzunehmen. Denkbar und naheliegend wäre z.b. eine Ausdifferenzierung von ökonomischen Lebenssituationen. Nach Kruber sollen z.B. die Schüler/innen befähigt werden, „in ökonomisch geprägten Lebenssituationen als Konsument, als Berufssuchender und Erwerbstätiger und als Wirtschaftsbürger zu entscheiden und (sich) zu verhalten." (Kruber 1997 b, 55f.). Hierzu müssten sie die Strukturen dieser Lebenssituationen, die Handlungsanforderungen und -möglichkeiten in ihnen in ihrer ganzen Komplexität und nicht nur deren betriebswirtschaftliche und volkswirtschaftliche Aspekte kennen lernen:

Nehmen wir z.B. die Lebenssituation der Erwerbsarbeit. Die Erwartungen der Erwerbstätigen an die Erwerbsarbeit können sich u.a. auf Arbeitsplatzsicherheit, Einkommenshöhe, Karrieremöglichkeiten, die Gesundheit nicht gefährdende Arbeitsbedingungen, aber auch auf inhaltlich anspruchsvolle Arbeitsplätze, die die Möglichkeit von Selbstentfaltung und Selbstbestätigung bieten, und auf Unternehmenskulturen richten, in denen die Mitarbeiter als Individuen respektiert werden. Art und Niveau der Erwartungen werden u.a. vom Bildungsniveau der Erwerbstätigen, das weiterhin im Steigen ist, und dem gesellschaftlichen Wertewandel mitbestimmt. Die Möglichkeiten der Realisierung individueller Interessen hängen unmittelbar von unternehmerischen bzw. betrieblichen Entscheidungen ab. In den unternehmerischen Entscheidungen werden unter betriebswirtschaftlichen Aspekten die (u.a. infrastrukturellen, ökonomischen, politischen, kulturellen) Standortfaktoren, die technischen und gesamtwirtschaftlichen Entwicklungen und spezifische Nachfrage- und Marktentwicklungen beurteilt. Die Realisierung der Interessen der Erwerbstätigen hängt ferner von den rechtlichen, sozialen und kulturellen Rahmenbedingungen ab, die die Handlungsräume für die individuelle und kollektive Gestaltung der Arbeitsbeziehungen und damit den Ausgleich von konfligierenden Interessen abstecken. Zu denken ist z.b. an das Arbeitsvertragsrecht, Schutzgesetze, Mitbestimmungsgesetze, Tarifvertragsrecht, Sozialgesetzgebung und gesellschaftliche Werte. Diese Gesetzgebung ist heftig umstritten und Ausdruck gesellschaftlicher Wert-, Interessen- und Machtstrukturen sowie das Ergebnis von Aushandlungsprozessen politischer Parteien zur Erlangung der politischen Herrschaft. Sollen die Jugendlichen zur Bewältigung der Lebenssituation als Erwerbtätiger qualifiziert werden, müssen sie diese Lebenssituation zumindest in Grundzügen in ihrer Komplexität verstehen, um ihre Handlungs- und Mitgestaltungsmöglichkeiten ermessen zu können.

Von den auf Robinsohn rekurrierenden Vertretern einer ausdifferenzierten ökonomischen Bildung sehen meines Wissens nur Ochs und Steinmann diese Implikationen des Curriculumansatzes, wehren diese aber explizit ab, weil sie mit ihren vorgängigen fachwissenschaftlichen Setzungen bzw. Prämissen nicht vereinbar sind.

So heißt es bei Steinmann: „Natürlich ist aus der Erkenntnis heraus, dass die Grenzen der Fachdisziplin Ökonomie keine Entsprechung in der Realität haben, bei der Anwendung und Weiterentwicklung der Konzeption der Schluss gezogen worden, dass qualifizierende Lerninhalte zur Bewältigung der komplexen Lebenssituationen und -entwicklungen nicht aus der Ökonomie allein zu gewinnen sind, und dass in ökonomischen Bildungsprozessen demzufolge auf Politikwissenschaften, auf Soziologie, Geschichte, Wirtschafts- und Sozialgeographie etc. zurückgegriffen werden muss. Durch ein solches Vorgehen wird versucht, die ökonomische Bildung zu einer umfassenden Gesellschaftslehre auszugestalten. So sinnvoll dieses Ziel angesichts der komplexen Realität auch sein mag, so wenig kann es von einer Fachdisziplin allein, wie expansiv sie sich auch darstellt, geleistet werden" (Steinmann 1997, 20).

Statt nun die Konsequenz aus dieser beschränkten Funktion einer volkswirtschaftlichen Bildung für die Qualifizierung zur Bewältigung komplexer, ökonomisch geprägter Lebenssituationen zu ziehen und die Inhalte des Unterrichts den komplexen Handlungsanforderungen anzupassen, wird das Bildungsziel lieber aufgegeben, um weiterhin eine nur volkswirtschaftliche ökonomische Bildung zu betreiben. D.h., der curriculumtheoretische Ansatz wird insoweit herangezogen, als er geeignet erscheint, die Vermittlung wirtschaftlicher Kenntnisse in der Schule didaktisch zu begründen. Die Implikationen dieses Ansatzes, die im Widerspruch zu einer fachwissenschaftlichen Konzipierung der wirtschaftlichen Bildung stehen, werden zwar gesehen, aber ignoriert, weil sie den fachwissenschaftlichen Interessen entgegenstehen.

Zusammenfassend kann man festhalten, dass Klafki und Robinsohn eine fachwissenschaftliche Strukturierung von schulischer Bildung kritisieren und für eine Strukturierung argumentieren, die sich an komplexen Zusammenhängen der Wirklichkeit bzw. wichtiger Lebenssituationen orientiert. Für die ökonomische und die politische Bildung lassen sich mit ihnen deshalb nur interdisziplinäre, integrierte Unterrichtskonzeptionen begründen. Wenn dennoch versucht wird, fachwissenschaftliche Konzeptionen einer ökonomischen und politischen Bildung ausgerechnet mit den didaktischen Konzeptionen dieser beiden Autoren zu rechtfertigen, dann kann der Anschein einer theoretischen Begründung nur im Widerspruch zu diesen didaktischen Konzeptionen erweckt werden. Dazu müssen diese selektiv und in einer ihren Intentionen und ihrer Argumentationsstruktur widersprechenden Interpretation, d.h. auch sinnentstellend rezipiert werden.

Der Widerspruch zwischen fachwissenschaftlichen Interessen und Orientierungen auf der einen Seite und den Bildungsansprüchen der Jugendlichen sowie didaktischen bzw. bildungstheoretischen Begründungen von Bildungszielen, Bildungsinhalten und der Unterrichtsorganisation auf der anderen Seite ist auch eine wesentliche Erklärung für den von Hedtke in diesem Band geäußerten Befund, dass das wissenschaftliche Niveau der hier zur Diskussion stehenden Fachdidaktiken desaströs sei. Als wissenschaftliche Disziplinen suchen die Fachdidaktiken u.a. nach theoretischen Begründungen für Unterrichtsziele, -inhalte, -methoden und -organisation. Ausdruck ihrer wissenschaftlichen Orientierung, ihres Strebens nach Erkenntniszuwachs ist das Aufspüren von Begründungsdefiziten und Widersprüchen in der eigenen Konzeption, um diese zu beheben, die Suche nach Gegenargumenten für die eigene Theorie, um deren Aussagekraft und Reichweite zu überprüfen und um diese ggf. zu modifizieren oder gar aufzugeben, weil sie als falsch, unangemessen o.ä. erkannt wurde. Ein wichtige Bedingung für den Erkenntnisfortschritt ist, dass die Wissenschaftler ihre eigenen Theorie testen und zu falsifizieren versuchen, um Irrtümern auf die Spur zu kommen und diese zu beheben. Kritik ist ihnen deshalb prinzipiell willkommen.

Wenn dagegen die Begeisterung für eine Fachwissenschaft und das Interesse, für diese Disziplin berufliche Tätigkeitsfelder in der Lehrerbildung und in der Schule zu erschließen, dominiert, dann steht die Suche nach einer Rechtfertigung für eine fachwissenschaftliche Konzipierung des Unterrichts im Vordergrund und müssen eine wissenschaftliche Orientierung und das Streben nach Erkenntnisfortschritt dahinter zurücktreten. Die Falsifikation der Begründung einer fachwissenschaftlich ausgerichteten ökonomischen oder politischen Bildung gilt es gerade zu vermeiden und nicht zu betreiben. Primäre Aufgabe ist es dann, die Begründung der fachwissenschaftlichen Unterrichtskonzeption gegen Kritik abzuschirmen und zu immunisieren. Denn Argumentationsdefizite und -widersprüche können nicht aufgegeben werden, wenn dies zum Zusammenbrechen der Rechtfertigungsstrategie führt. Sie müssen dann – u.a. durch unpräzise, vieldeutige Formulierungen und Argumente, Scheinbegründungen etc. – verborgen werden. Eine gern gewählte Strategie zur Abwehr von Kritik ist es auch, diese einfach zu ignorieren oder so umzuformulieren, dass sie offensichtlich nicht ernst genommen werden muss. Dies trägt dann zu der von Hedtke ebenfalls beklagten gegenseitigen Abschottung von ökonomischer und politischer Fachdidaktik bei.

4. Notwendigkeit einer sozialwissenschaftlichen Allgemeinbildungstheorie

Fachwissenschaftliche Strukturierungen der Bildung sind wie gesehen nicht begründbar. Sie implizieren eine nicht bewältigbare Stofffülle und bei begrenzter Unterrichtszeit eine oberflächlichen Enzyklopädismus. Charakteristisch für sie ist, dass sie die Notwendigkeit der Inhaltsauswahl und Entwicklung von Auswahl- und Prioritätskriterien ignorieren.

Soll die Auswahl z.B. nicht dem common sense, einer wankelmütigen und unklaren öffentlichen Meinung, einem politischen oder pädagogischen Dezisionismus überlassen bleiben, müssen Auswahlkriterien bildungstheoretisch begründet werden. Hierzu bedarf es geeigneter Bildungstheorien.

Robinsohn kritisiert an Klafki, dass er keine Bildungstheorie entwickelt hat, die diesen Anforderungen genügt (Robinsohn 1971, 27), leistet dieses aber auch nicht. Stattdessen unterbreitet er nur einen organisatorischen Ersatzvorschlag zur Lösung des Problems: Eine Expertenkommission aus Fachwissenschaftlern, Verwendern der zu vermittelnden Qualifikationen (z.B. Vertreter der Wirtschaft) und Vertretern der anthropologischen Wissenschaften, wozu die Erziehungswissenschaftler zählen, soll einen Konsens über die Bildungsziele, die relevanten Lebenssituationen, die dafür erforderlichen Qualifikationen und die Inhalte, die diese vermitteln, erzielen. Zwar war er hinsichtlich der Erfolgsaussichten einer derartigen Kommission optimistisch, doch enthalten seine Analysen der Zusammensetzung und Arbeitsweise derartiger Kommissionen im Ausland und seine Ausführungen zu dem anhaltenden Fachegoismus der involvierten Wissenschaftler bereits genügend Argumente dafür, dass von derartigen Kommissionen weder ein weitgehend anerkannter Konsens, noch die Entwicklung der benötigten Bildungstheorie zu erwarten ist (Robinsohn 1971, 34ff.).

Auch in der Nachfolge dieser beiden Didaktiker ist es nicht gelungen, eine hinreichend spezifizierte und allgemein anerkannte Bildungstheorie zu entwickeln, die den Fachdidaktiken eine Orientierung liefert bzw. sie unter einen allgemeinbildungstheoretischen Argumentations- und Legitimationsdruck setzt. Zum Teil wird sogar kritisiert, dass die Erziehungswissenschaften sich noch nicht einmal dieser Aufgabe stellen (Weiler 2002, 3ff., 13f.; Terhart 1999, 629f., 645; Wunder 2000). Der jüngste, misslungene Versuch, die Vernachlässigung dieser Aufgabe auch noch theoretisch zu rechtfertigen, ist der Ansatz einer konstruktivistischen allgemeinen Didaktik und einer konstruktivistischen Fachdidaktik der politischen Bildung (Siebert 2000; kritisch dazu Terhart 1999, 645).

Leitend für Allgemeinbildungstheorien ist zunächst das Persönlichkeitsideal, das Persönlichkeitsverständnis, auf das die Bildung als regulative Norm ausgerichtet ist. Da die kognitiven, normativen und emotionalen Strukturen, die Entwicklung der Bedürfnisse, Wertvorstellungen und Gesellschaftsbilder der Individuen in sozialisatorischen Interaktionen, zunächst und insbesondere in der familialen Sozialisation herausgebildet werden und da die Persönlichkeitsentfaltung auf entsprechende gesellschaftliche Handlungsfreiräume und auf gesellschaftliche Werte und Normen angewiesen ist, die die Autonomie der Individuen anerkennen, kann die gesuchte bzw. zu entwickelnde Bildungs- und Allgemeinbildungstheorie nur eine sozialwissenschaftliche sein, die von der gesellschaftlichen Konstitution der Individuen und der Analyse der gesellschaftlichen Handlungsbedingungen für die Identitätsentfaltung ausgeht.

Daraus erwächst der Didaktik der Sozialwissenschaften qua ihrer sozialwissenschaftlichen Fachkompetenz eine besondere Verpflichtung, die Entwicklung einer Allgemeinbildungstheorie voranzutreiben und erhält sie eine hervorgehobene Position unter den Fachdidaktiken. Indem sie eine sozialwissenschaftliche Bildungs- und schulische Allgemeinbildungstheorie entwickelt, erarbeitet sie nicht nur Kriterien dafür, welche Inhalte unter welcher Fragestellung in dem sozialwissenschaftlichen Unterricht, sondern auch welche Inhalte unter welcher Fragestellung überhaupt in der allgemeinbildenden Schule zu vermitteln sind. Wegen dieser Leitfunktion für die anderen Fachdidaktiken ist die Didaktik der Sozialwissenschaften zu einem wesentlichen Teil auch allgemeine Didaktik. Die Wahrnehmung dieser Aufgabe durch die Didaktik der Sozialwissenschaften ist um so dringlicher, als es der allgemeinen Didaktik bisher nicht gelungen ist, hinreichend spezifizierte und anerkannte Allgemeinbildungstheorien zu entwickeln.

5. Skizze einer sozialwissenschaftlichen Allgemeinbildungstheorie

Bildungs- wie auch Allgemeinbildungskonzeptionen haben notwendig einen normativen Aspekt. In ihnen kommt ein grundlegendes Verständnis des Verhältnisses von Gesellschaft und Subjekt und die Vorstellung zum Ausdruck, wie dieses gestaltet werden soll, d.h. an welchen Ziel- und Wertvorstellungen sich die Bildung auszurichten hat.

Nun ist spätestens seit der Debatte zwischen Max Weber und Gustav von Schmoller als einem Vertreter einer normativen Sozialökonomie, die die Position vertrat, dass auch die Richtigkeit der Ziele der Sozialpolitik wissenschaftlich beweisbar seien, das Postulat der Werturteilsfreiheit in den Sozialwissenschaften weitgehend unbestritten (Weber 1904, 186ff.; 1917, 263ff.). Als empirische bzw. als Erfahrungswissenschaften können Sozialwissenschaften nur Aussagen über Seinszustände und deren Wandel, aber daraus keine Sollensaussagen (normative) Aussagen begründen. Wenn die Sozialwissenschaften auch nicht die Richtigkeit oder Vorzugswürdigkeit insbesondere der höchsten Werte einer Gesellschaft oder der normativen Orientierungen von Individuen wissenschaftlich beweisen können, so können sie doch diese Werte selbst, deren Entstehungsbedingungen und Verbreitung sowie deren Implikationen und Realisierungsbedingungen in der Gesellschaft zum Gegenstand empirischer wissenschaftlicher Analysen machen. Als empirische Wissenschaften können die Sozialwissenschaften deshalb auch analysieren und begründen, welche Bildungskonzeptionen welchen Gesellschaftsformen idealtypisch entsprechen:

Offensichtlich ist mit traditionalen, überwiegend stationären, relativ gering differenzierten, häufig patriarchalisch strukturierten Gesellschaften nur eine Bildung kompatibel, die auf die Übernahme der gesellschaftlichen Werte und religiösen Vorstellungen, d.h. auf die fraglose Anerkennung der existierenden konkreten gesellschaftlichen Normen, Herrschafts- und Autoritätsverhältnisse und auf das Erlernen der tradierten Kenntnisse und Fertigkeiten zur Produktion von Gütern zielt. Freiheitsrechte von Individuen, die gegen die gesellschaftlichen Strukturen, z.B. Stammes- und Familienstrukturen, geltend gemacht werden können, die deren Legitimation in Frage stellen, sind mit traditionalen Gesellschaften nicht vereinbar. Bildung dient hier der kritiklosen Reproduktion der bestehenden Gesellschaft und ist prinzipiell affirmativ.

Moderne Gesellschaften haben dagegen gerade den sozialen Wandel u.a. durch Bildungs- und Wissenschaftssysteme, durch die marktwirtschaftliche Organisation der Wirtschaft und demokratische Herrschaftsformen institutionalisiert. Sie erfordern zu ihrer Bestandssicherung andere Persönlichkeitsstrukturen, andere Fähigkeiten, Fertigkeiten, Kenntnisse und Wertorientierungen der Subjekte als traditionale Gesellschaften und damit auch eine andere Bildungskonzeption. Von den Individuen wird erwartet, dass sie sich auf (ständig) wandelnde gesellschaftliche Verhältnisse und Verhaltensanforderungen einstellen. Hierzu müssen sie ein hohes Maß an Lernfähigkeit erwerben. Auch müssen sie in der Lage sein, überkommene gesellschaftliche Institutionen und mögliche Alternativen dazu auf ihre Angemessenheit, d.h. auf ihre Effizienz, ihre Gerechtigkeit und Legitimität zur Lösung sich wandelnder gesellschaftlicher Probleme zu überprüfen. Eine wesentliche Voraussetzung dafür ist die Fähigkeit, in Distanz zu konkreten gesellschaftlichen Institutionen treten und diese hinterfragen sowie die Angemessenheit der überkommenen gesellschaftlichen Interpretationen der konstitutiven Werte der Gesellschaft angesichts veränderter gesellschaftlicher Verhältnisse überdenken zu können. Dieses Verhältnis von modernen Gesellschaften und Persönlichkeitsstrukturen und die daraus folgenden Konsequenzen für die Allgemeinbildung werden im Folgenden weiter spezifiziert.

Als Kriterium für die Modernität einer Gesellschaft gilt nicht ihre technische Ausstattung. Denn dann wären auch Saudi-Arabien und die arabischen

Emirate wegen ihrer Ausstattung mit modernsten Kommunikationsmedien, Transportmitteln, Petroindustrie etc. moderne Gesellschaften. Kriterium der Modernität ist vielmehr das konstitutive Wertesystem der Gesellschaft, das ihren konkreten Institutionen zugrunde liegt und deren Legitimationsbasis bildet.

Der oberste, der konstitutive Wert moderner Gesellschaften ist – zumindest als regulative Norm – das Selbstbestimmungsrecht, die Autonomie der Individuen, das Recht der Individuen über ihren Lebenssinn, ihre Lebensziele, ihren Lebensstil und die Gestaltung ihrer sozialen Beziehungen selbst zu bestimmen, soweit dies nicht mit den Rechten anderer Individuen kollidiert. Das Selbstbestimmungsrecht als oberste regulative Norm impliziert auch den Respekt vor der Autonomie des anderen als ein gegenseitiges Anerkennungsverhältnis.

In dem langen Prozess der Modernisierung der Gesellschaften des westlichen Kulturkreises hat die christliche Religion nicht nur zunehmend an Erklärungskraft für die physische Welt und an Legitimationskraft für gesellschaftliche, insbesondere politische Herrschaftsverhältnisse, sondern für viele Individuen auch die Funktion der Stiftung von Lebenssinn verloren. Für einen zunehmend größeren Teil der Individuen liegt die Erfüllung des Lebens, der Lebenssinn bzw. die Bewährung des einzelnen nicht mehr im Jenseits, sondern im Diesseits. Die Erfüllung des Lebenssinns im Diesseits wird in drei analytisch trennbaren gesellschaftlichen Handlungsbereichen gesucht: in persönlichen Beziehungen, insbesondere der Familie, in der individuellen Leistungsentfaltung und -bewährung und im Engagement für die über die Familie hinausgehende Gemeinschaft, der man sich zugehörig fühlt. (Das Engagement in diesen Handlungsfeldern kann allerdings auch weiterhin christlich motiviert sein und von religiösen Wertvorstellungen, wie z.B. einer lutherischen oder protestantischen Pflichtethik geleitet sein. Können zentrale Lebenssinnentwürfe nicht realisiert werden, führt dies bei einer diesseitigen Lebenssinnorientierung i.d.R. zu größeren Lebenskrisen, als wenn der eigentliche Lebenssinn im Jenseits gesehen wird, wodurch irdische Schicksalsschläge und Versagungen relativiert werden.)

– Bei der Sinnsuche in den persönlichen Beziehungen, insbesondere der Familie, geht es um die gegenseitige Anerkennung der ganzen Person, um emotionale Zuwendung und Solidarität unabhängig von der Leistungsfähigkeit und den spezifischen Leistungen der jeweiligen Personen. In der Herstellung derartiger sozialer Beziehungen, in der Entwicklung von Bedeutung für andere und der Gewinnung von Anerkennung durch andere wird ein wesentlicher Sinn des Lebens gesehen.

– Lebenssinn bzw. Erfüllung des Lebens kann ferner in der Entfaltung der individuellen Leistungsfähigkeit gesucht werden, da diese eine Basis für Selbstwertgefühl, Selbstbewusstsein und sozialer Anerkennung bildet. Die Leistungsfähigkeit kann auf den verschiedensten Gebieten wie Sport,

Kunst, Wissenschaft und der Erstellung von gesellschaftlich nachgefragten Gütern entfaltet werden. Zentral für moderne Gesellschaften als Arbeits- und Leistungsgesellschaften ist jedoch die Erwerbsarbeit. Im Allgemeinen ist das Streben nach Leistungsentfaltung daran orientiert, was in der Gesellschaft als Leistung anerkannt und geschätzt wird. Insofern kann auch derjenige, der inhaltlich wenig anspruchsvolle, aber gesellschaftlich notwendige oder als nützlich eingeschätzte Arbeiten ausführt, gesellschaftliche Anerkennung dafür erwarten und Selbstbewusstsein aus dieser Arbeit ziehen. Die Autonomie der Individuen in modernen Gesellschaften beinhaltet auch die grundsätzliche Eigenverantwortung für die materiellen Grundlagen der Autonomie, die im allgemeinen durch Erwerbsarbeit gesichert wird. Angesichts dieser strukturellen Bedeutung der Erwerbsarbeit für den Einzelnen wird verständlich, warum in empirischen Untersuchungen dem Beruf neben der Familie immer wieder der höchste Wert beigemessen wird und warum er in den Lebensentwürfen und in dem Streben nach einem erfüllten Leben einen so hohen Stellenwert hat.

- Lebenssinn kann des weiteren im Engagement für die Gemeinschaft gesehen werden. Dies kann z.B. durch individuelle Hilfeleistung für andere, Beteiligung an der Bewältigung von Gemeinschaftsaufgaben, durch die Übernahme von ehrenamtlichen Aufgaben in gemeinschaftsdienlichen Organisationen und durch politisches Engagement geschehen. Das Gemeinschaftsengagement kann sich aber auch in der Berufswahl ausdrücken. Zu denken wäre z.B. an Berufe bei Feuerwehr, Polizei, in sozialen und erzieherischen Bereichen.

Damit die Individuen einerseits den Anforderungen der Dynamik moderner Gesellschaften gerecht werden können und anderseits Lebensentwürfe entwickeln und realisieren können, die der Komplexität und den Freiheitsräumen moderner Gesellschaften angemessen sind, bedarf es spezifischer gesellschaftlicher Bedingungen, die die Individuen erst in die Lage versetzen, entsprechend selbstverantwortlich zu handeln.

- Zunächst sind hierzu gesellschaftliche Sozialisationsverhältnisse notwendig, in denen die Individuen die Handlungsqualifikationen und Persönlichkeitsstrukturen erwerben können, die zu einer selbst- und gesellschaftsverantwortlichen Teilhabe am sozialen Leben befähigen.
- Ferner bedarf es gesellschaftlicher Freiräume für die individuelle Selbstentfaltung d.h. Institutionen und Normen, die diese Persönlichkeitsentfaltung ermöglichen, anerkennen, fördern oder zumindest nicht beschränken, es sei denn diese Beschränkungen können wieder mit der Sicherung des Selbstbestimmungsrechts anderer legitimiert werden.
- Eine weitere Bedingung sind demokratische Herrschaftsstrukturen bzw. ein demokratisches politisches System. Dies folgt aus den Autonomieansprüchen der Individuen und dem darin enthaltenen Anspruch der Indivi-

duen, ihre gesellschaftlichen Verhältnisse in autonomieermöglichendem, -fördemdem und -sicherndem Sinne mitzugestalten. So gesehen hat die Demokratie primär eine dienende, instrumentelle Funktion zur Gewährleistung autonomiesichernder gesellschaftlicher Verhältnisse.

Das Selbstbestimmungsrecht der Individuen ist die konstitutive Norm moderner Gesellschaften und das grundlegende Legitimationskriterium für die konstituierten, d.h. konkreteren, wandelbaren gesellschaftlichen Normen und Institutionensysteme. Im Mittelpunkt des Interesses steht deshalb das grundsätzliche und umfassende Verhältnis von Individuum und Gesellschaft und dessen autonomiefördernde und -sichernde Gestaltbarkeit bzw. Gestaltung und nicht der demokratische Staat, wie in den politikwissenschaftlich ausgerichteten Konzeptionen der politischen Bildung.

Um die gesellschaftlichen Handlungsräume für die Individualitätsentfaltung nutzen und an der Gestaltung der für die Selbstbestimmung und die Lebensentwürfe der Individuen besonders relevanten gesellschaftlichen Handlungsfelder teilhaben zu können, sind grundlegende Einsichten in deren Strukturen und Funktionen notwendig. Nach den vorangegangenen Ausführungen müssen die Individuen demnach Kenntnisse über die konstitutiven normativen Grundlagen moderner Gesellschaften, über autonomiefördernde Sozialisationsverhältnisse, über die Strukturen der für die Selbstverwirklichung besonders wichtigen Handlungsfelder und über die Möglichkeiten der Mitgestaltung gesellschaftlicher Verhältnisse im politischen System haben.

Erforderlich ist ferner ein grundlegendes gesellschaftstheoretisches Verständnis von gesellschaftlicher Entwicklung, um die historischen Bedingungen für die Herausbildung der modernen Gesellschaften des westlichen Kulturkreises, die unerbittlichen sozialen Auseinandersetzungen, Kriege und Revolutionen in diesem Prozess und die Bedeutung der normativen Basis moderner Gesellschaften angemessen einschätzen zu können. Vor dem Hintergrund dieser entwicklungstheoretischen und historischen Einsichten werden die Bedingungen und Möglichkeiten von Modernisierungsprozessen in Entwicklungsländern bzw. nachholenden Gesellschaften, die damit einhergehenden sozialen Umbrüche und z.T. fundamentalistischen Widerstände dagegen, aber auch die daraus für die modernen Gesellschaften resultierenden Probleme wie z.B. internationaler Terrorismus, Gefährdung wirtschaftlichen Wachstums durch regionale Kriege, Aufstände etc. und die Handlungs- und Einflussmöglichkeiten der entwickelten Gesellschaften besser verständlich.

Zur Realisierung von Lebensentwürfen und Interessen im sozialen Handeln und zur Mitgestaltung der Gesellschaft sind allerdings nicht nur Kenntnisse, sondern auch spezifische psychische Persönlichkeitsstrukturen erforderlich. Insbesondere bedarf es der Herausbildung einer postkonventionellen, prinzipiengeleiteten Moral und von allgemeinen Handlungsressourcen wie Rollendistanz, Ambiguitätstoleranz, Selbstvertrauen, Empathie und einer innengeleiteten Handlungssteuerung. Denn moderne Gesellschaften erfordern wegen ihres ständigen Wandels von den Subjekten die Fähigkeit, soziale Regeln immer wieder unter Effizienz- und Legitimitätsgesichtspunkten, speziell unter Gerechtigkeitsaspekten auf ihre Angemessenheit überprüfen und gegebenenfalls modifizieren oder ersetzen zu können. Auch müssen die Individuen in der Lage sein, einen Konsens über Situationsdefinitionen und über gerechte Lösungen für den Ausgleich von widerstreitenden oder konkurrierenden Interessen in immer wieder neuen Situationen herzustellen. Grundlegendes Legitimitäts- bzw. Gerechtigkeitskriterium sind dabei die Prinzipien der Freiheit und Gleichheit der Individuen, die es zu wahren oder stärken gilt. Erwartet wird von den Individuen, dass sie nicht nur die konkreten, konstituierten gesellschaftlichen Regeln als historisch gewordene und veränderbare verstehen, sondern dass sie auch die spezifischen gesellschaftlichen Konkretisierungen der internalisierten konstitutiven Freiheits- und Teilhaberechte auf ihre Angemessenheit angesichts wandelnder gesellschaftlicher Verhältnisse reflektieren können. Eine rigide Identifikation mit den konkreten gesellschaftlichen Normen würde dagegen sowohl einer Anpassung der Gesellschaft an neue Problemlagen wie auch einer Anpassung von Lebensentwürfen an gewandelte gesellschaftliche Verhältnisse im Weg stehen.

Derartige Identifikationen sind für konventionelle moralische Persönlichkeitsstrukturen charakteristisch, die in traditionalen Gesellschaften vorherrschen. Ein Wandel der gesellschaftlichen Normen wird dann als eine Infragestellung der Lebensentwürfe, des Lebenssinns und des Werts der Person verstanden. Verunsicherungen, Ängste, Aggressionen bis hin zum fundamentalistischen Kampf mit allen Mitteln gegen den sozialen Wandel, insbesondere gegen Modernisierungsprozesse sind bzw. können die Folge sein.

Charakteristisch für die postkonventionelle Moral ist, dass die internalisierten Freiheitsrechte der Individuen als unveräußerliche universale Menschenrechte allen Menschen zugesprochen werden und Verletzungen der Freiheits- bzw. Menschrechte anderer als Verletzungen der eigenen Freiheitsrechte verstanden werden, wie man an den Reaktionen auf den Anschlag auf das World Trade Center in New York gut ablesen kann. Die aus einer postkonventionellen Moral erwachsende Solidarität macht weder an den Grenzen von Familien noch von Nationen halt, sondern erstreckt sich auf alle Menschen. Sie erstreckt sich sogar auf Menschen, die die Universalität der Freiheitsrechte der Individuen bzw. die Menschenrechte ablehnen. Ein Beispiel dafür ist die Solidarität mit den von den Serben verfolgten Kosovoalbanern, die selbst die Freiheits- und Lebensrechte der Serben dort bestreiten, wo sie die Macht dazu haben. Die Herausbildung der individuellen Freiheitsrechte geht zwar mit der Auflösung traditionaler Gemeinschaften einher, ist deshalb aber nicht, wie häufig behauptet, gemeinschaftsauflösend, sondern sie stellt die Gemeinschaft auf eine neue, allgemeinere bzw. umfassendere normative Basis. Da die Grundnorm sich jetzt auf die ganze Menschheit bezieht, wirkt sie faktisch gemeinschaftsausweitend. Die vielen Aktionen, Bewegungen, und Organisationen internationaler humanitärer und politischer Solidarität sind ein Ausdruck für diese Entwicklung.

Zusammenfassend lässt sich sagen, moderne Gesellschaften erfordern die Heranbildung von Individuen, die das Selbstbestimmungsrecht der Individuen und damit die Freiheitsrechte der Menschen als obersten moralischen Wert internalisiert haben, die über autonomiefördernde und gemeinschaftsstärkende allgemeine Handlungsressourcen verfügen und die Kenntnisse, Fähigkeiten sowie Fertigkeiten haben, die es ihnen ermöglichen, am sozialen Leben im Privatbereich, im Beruf, in der Gesellschaft und der Öffentlichkeit teilzunehmen, über ihre Lebens(sinn)entwürfe zu reflektieren und sie befähigen, an der autonomiesichernden und – fördernden Anpassung der Institutionen an wandelnde Verhältnisse kompetent mitzuwirken.

An diesem Persönlichkeitsbild sind die Allgemeinbildung und der Unterricht, der das wechselseitige Bedingungsverhältnis moderner Gesellschaften und des Selbstbestimmungsrechts der Individuen und die gesellschaftliche Konstitution der Subjekte zum Gegenstand hat, auszurichten.

6. Aufgabe der allgemeinbildenden Schule

Der Beitrag der allgemeinbildenden Schule zur Persönlichkeitsbildung liegt primär darin, den Jugendlichen diejenigen Qualifikationen (Fähigkeiten, Fertigkeiten, Kenntnisse) systematisch zu vermitteln, die nicht oder nicht hinreichend in den alltäglichen Sozialisationsprozessen erworben werden können und die sie für die selbstverantwortliche Teilhabe am sozialen Leben und dessen Mitgestaltung zur Realisierung ihrer Lebensentwürfe benötigen. Dadurch soll ihnen ein möglichst breites Spektrum an Optionen für den Übergang in das Erwachsenenleben eröffnet werden.

Hierzu müssen den Schüler/innen neben den Kulturtechniken und sprachlichen Fähigkeiten grundlegende Kenntnisse über die physische Welt (naturwissenschaftliche Kenntnisse), über die soziale Welt (sozialwissenschaftliche Kenntnisse) und über religiöse, ethische und ästhetische Formen der Auseinandersetzung mit der Welt und dem Leben (geisteswissenschaftliche Kenntnisse) und entsprechende methodische Fähigkeiten und Fertigkeiten zur autonomen Auseinandersetzung mit der Welt erwerben.

Lebenssinn darf und kann die Schule nicht vermitteln. Diese Aufgabe liegt in der alleinigen Verantwortung der Individuen. Wohl aber hat die Schule die persönlichen Voraussetzungen für die Entwicklung und Reflexion von Lebenssinn und Lebensentwürfen zu stärken und die Handlungsoptionen für deren Realisierung zu erweitern.

Hinsichtlich der Entwicklung der für die Persönlichkeitsentfaltung (Identitätsbildung) und der für moderne Gesellschaften notwendigen moralischen

Persönlichkeitsstrukturen und allgemeinen Handlungsressourcen hat die Schule eine eher unterstützende Funktion, da diese Strukturen und Qualifikationen primär in außerschulischen Sozialisationsprozessen, insbesondere in der Familie gebildet werden. Indem die schulischen Interaktions- und Kommunikationsformen sich aber an dem Respekt vor der Person des anderen, an dessen Selbstverantwortung und an Freiheits- und Gleichheitsprinzipien ausrichten und ein entsprechendes Verhalten von allen Beteiligten einfordern und bestärken, nimmt die Schule auch entsprechende Erziehungsfunktionen mit wahr.

7. Integratives Unterrichtsfach „Individuum und Gesellschaft" (bzw. Sozialkunde, Gemeinschaftskunde, „Gesellschaft, Wirtschaft, Politik" o.ä.)

Aus der skizzierten sozialwissenschaftlichen Bildungs- und Allgemeinbildungstheorie folgt, dass in der Schule grundlegende Einsichten in die soziale Welt, d.h. ein angemessenes Verständnis von dem wechselseitigen Bedingungsverhältnis der Entwicklung moderner Gesellschaften und dem Selbstbestimmungsrecht der Individuen bzw. der gesellschaftlichen Konstitution von Individualität und deren Funktion für die Dynamik und Stabilität moderner Gesellschaften zu vermitteln ist. Hierzu bedarf es eines entsprechend umfassenden sozialwissenschaftlichen Unterrichtsfachs.

7.1 Inhaltliche Schwerpunkte

Sieht man von den gesellschaftlichen Sachverhalten ab, die allgemein in den Fächern Geschichte und Geografie, aber auch in anderen Fächern behandelt werden, dann sind die inhaltlichen Schwerpunkte dieses Unterrichtsfaches nach den vorangegangenen Ausführungen:

– normative Grundlagen moderner Gesellschaften: Selbstbestimmungsrecht der Individuen und Menschenrechte als universale Werte, Probleme ihrer gesellschaftlichen Spezifizierung und ihres Verhältnisses zueinander
– gesellschaftliche Konstitution von Individualität: Vergesellschaftung und Individualisierung im Sozialisationsprozess, Bedingungen und Gefährdungen gelungener Sozialisation und gesellschaftspolitische Implikationen
– Arbeit, Wirtschaft und sozialer Sicherung: Bedeutung ihrer Struktur- und Funktionszusammenhänge für Persönlichkeitsentfaltung; gesellschaftliche Gestaltungsmöglichkeiten, Ordnungs-, Wirtschafts- und Sozialpolitik (Gegenstand der wirtschaftlichen Bildung)

– Funktion von Staat und Demokratie für die Sicherung und Förderung von
individuellem Selbstbestimmungsrecht und Persönlichkeitsentfaltung
(Gegenstand der politischen Bildung)

Aufgrund der zunehmenden internationalen Verflechtungen, der Abhängigkeit der nationalen Lebensbedingungen von den internationalen Entwicklungen und Konflikten, aber auch wegen des Universalitätsanspruchs der individuellen Freiheits- und Menschenrechte und des internationalen Engagements
für sie (vgl. auch Kapitel 5) sind die hierfür besonders relevanten internationalen Entwicklungen als weiterer inhaltlicher Schwerpunkt hinzuzufügen:

– Voraussetzungen und Folgen gesellschaftlicher Modernisierungsprozesse
in Entwicklungsgesellschaften; Auswirkungen auf moderne Gesellschaften und deren Handlungsmöglichkeiten bzw. -verpflichtungen

Die wirtschaftliche und die politische Bildung beziehen sich demnach jeweils
nur auf Teilbereiche des Unterrichtsfachs.

Zur unterrichtlichen Behandlung und Reflexion dieser grundlegenden
empirischen gesellschaftlichen Zusammenhänge sind die theoretischen und
empirischen Erkenntnisse der dafür (besonders) relevanten Wissenschaftsdisziplinen heranzuziehen. Für ein angemessenes Verständnis der gesellschaftlichen Grundlagen der Persönlichkeitsentwicklung sind diese in ihrer Komplexität zu behandeln und ist deshalb ein interdisziplinärer und nicht ein an einer
Einzelwissenschaft oder ein an einer Addition von Einzelwissenschaften aus-
gerichteter Unterricht erforderlich. Die Auswahl der einzelnen Wissenschaften, deren theoretischer Erklärungsansätze und empirischer Forschungser-
gebnisse wird von den bildungstheoretisch begründeten Unterrichtsinhalten
und der bildungstheoretisch begründeten Fragestellung, unter der sie zu behandeln sind, bestimmt. Durch sie werden die Beiträge der einzelnen Wissenschaftsdisziplinen integriert. In diesem Sinne sind sowohl die einzelnen inhaltlichen Schwerpunkte wie auch das Unterrichtsfach als Ganzes integrativ
zu unterrichten. Der interdisziplinäre, integrative Charakter des Unterrichts
tritt noch deutlicher hervor, wenn die Unterrichtsthemen schwerpunktüber-
greifend konzipiert werden.

Die interdisziplinäre Behandlung auch des Schwerpunkts „Arbeit, Wirtschaft und soziale Sicherung" legt es nahe, die darauf bezogene Bildung als
sozioökonomische (Kahsnitz 1996, 2001) zu bezeichnen, da der Begriff ökonomische Bildung i.d.R. mit einer nur wirtschaftswissenschaftlichen, d.h.
monodisziplinären Behandlung der Wirtschaft identifiziert wird.

Eine wirkungsvolle und effiziente Erarbeitung der komplexen Unterrichtsinhalte schließt Phasen fachwissenschaftlicher Lehrgänge keineswegs
aus, wird sie sogar erforderlich machen. Jedoch sind die Inhalte dieser Lehrgänge weiterhin durch die zu behandelnden gesellschaftlichen Zusammenhänge begründet und haben sie sich an deren Analyse zu bewähren. Daraus

folgt auch, dass die Behandlung der komplexen gesellschaftlichen Lebensbereiche und die fachwissenschaftlichen Lehrgänge in der Hand derselben Lehrkraft liegen müssen.

Wegen der Komplexität der gesellschaftlichen Zusammenhänge und ihrer Dynamik können diese im Unterricht stets nur exemplarisch behandelt werden. Um so wichtiger ist es, dass die Schüler/innen mit den theoretischen Erklärungsansätzen der herangezogenen wissenschaftlichen Disziplinen in Grundzügen vertraut gemacht werden, um sie in die Lage zu versetzen, andere als die im Unterricht behandelten Zusammenhänge sowie zukünftige Entwicklungen selbstständig zu verstehen bzw. zu interpretieren. Dazu müssen sie auch die Voraussetzungen und Reichweiten der verschiedenen, zum Teil konkurrierenden Erklärungsansätze kennen lernen. Das heißt, die Schüler/innen müssen tendenziell einen wissenschaftlichen, einen Forschungshabitus erwerben, um sich selbständig ein Verständnis der sozialen Welt erarbeiten zu können. Gelingen kann dies nur, wenn die Lehrkräfte ebenfalls einen entsprechenden wissenschaftlichen Habitus in ihrem Studium erworben haben.

Schwerpunktmäßig wird der Unterricht auf grundlegende Erkenntnisse der Soziologie (einschließlich Sozialpsychologie), Politologie, Betriebs- und Volkswirtschaftlehre sowie des Wirtschaftsrechts zurückgreifen:

– Die Soziologie hat mit dem Interdependenzverhältnis der Entwicklung moderner Gesellschaften und universaler Werte, mit der gesellschaftlichen Konstitution der Subjekte, der Funktion der Individuen für Dynamik und Stabilität moderner Gesellschaften und mit der selbstbewusstsein- und identitätsstiftenden Funktion von Lebensbereichen wie Familie, Arbeit, Wirtschaft und der (politischen) Gemeinschaft sowie deren gesellschaftlicher Strukturierung grundlegende Zusammenhänge des Verhältnisses von Individuum und Gesellschaft zum Forschungsgegenstand, die auch im Zentrum des Unterrichtfachs stehen.
– Die Wirtschaftswissenschaften (Betriebs- und Volkswirtschaftslehre) und das Wirtschaftsrecht sind zusätzlich insbesondere für das Verständnis des Inhaltsbereiches Arbeit, Wirtschaft und soziale Sicherung unerlässlich.
– Die Politologie und die politische Soziologie sind für die Behandlung der Staatsfunktionen und der demokratischen Institutionen von besonderer Bedeutung.

In der Terminologie der Bildungspolitik wird dieses umfassende Unterrichtsfach allgemein als Sozialkunde bzw. Gemeinschaftskunde bezeichnet. Diese altbackene Fachbezeichnung suggeriert einen abgeschlossenen und deshalb verkündbaren Wissens- und Einsichtenfundus. Sie wird weder der Komplexität und Dynamik der gesellschaftlichen Verhältnisse, insbesondere deren kontroverser Bewertung, noch dem Bildungsziel, einen Forschungshabitus zu vermitteln, gerecht. Präferiert wird hier deshalb die Fachbezeichnung „Individuum und Gesellschaft". Gegenüber den überkommenen, aber auch neueren Fachbezeichnungen wie z.B. „Politik und Wirtschaft", „Gesellschaft, Wirtschaft, Politik", „Sozialwissenschaften" etc. (vgl. Himmelmann 2003) hat sie den Vorteil, dass sie die zentralen Inhalte und vor allem die leitende Fragestellung des Fachs besser zum Ausdruck bringt.

7.2 Das Verhältnis des wirtschaftlichen zu dem politischen Schwerpunkt

Hinsichtlich der Frage nach der Möglichkeit oder Notwendigkeit einer Integration von wirtschaftlicher und politischer Bildung folgt aus dem Bisherigen, dass Arbeit, Wirtschaft und soziale Sicherung einerseits und der Staat sowie das demokratische Herrschaftssystem andererseits zwei von den fünf Inhaltskomplexen des umfassenden Unterrichtsfachs „Individuum und Gesellschaft" darstellen, die sich auf unterschiedliche gesellschaftliche Funktionsbereiche beziehen. Insofern kann die wirtschaftliche Bildung nicht Teil der politischen Bildung sein und in diese integriert werden. Daran ändert auch die Tatsache nichts, dass der Staat mit seiner Ordnungs-, Wirtschafts- und Sozialpolitik in das wirtschaftliche Geschehen gestaltend eingreift:
    Zunächst gilt es klar zu unterscheiden zwischen den demokratischen Institutionen (Polity-Ebene), mittels der die Individuen über ihre gesellschaftlichen Lebensverhältnisse mitentscheiden, den politischen Prozessen (Politics-Ebene), die zu den staatlichen Entscheidungen und Eingriffen in die Lebensbereiche (Policy-Ebene) führen, und diesen Lebensbereichen (z.B. Familie, Schule, Wirtschaft) selbst. Diese Lebensbereiche sind nicht der eigentliche Gegenstand der Politikwissenschaften und der politischen Bildung. Zu ihrer Analyse bedarf es primär anderer wissenschaftlicher Erklärungsansätze: für Familie und Schule z.B. soziologischer, sozialpsychologischer und pädagogischer, für die Wirtschaft zusätzlich wirtschaftswissenschaftlicher und wirtschaftsrechtlicher. Zwar kann ein angemessenes Verständnis z.B. des empirischen Wirtschafts-, Beschäftigungs-, Sozial- und beruflichen Bildungssystems nur vermittelt werden, wenn im Unterricht auch die dafür relevanten staatlichen Rahmenbedingungen und Interventionen mit einbezogen werden, doch wird dadurch die Wirtschaft bzw. das Wirtschaftssystem nicht Teil des Staates bzw. des politischen Systems.
    Bezüglich der Zuordnung z.B. der Wirtschafts- und Sozialpolitik zu den inhaltlichen Schwerpunkten des Unterrichtsfachs ist zu bedenken, dass deren Wirkungen nur verstanden und beurteilt werden können, wenn man über die dafür notwendigen Kenntnisse der Struktur- und Funktionszusammenhänge der Wirtschaft und über die dafür notwendigen wirtschaftswissenschaftlichen Kompetenzen verfügt. Daraus folgt zwingend, dass die staatliche Ordnungs-, Wirtschafts- und Sozialpolitik (Policy-Ebene) sinnvollerweise nur im Zusammenhang mit und als Teil des inhaltlichen Schwerpunkts „Arbeit, Wirt-

schaft und soziale Sicherung" der Unterrichtfachs „Individuum und Gesellschaft" behandelt werden kann. In den Wirtschaftsunterricht gehört demnach auch die Analyse der Möglichkeiten z.b. durch wirtschafts- und sozialpolitische Maßnahmen die gesellschaftlichen Bedingungen für die Sicherung und Stärkung der Persönlichkeitsentfaltung in und durch das Wirtschaftssystem zu verbessern, die Analyse konkurrierender wirtschafts- und sozialpolitischer Programme und der tatsächlichen Wirtschafts- und Sozialpolitik im Hinblick auf die ihnen zu Grunde liegende Wertvorstellungen, Interessenlagen und Machtstrukturen sowie ihres Einflusses auf das wirtschaftliche Handeln der betroffenen Akteure und dessen Auswirkungen.

Generalisierend heißt dies, dass die politischen Entscheidungen (Policy-Ebene), die sich auf die im Unterricht zu behandelnden grundlegenden Lebensbereiche beziehen, nur in Verbindung mit diesen und nicht losgelöst davon im Rahmen einer politischen Bildung behandelt werden können.

Mit dieser Zuordnung der Unterrichtsinhalte wird den Bedenken derjenigen Vertreter der politischen Bildung Rechnung getragen, die eine umfassende Thematisierung des Bedingungsverhältnisses von Individuum und Gesellschaft im Rahmen der politischen Bildung ablehnen, weil dieses zu einer Ausuferung der wissenschaftlichen Bezugsdisziplinen der politischen Bildung und zu eine Überforderung ihrer politikwissenschaftlichen Kompetenzen führen würde. Rechnung getragen wird ferner der Argumentation von Vertretern der ökonomischen Bildung, dass die unterrichtliche Behandlung der Wirtschafts- und Sozialpolitik ohne eine entsprechende wirtschaftswissenschaftliche Kompetenz nicht möglich sei und deshalb in den Bereich der wirtschaftlichen Bildung gehöre.

7.3 Bildungsfunktion der Behandlung empirischer gesellschaftlicher Zusammenhänge am Beispiel des inhaltlichen Schwerpunkts „Arbeit, Wirtschaft und soziale Sicherung"

Der Unterricht soll den Jugendlichen grundlegende Einsichten in die gesellschaftlichen Verhältnisse vermitteln, in die sie hineinwachsen. Er soll ihre Fähigkeiten stärken, unter Einbeziehung dieser Einsichten ihre Lebensentwürfe zu reflektieren und realisieren sowie sie befähigen, ihre gesellschaftlichen Lebensbedingungen gemäß eigenen Wertvorstellungen und Interessen und in gesellschaftlicher Verantwortung, d.h. orientiert an dem Selbstbestimmungsrecht und den Entfaltungsansprüchen aller Individuen, mitzugestalten.

Gegenstand des Unterrichts sind die realen, empirischen, „wirklichen" (Klafki) gesellschaftlichen Lebenszusammenhänge und nicht die von konkreten historischen Ausdrucksformen absehenden abstrakten wissenschaftlichen Erklärungsansätze, die jedoch für das Verständnis der empirischen gesellschaftlichen Strukturen und Prozesse notwendig sind.

Unterrichtsgegenstand ist deshalb z.B. das empirische Wirtschafts-, Beschäftigungs- und Sozialsystem Deutschlands mit seinen supranationalen und internationalen Einbindungen, dessen Funktionsweise, dessen Bedeutung für die Individuen in Deutschland und die darauf bezogenen Handlungs- und Mitgestaltungsmöglichkeiten der Subjekte, und nicht die Betriebs- und Volkswirtschaftslehre.

Die Akteure in diesen – wie auch anderen – Subsystemen verbinden mit ihrem Handeln in der Regel sehr vielfältige Zielvorstellungen, die z.T. miteinander vereinbar sind, z.T. miteinander konkurrieren und einander widersprechen. Die bestehenden Wirtschafts- und Sozialordnungen setzen den Rahmen und bestimmen die Chancenstruktur dafür, welche Ziele und Interessen in welchem Maße und zu Lasten welcher anderer Ziele und Interessen erfolgreich(er) verfolgt werden können. Dementsprechend sind die diesbezüglichen politischen Entscheidungen häufig sehr umstritten und auch als Ausdruck der vorherrschenden gesellschaftlichen Wertvorstellungen, Interessen- und Machtstrukturen und sozialen Deutungsmuster anzusehen. Wirtschafts-, Beschäftigungs- und Sozialsystem sind deswegen nur als gesellschaftlich gestaltete und gestaltbare gesellschaftliche Teilsysteme verstehbar und dementsprechend im Unterricht zu thematisieren und interdisziplinär zu behandeln.

Von historischen und gesellschaftlichen Besonderheiten absehende, für alle (entwickelte) Marktwirtschaften Gültigkeit beanspruchende betriebs- und volkswirtschaftliche Einsichten sind zwar notwendig für das Verständnis konkreter wirtschaftlicher Zusammenhänge, doch bleibt das Wirtschafts-, Beschäftigungs- und Sozialsystem Deutschlands mit seinen spezifischen, nur aus der historischen Entwicklung verständlichen Ausprägungen der eigentliche Unterrichtsgegenstand.

Auch kann sich die Analyse der bestehenden Ordnungen, Reformvorschläge und Reformen nicht auf die ökonomischen Ziele und Indikatoren der Wirtschaftswissenschaften beschränken. Vielmehr ist sie auf die tatsächlichen, vielfältigen Wertvorstellungen und Interessen der betroffenen Akteure (Individuen und Organisationen) zu beziehen und sind die sich daraus ergebenden Probleme und Konflikte zu behandeln. Ein Beispiel soll dies verdeutlichen:

Bei Arbeitgebern und Volkswirten besteht weitgehend Übereinstimmung darin, dass durch Einführung eines Niedriglohnsektors die Ausgaben der sozialen Sicherungssysteme reduziert, die betrieblichen Lohnnebenkosten gesenkt, die Wettbewerbsfähigkeit von Unternehmen gestärkt, Arbeitslosigkeit abgebaut etc. werden können. Jedoch ist der Widerstand der davon für sich Nachteile befürchtenden Arbeitslosen, Beschäftigten, Gewerkschaften, aber auch innerhalb der gegenwärtigen Regierungsparteien erheblich. Bei einer unterrichtlichen Behandlung des Niedriglohnsektors wären deshalb zu thematisieren:

– das Verhältnis von Niedriglöhnen zu Tariflöhnen, die möglichen Auswirkungen von Niedriglöhnen auf die Lohnstrukturen in den Betrieben, auf die Einkommenslage der Betroffenen, auf Gewerkschaften und deren tarifpolitische Reaktionen, auf das Sozialsystem, auf die Beschäftigungspolitik von Betrieben, auf Beschäftigung und Wachstum etc.
– die Zumutbarkeit von Niedriglohnarbeiten unter dem Gesichtspunkt der Qualifikationsanforderungen der Arbeitsplätze, der Arbeitsbedingungen, der Qualifikation der Beschäftigten, der zeitlichen und örtlichen Lage der Arbeit (Flexibilitäts- und Mobilitätszumutungen) etc.
– Ansprüche des Einzelnen an die gesellschaftliche Solidarität, Ansprüche der Gesellschaft an die Eigenverantwortung des einzelnen und deren jeweilige Legitimität
– Bedingungen, unter denen Wiederstände gegen Niedriglöhne reduziert werden bzw. politisch durchsetzbar sein könnten, wenn sie befürwortet werden

Diskutiert werden im Unterricht somit nicht nur die ökonomischen Zusammenhänge, sondern auch die Wertvorstellungen, Interessenlagen, Handlungsmöglichkeiten und Machtpotenziale der betroffenen Akteure (Individuen, Organisationen) und deren Legitimität.

Am Beispiel dieser wirtschafts- und sozialpolitischen Maßnahme würde somit das grundsätzliche Verhältnis von Individuum und Gesellschaft, das Verhältnis von individueller Selbstverantwortung, gesellschaftlicher Bedingtheit individueller Lebenslagen und gesellschaftlicher Verantwortung, das gesellschaftliche Wertesystem und gesellschaftliche Interessen- und Machtstrukturen thematisiert.

Erst auf diese Weise wird der Wirtschaftsunterricht im eigentlichen Sinne zu einem allgemeinenbildenden: Indem die Heranwachsenden wichtige ökonomische und gesellschaftliche Zusammenhänge kennen lernen, sich gesellschaftlicher Werte bewusst werden und lernen, diese zu reflektieren, werden gleichermaßen ihre Fähigkeiten für eine selbstbestimmte Lebensführung und für die Mitgestaltung der Gesellschaft gestärkt, ihre soziale Integration gefördert sowie die normativen Grundlagen moderner Gesellschaften gestärkt.

Auch aus diesem Grund – neben dem der Interdisziplinarität – wird vorgeschlagen, diesen Teilbereich der Allgemeinbildung bzw. des Unterrichtsfachs „Individuum und Gesellschaft" (Sozialkunde) als *sozioökonomische* Bildung zu bezeichnen. Denn der Begriff ökonomische Bildung verführt gewollt oder nicht gewollt immer wieder zu dem Fehlschluss, das Ziel des Unterrichts beschränke sich auf die Vermittlung volkswirtschaftlicher Grundkenntnisse (vgl. auch Kapitel 2.3).

7.4 Konkretisierung der inhaltlichen Schwerpunkte und der leitenden Fragestellung

Die bildungstheoretisch begründeten Inhaltsbereiche sollen unter der Frage-stellung ihrer Relevanz für die Autonomie und die Persönlichkeitsentfaltung der Individuen behandelt werden. Welche Konsequenzen diese Zielsetzung für die einzelnen inhaltlichen Schwerpunkte hat, gilt es in Grundzügen weiter auszuführen. Die weitere Spezifizierung der Unterrichtsinhalte verdeutlicht, dass den jeweils leitenden Fragestellungen des Unterrichts und damit den Bildungszielen nur ein im Kern interdisziplinärer, integrativer Unterricht ge-recht werden kann und sich eine Aufspaltung der Unterrichtsinhalte auf einen nach fachwissenschaftlichen Disziplinen strukturierten Unterricht verbietet, da dabei die leitenden Fragestellungen und die Bildungsziele aus dem Blick geraten. Wenn die Behandlung des Schwerpunkts Arbeit, Wirtschaft und so-ziale Sicherung z.B. an dessen Bedeutung für die Persönlichkeitsentfaltung der Individuen und deren Autonomieansprüchen ausgerichtet wird, dann kann sie nur als interdisziplinäre und integrierte soziökonomische Bildung konzipiert werden.

7.4.1 Normative Grundlagen moderner Gesellschaften (Freiheits- und Teilhaberechte)

Historisch stand zunächst der Kampf um die Freiheitsrechte der Individuen gegenüber staatlicher bzw. Herrscherwillkür und um demokratische Herr-schaftsformen im Vordergrund. Auch wenn die Freiheitsrechte in allen de-mokratischen Gesellschaften rechtlich fest verankert sind und i.d.R. als selbstverständlich und unproblematisch in Anspruch genommen werden, müssen sie doch als normative Grundlagen moderner Gesellschaften und als fundamentale, konstitutive Legitimationsbasis konkreterer gesellschaftlicher Institutionen bewusst gemacht werden. Tatsächlich ist ihre Interpretation und das Verhältnis der einzelnen Freiheitsrechte zueinander häufig sehr umstrit-ten. Wesentliche Fragestellungen des Unterrichts sind demnach:

- Wie weit dürfen individuelle Freiheitsrechte zugunsten von Sicherheit und Ordnung, zur Abwehr z.B. von Verbrechen und Terrorgefahren, d.h. zum Schutze eben dieser Freiheiten eingeschränkt werden? Stichworte zu dieser Problematik sind u.a. Überwachungsstaat, Einschränkung der Rechte von Verdächtigen, Folter zur Gefahrenabwehr.
- Wie ist das Grundrecht der Pressefreiheit gegen das Recht auf Wahrung der Privatsphäre abzugrenzen?
- Wie weit geht das Recht auf Selbstbestimmung? Umfasst es auch den Verkauf eigener Organe, die Selbsttötung und Tötung auf Verlangen, z.B. aktive Sterbehilfe?

– Wann beginnt das zu schützende Leben, mit der Befruchtung oder später? Wenn überhaupt, unter welchen Bedingungen darf dieses Schutzrecht eingeschränkt werden? Wie verhält sich der Schutz des ungeborenen Lebens zu dem Selbstbestimmungsrecht der Frau? Dürfen oder sollen Grundsatzentscheidungen gelockert werden, wenn dadurch wesentliche Vorteile erzielt werden können, z.B. durch Experimente mit befruchteten Eiern lebensrettende Medikamente entwickelt werden können? Sind Beschäftigungs- und Wachstumseffekte durch die Biotechnologie auch ein hinreichender Grund für die Lockerung der Schranken? Darf in die gesetzliche Bestimmung des Todeszeitpunkts das Interesse an lebensrettenden Organentnahmen eingehen?

– Wird es von dem Recht auf freie Religionsausübung gedeckt, wenn Eltern aus religiösen Gründen für Ihre Kinder lebensrettende ärztliche Behandlungen oder Operationen ablehnen?

– Wenn Eltern mit traditionalen Wertvorstellungen das Selbstbestimmungsrecht ihrer Kinder, insbesondere das ihrer Töchter unterdrücken, hat dann das Erziehungsrecht der Eltern Vorrang oder muss der Staat die Selbstbestimmungsrechte der Kinder schützen, wenn er es denn kann?

Die individuellen Freiheitsrechte sind in der Charta der Menschenrechte um soziale Teilhaberechte wie Recht auf Arbeit, Schutz gegen Arbeitslosigkeit, gerechte und günstige Entlohnung, die dem einzelnen und seiner Familie eine menschenwürdige Existenz sichert, ergänzt worden, deren Realisierung aber an die Ressourcen der jeweiligen Länder rückgebunden ist (Artikel 22ff.). Was ist von derartigen Teilhaberechten zu halten? Welche Ansprüche und Verpflichtungen ergeben sich daraus für den einzelnen und die Gesellschaft? Wie ist angesichts dieser Teilhaberechte eine Marktwirtschaft zu beurteilen, die aus strukturellen Gründen immer auch Arbeitsplätze freisetzt, Arbeitsqualifikationen entwertet und einen Zustand der Vollbeschäftigung nicht garantieren kann (vgl. auch Kap. 7.4.3)?

Derartige Fragen und Probleme bedürfen gesellschaftlicher Regelungen, die nicht selten heftig umstritten sind. Die Analyse diesbezüglicher staatlicher Regelungen (policies) und richterlicher Entscheidungen sowie die Analyse der ihnen zugrundeliegenden Wertvorstellungen und Interessen ist ein wesentlicher Teil dieses inhaltlichen Schwerpunkts.

7.4.2 Gesellschaftliche Konstitution von Individualität

Der Unterricht zu diesem Themenkomplex soll zu der grundlegenden Einsicht führen, dass die kognitiven, emotionalen und normativen Persönlichkeitsstrukturen und die allgemeinen Handlungsressourcen der Individuen jenseits unterschiedlicher biologischer Ausstattungen in sozialisatorischen Interaktionen herangebildet werden. Vermittelt über milieuspezifische familiale

Interaktionsstrukturen, Wertesysteme und Erziehungsstile erlernen und übernehmen die Heranwachsenden in jeweils individueller Weise das gesellschaftliche Wertesystem und gesellschaftliche Deutungsmuster, werden ihre
Bedürfnisse geformt, entwickeln sie ihre kognitiven Fähigkeiten und hand-
lungsleitenden Moralvorstellungen etc. Insbesondere in Abhängigkeit von
den familialen Interaktionsstrukturen werden grundlegende Fähigkeiten zur
Wahrnehmung der Selbstbestimmungsrechte gefördert oder behindert.

Die Adoleszenz stellt strukturell eine neue große Herausforderung für die
Autonomieentwicklung dar. Die Jugendlichen lösen sich emotional von den
Eltern, müssen ihr Verhältnis zum anderen Geschlecht klären, erste Entscheidungen über ihre Lebensziele und ihren Lebenslauf, z.B. über ihre weitere
allgemeine und berufliche Bildung, treffen, die sie in eigener Verantwortung
zu realisieren haben. Persönlichkeitsstrukturelle Defizite infolge ungünstiger
familialer Sozialisationsbedingungen können eine angemessene Bewältigung
der Adoleszenzprobleme erheblich erschweren oder die Jugendlichen daran
scheitern lassen. Ausdruck hiervon können sein: Drogenkonsum, Depressio-
nen bis hin zum Suizid, Angst vor Unbekanntem bzw. Fremden, Gewalttätig-
keit, Anschluss an Jugendsekten, autoritäre oder gewalttätige Gruppen etc.
Ein wichtiger Unterrichtsgegenstand ist auch die Funktion von peer-groups
(Cliquen) für die Persönlichkeitsentwicklung in dieser Lebensphase.

Eine wesentliche Frage in diesem Zusammenhang ist, ob ungünstige Sozialisationsbedingungen als Schicksal hinzunehmen sind und die Individuen
und die Gesellschaft (bei mangelnder sozialer Integration der Individuen) die
Folgen zu tragen haben oder ob die Heranwachsenden einen Anspruch auf
Sozialisationsbedingungen haben, die es ihnen ermöglichen, die erforderlichen Persönlichkeitsstrukturen zu entwickeln und ob die Gesellschaft eine
Verantwortung hierfür hat. Soll und wie kann z.B. durch Familien- und Sozialpolitik auf die familialen Sozialisationsbedingungen Einfluss genommen
werden? Darf oder muss der Staat das Erziehungsrecht der Eltern beschrän-
ken, z.B. bei Verwahrlosung oder Gewalt in der Familie? Wie können im
Kindergarten und in der Schule sozialisatorische Defizite behoben werden?
Wie sind vorschulische Einrichtungen und Schulen zu gestalten, damit alle
Individuen eine möglichst weitgehende Förderung erlangen? Wie sind die auf
diese Aufgaben bezogenen staatlichen Politiken zu beurteilen?

Hinsichtlich von sozialisatorisch bedingten persönlichkeitsstrukturellen
Defiziten stellt sich auch die immer wieder gesellschaftlich umstrittene Frage
nach der persönlichen Verantwortlichkeit, der Schuldfähigkeit der Individu-
en, wenn sie z.B. straffällig werden. Inwieweit soll das beim Strafmaß berücksichtigt werden, inwieweit sollen Resozialisationsmaßnahmen im Vordergrund stehen.

Ein weiteres Problem moderner Gesellschaften stellen Familien mit einem Migrationshintergrund dar, sofern sie ihren Kindern ein antimodernes,
traditionales, häufig patriarchalisches Wertesystem vermitteln, in dem die

Gleichheit und das Selbstbestimmungsrecht aller Individuen als oberster Norm geleugnet und bekämpft wird. Dürfen oder müssen moderne Gesellschaften ihr konstitutives Wertesystem dagegen durchsetzen und wie könnten sie das? Dürfen oder müssen sie zumindest im öffentlichen Bereich auf die Einhaltung der Gleichheits- und Selbstbestimmungsrechte der Individuen bestehen und z.B. in öffentlichen Schulen das Tragen von Kopftüchern verbieten, sofern sie als ein Ausdruck minderer Recht von Frauen gelten? Kann und muss die moderne Gesellschaft, der moderne Staat denjenigen, die sich traditionalen familialen Freiheitsbeschränkungen zu entziehen versuchen, erheblich mehr Schutz anbieten?

Durch die Thematisierung der gesellschaftlichen Konstitution der Persönlichkeitsstrukturen, von strukturellen Sozialisations- und Individuierungsproblemen kann die Schule bei aller Respektierung der Privatsphäre der Schüler/innen zu einem größeren gegenseitigen Verständnis, zu einer differenzierteren Wahrnehmung von Individuierungsproblemen sowie Problemen der sozialen Integration und zu reflektierteren Lösungen beitragen. Einen wesentlichen Beitrag hierzu kann auch die Behandlung von literarischen Formen der Auseinandersetzung mit Identitätsproblemen und Persönlichkeitsentwicklungen im Sprachunterricht leisten.

7.4.3 Arbeit, Wirtschaft und soziale Sicherung

Bezugspunkt der sozioökonomischen Bildung ist die Bedeutung der Erwerbsarbeit und der Wirtschaft für die Individuen und ihre Persönlichkeitsentwicklung (u.a. materielle und soziale Autonomie, Selbstverwirklichung, Selbstbewusstsein, soziale Anerkennung und Integration). Beurteilungskriterien für diesen gesellschaftlichen Teilbereich sind demnach auch die auf Arbeit, Wirtschaft und soziale Sicherung bezogenen Wert- und Gerechtigkeitsvorstellungen, Interessen und Anspruchniveaus der Individuen.

Wie können diese Erwartungen und Ansprüche in einem marktwirtschaftlichen System realisiert werden, das durch immense Produktivitätssteigerungen und Wachstum in der Vergangenheit den individuellen und gesellschaftlichen Wohlstand und damit die materiellen Grundlagen für die Persönlichkeitsentwicklung erheblich verbessert hat (u.a. bei Bildung, Entlohnung, Arbeitszeit, Arbeitsbedingungen etc.), das aber auch aus strukturellen Gründen Unternehmen eliminiert, die im Wettbewerb nicht erfolgreich sind, unproduktive Arbeitsplätze abbaut und Arbeitsqualifikationen entwertet. Zwar entstehen in diesem Prozess i.d.R. auch neue Arbeitsplätze, nicht unbedingt aber in den Regionen, in denen die anderen abgebaut werden, und nicht immer in ausreichender Anzahl. Außerdem können die neuen Arbeitsplätze Qualifikationen erfordern, über die die freigesetzten Arbeitskräfte nicht verfügen. Liegt es in der Verantwortung des einzelnen, derartige Probleme zu bewältigen, z.B. durch Aus- und Weiterbildung, Mobilität und Flexibilität und Vorsorge? Hat er Anspruch auf gesellschaftliche Bedingungen, die ihm die Wahrnehmung dieser Verantwortung erleichtern oder ermöglichen und auf Solidarität von den Nutznießern dieser Entwicklungen bzw. von der Gesellschaft, z.B. bei Arbeitslosigkeit? Können die Probleme z.B. durch beschäftigungs-, wachstums- und strukturpolitische Maßnahmen reduziert werden (vgl. hierzu auch das Beispiel in Kap. 7.3)? Welche Rolle kommt ferner dem einzelnen, Verbänden und dem Staat zur Sicherung der Konsumentensouveränität, einer wesentlichen Legitimation der Marktwirtschaft, zu?

Zu behandeln sind solche Fragen unter Bezugnahme auf drei epochale Problemfelder:

– Durch die Überalterung der Bevölkerung wird der Bedarf an Sozialleistungen erheblich ansteigen. Die Belastungen daraus können nur in dem Maße reduziert werden, indem allen Arbeitsfähigen und -willigen ein Arbeitsplatz angeboten werden kann, um das Arbeitsvolumen zu erhöhen, und indem die Arbeitsproduktivität gesteigert wird.
– Die Realisierung dieser Zielsetzung wird durch den weiterhin wachsenden internationalen Wettbewerb (Stichwort Globalisierung) erheblich erschwert – mit Folgen für die verbleibenden Arbeitsplätze, Arbeitsanforderungen und die Bezahlung, insbesondere der weniger produktiven Tätigkeiten.
– Zur Erhaltung der natürlichen Lebensbedingungen für die Menschen und zur Erhaltung der Bedingungen für ein zukünftiges Wirtschaften (nachhaltiges Wachstum) muss der Verbrauch nicht erneuerbarer Ressourcen und die Umweltbelastung begrenzt werden.

Vor dem Hintergrund dieser Frage- und Problemstellungen können als Inhaltsbereiche der sozioökonomischen Bildung stichwortartig genannt werden:

– Funktion des beruflichen Aus- und Weiterbildungswesens, von Berufs- und Erwerbschancen für Persönlichkeitsbildung
– Bedeutung unternehmerischer Entscheidungskriterien und Strategien für Angebot von Arbeitsplätzen, Arbeitsinhalte, -bedingungen und Qualifikationsanforderungen, aber auch für das Güteangebot (Art, Qualität, Preise)
– rechtliche Rahmenbedingungen für unternehmerische Personalpolitik (z.B. Schutzgesetze, Mitbestimmung, Tarifvertragsgesetz, tarifliche Normen und deren Auswirkungen für Unternehmen und Mitarbeiter) und die Interessenwahrnehmung von Mitarbeitern
– Bedeutung von Management-Konzeptionen und Arbeitsorganisation für Arbeitsangebot, Arbeitsinhalte, Unternehmenskultur, Hierarchie, Autonomie und Kontrolle der Mitarbeiter

- Marktpreise für Arbeit und Entgeltgerechtigkeit; Tarifstruktur, Tarifentwicklung und unternehmerische Investitions- und Beschäftigungspolitik; Einkommensverteilung und Redistribution
- soziale Sicherung: Eigenverantwortung vs. Solidarität, Solidaritätskonzeptionen, soziale Sicherungssysteme und deren Relevanz für wirtschaftliche Lage und Strategien von Unternehmen
- Problematik der Konsumentensouveränität, Verbraucherrechte, -information und -politik
- wirtschafts-, finanz-, arbeitsmarkt-, aber auch infrastrukturpolitische Maßnahmen (Bildung, Forschung) zur Steigerung des Arbeitsangebots und der Arbeitsproduktivität
- Umwelt, Wachstum und Beschäftigung

Erwerbsarbeit findet im Allgemeinen in Betrieben – öffentlichen und privaten (Unternehmen) – statt. Dort fallen wesentliche Entscheidungen über Beschäftigungsumfang, Beginn, Beendigung und Bedingungen von Arbeitsverhältnissen und die konkrete Gestaltung von Arbeit und Arbeitsbeziehungen. Entsprechend kommt in Konzeptionen sozioökonomischer Bildung den Wissenschaftsdisziplinen, die das Handeln in Betrieben erklären (Betriebswirtschaftslehre, Arbeits- und Wirtschaftssoziologie und -psychologie, Wirtschaftsrecht) ein erheblich größeres Gewicht zu als in den überwiegend volkswirtschaftlich ausgerichteten gängigen Konzeptionen einer ökonomischen Bildung.

7.4.4 Bedingungen und Implikationen gesellschaftlicher Modernisierungsprozesse

Zum besseren Verständnis der Probleme und Konflikte, die mit nachholenden und beschleunigten Modernisierungsprozessen in Entwicklungsländern einhergehen, sind auch die jahrhundertelangen und von blutigen Konflikten (Religionskriege, Bürgerkriege, Revolten) begleiteten Modernisierungsprozesse der westlichen modernen Gesellschaften und deren gesellschaftstheoretische Erklärungen zu thematisieren. Inhaltliche Schwerpunkte wären:

- gesellschaftliche Differenzierung (Arbeitsteilung), Komplexitätssteigerung und sozialer Wandel infolge von technischer und ökonomischer Entwicklung und deren Beschleunigung seit der industriellen Revolution und mit der kapitalistischen Organisation der Wirtschaft
- wechselseitiges Bedingungsverhältnis von gesellschaftlicher Differenzierung und der Entwicklung autonomer Handlungsfähigkeit der Individuen.
- Entwicklung des Selbstbestimmungsrechts der Individuen und der Menschenrechte als universale wie auch konstitutive Werte moderner Gesellschaften mit den historischen Marksteinen der Reformation und der Aufklärung

– Zunehmende Entwicklung naturwissenschaftlicher anstelle von religiösen
   Welterklärungen und Suche nach Lebenssinn im Diesseits statt im Jenseits (Säkularisierung)
– Langsame, konfliktreiche und von Rückschlägen begleitete Realisierung
   der universalen Rechte in der politischen, beruflichen und privaten Sphäre
   der modernen Gesellschaften (z.B. Frauenwahlrecht erst in der ersten
   Hälfte des 20.Jahrhunderts, Gleichstellung von Frauen und Männern im
   Familien- und Scheidungsrecht erst in der zweiten Hälfte des 20. Jahrhunderts, gleiche Selbstentfaltungsmöglichkeiten von Frauen im Beruf in
   der zweiten Hälfte des 20. Jahrhunderts und immer noch umkämpft).

Vor dem Hintergrund gesellschaftstheoretischer Erklärungen der konfliktbe-
ladenen Modernisierungsprozesse der westlichen Gesellschaften werden auch
Bedingungen und Implikationen beschleunigter Modernisierungsprozesse in
Entwicklungsgesellschaften verständlicher. Zu behandeln ist insbesondere
die Bedeutung der ökonomischen Entwicklung, der Übernahme moderner
Produktionsverfahren und der Integration von Entwicklungsgesellschaften in
die internationale Wirtschaft für

– die Entwicklung moderner Arbeitsorganisationen und moderner (Wirt-
   schafts-) Rechtssysteme, die Herausbildung von Effizienz- und Rationa-
   litätskriterien und des Leistungsprinzips als Kriterium für soziale Positi-
   onszuweisungen,
– die Entwicklung des Bildungs- und Wissenschaftssystems,
– den Wandel der Sozialstruktur, der Erosion traditionaler und religiöser
   Welterklärungen und Legitimationen der überkommenen traditionalen
   Gesellschaftsform, die Herausbildung von Selbstbestimmungs- und De-
   mokratieansprüchen und
– die Beschleunigung dieser Prozesse durch moderne Kommunikationsmedien und vielfältige Austauschbeziehungen mit modernen Gesellschaften).

Der Fundamentalismus, innergesellschaftlicher und internationaler Terrorismus sind demnach überwiegend als Gegenbewegung zu den gesellschaftlichen Modernisierungsprozessen, die mit den ökonomischen Entwicklungen
einhergehen, und als Abwehr einer Verbreitung von individuellen Selbstbe-
stimmungs-, Freiheits- und Menschenrechten zu interpretieren.
   Angesichts dieser möglichen Folgen von ökonomischer Entwicklung und
Modernisierung in Entwicklungsgesellschaften (nachholenden Gesellschaften) stellt sich für moderne Gesellschaften auch die Frage nach Legitimität,
Möglichkeiten und Grenzen auf Modernisierungsprozesse traditionaler Gesellschaften Einfluss zu nehmen und Ursachen eines fundamentalistischen
Terrorismus entgegenzuwirken.

7.4.5 Funktion von Staat und Demokratie für Entwicklung und Wahrnehmung individueller Selbstbestimmungsrechte

Zu vermitteln sind grundlegende Einsichten in die Funktionen des modernen Staates für die Persönlichkeitsentfaltung.

Dazu gehört die Sicherung des äußeren und inneren Friedens. Zum äußeren Frieden tragen internationale Abkommen, Institutionen, Intensivierung von internationalen Austauschbeziehungen, insbesondere die Integration in die internationale Arbeitsteilung und die damit verbundenen wechselseitigen Abhängigkeitsverhältnisse, etc. bei. Zu diskutieren wären u.a. Legitimität von Wehrpflicht und sozialem Jahr, militärische friedensichernde Maßnahmen im Ausland. Soll der Staat sich für Demokratie und Menschrechte im Ausland einsetzen, auch wenn das zu wirtschaftlichen Nachteilen, d.h. auch Beschäftigungseinbußen im Inland führt oder sollen ökonomische Interessen Vorrang vor internationaler Solidarität haben? Ähnliche Konfliktlagen ergeben sich häufig in Verbindung mit Waffenexporten.

Zum Verständnis der Funktion der Sicherung des inneren Friedens muss ein Verständnis der Prinzipien der Rechtsstaatlichkeit vermittelt werden (u.a. unabhängige Gerichtsbarkeit, Staatliches Gewaltmonopol vs. Privatjustiz, grundlegende formale und materiale Rechtsprinzipien). Bei den staatlichen Maßnahmen zur Gefahrenabwehr stellt sich stets die Fragen nach deren Verhältnis zu den individuellen Freiheitsrechten (vgl. auch Kap. 7.4.1).

Zum inneren Frieden tragen auch gerechte gesellschaftliche Verhältnisse bei, die allen Gesellschaftsmitgliedern die Individualitätsentfaltung ermöglichen. Doch können die diesbezüglich wesentlichen staatlichen Funktionen wie z.B. Familien-, Bildungs-, Wirtschafts-, Beschäftigungs- und Sozialpolitik nur in Verbindung mit den sie betreffenden Lebensbereichen kompetent behandelt werden und gehören sei deshalb bei der unterrichtlichen Behandlung zu jenen Themenkomplexen (vgl. Kap. 7.2). Wichtige u. U. neue Staatsfunktionen, die nicht in den anderen Inhaltskomplexen des Unterrichtfachs behandelt werden, müssten jedoch im Rahmen dieses inhaltlichen Schwerpunkts thematisiert werden.

Die Bereitstellung öffentlicher Güter wie Bildungs- und Forschungseinrichtungen, Infrastruktur etc. ist ein weiteres Themengebiet. Bei ihm ist stets zu prüfen, inwieweit durch Einschaltung privater Träger oder privatwirtschaftlicher Mechanismen deren Effektivität und Effizienz gesteigert werden kann.

Schließlich müssen die staatlichen Aufgaben und Institutionen durch Steuern und Abgaben finanziert werden und muss diese Finanzierung Gerechtigkeits-, Sparsamkeits-, Effektivitäts- und Effizienzkriterien genügen, die es zu diskutieren gilt.

Ein zweiter Bereich dieses inhaltlichen Schwerpunkts ist die Gewährleistung des Rechts, über das demokratische politische System an der Gestaltung der gesellschaftlichen Lebenszusammenhänge und der Konkretisierung der staatlichen Funktionen mitwirken zu können. Zu thematisieren sind u.a.

– Legitimation, Funktion, Strukturen, Strukturprobleme und Praxis repräsentativer Demokratien
– Beteiligungs- Mitgestaltungs- und Kontrollmöglichkeiten von Wählern (Wahlsysteme, parlamentarische Systeme, Funktion von Verfassungsgerichten, Rolle der Medien)
– politische Kultur und Praxis
– Verhältnis internationaler und supranationaler Institutionen zu den deutschen Institutionen unter Legitimations- und Effizienzkriterien.

Insbesondere bei der Behandlung der Staatsfunktionen müssen neben den Erkenntnissen der Politologie auch die der Soziologie, der Rechts- und Wirtschaftswissenschaften einbezogen werden.

Insgesamt zeigt die Spezifizierung der inhaltlichen Schwerpunkte, dass sie grundsätzlich einen interdisziplinären integrierten Unterricht erfordern, auch wenn bei der Behandlung einiger Inhaltsbereiche einzelne Fachwissenschaften im Vordergrund stehen, so z.B. bei der gesellschaftlichen Konstitution von Individualität die Soziologie und bei der Analyse der demokratischen Institutionen die Politologie. Auswahl- und Integrationskriterium für die Unterrichtsinhalte ist stets deren Bedeutung für die Förderung und Stärkung der Autonomie der Individuen und deren gesellschaftlicher Grundlagen.

8. Unterrichtsorganisation und Lehrerbildung

Umfang und Komplexität des Unterrichtfachs „Individuum und Gesellschaft" (Sozialkunde) stellen keine Überforderung der Schüler/innen dar, wenn für die Vorgaben hinreichend Unterrichtszeit zur Verfügung steht.

Problematisch ist dagegen, wie die notwendige Qualifikation der Lehrer/innen für das Fach gewährleistet werden kann. Um den Jugendlichen grundlegende Einsichten und Erklärungsansätze für das wechselseitige Bedingungsverhältnis von Individuum und (moderner) Gesellschaft zu vermitteln und sie zu selbständigen Analysen des Gegenstandsbereichs zu befähigen, müssen die Unterrichtenden sowohl für die soziologischen und politologischen wie auch die sozioökonomischen Inhaltsbereiche wissenschaftlich qualifiziert sein und einen wissenschaftlichen Habitus erworben haben.

In den Diplomstudiengängen für die Sozialwissenschaften und die Wirtschaftswissenschaften werden für eine wissenschaftliche Qualifikation jeweils achtsemestrige Studien vorausgesetzt. Auch wenn man die Zeitanteile für die Nebenfächer abzieht, ist das noch deutlich mehr, als Lehramtsstudierenden zur Verfügung steht, die in dieser Zeit zwei unterschiedliche Unterrichtsfächer studieren. Z.T. müssen von dieser Studienzeit für die Unterrichtsfächer noch Zeitanteile für erziehungswissenschaftliche Studien, Schulpraktika etc. abgezogen werden.

Eine hinreichende wissenschaftliche Qualifizierung sowohl für die soziologischen und politologischen sowie die sozioökonomischen Unterrichtsinhalte innerhalb derjenigen Studienzeit, die für das Studium eines Unterrichtfachs vorgesehen ist, kann deshalb im allgemeinen nicht erreicht werden.

Theoretisch gibt es zur Lösung dieser Problematik durchaus mehrere Möglichkeiten, doch sind einige von ihnen politisch nicht realisierbar.

- Denkbar wäre z.B., dass die Unterrichtenden des Unterrichtfachs „Individuum und Gesellschaft" (Sozialkunde) nur ein Schulfach unterrichten und ihre gesamte Studienzeit hierfür verwenden können. Unabhängig davon, ob ein derartiger Ein-Fach-Lehrer pädagogisch wünschenswert ist, wird es für diese Variante keine politischen Mehrheiten geben.
- Die dann nächstliegende Variante wäre, die sozioökonomische Bildung aus dem Unterrichtsfach „Individuum und Gesellschaft" auszudifferenzieren und als eigenständiges Fach zu institutionalisieren. Es gäbe dann zwei Unterrichtsfächer mit zwei entsprechenden Studiengängen, in denen die notwendigen wissenschaftlichen Qualifikationen erworben werden könnten. Zwar haben sich Bayern und Thüringen im Prinzip für diese Variante entschieden, doch hat sich die Mehrheit der Kultusminister dagegen ausgesprochen, so dass sie in näherer Zukunft keine weiteren Realisierungschancen hat.
- Wenn die sozioökonomische Bildung nicht ausdifferenziert wird, es aber nicht möglich ist, im Rahmen eines Studienfaches die erforderliche wissenschaftliche Qualifikation sowohl für die soziologischen und politologischen sowie die sozioökonomischen Unterrichtsinhalte zu erwerben, dann bleibt als Lösung nur eine Schwerpunktbildung im Studium: Die Studierenden entscheiden sich für eine wissenschaftliche Ausbildung im soziologischen und politologischen oder im sozioökonomischen Schwerpunkt. In dem nicht gewählten Bereich erwerben sie Grundlagen für eine anschließende wissenschaftliche Weiterqualifikation, sei es im Referendariat oder danach (mit Zeitlimit).

Das Studium könnte z.B. so gestaltet werden, dass im Grundstudium je zur Hälfte die soziologisch-politologischen und die sozioökonomischen Inhalte studiert werden. Im Hauptstudium wäre dann ein Schwerpunkt zu wählen, auf den Dreiviertel der Studienzeit entfällt. Das restliche Viertel wäre für das Studium des jeweils anderen Inhaltbereichs zu verwenden (mit Leistungsnachweis). Insgesamt würde dann ca. zwei Drittel der Studienzeit auf den gewählten inhaltlichen Schwerpunkt entfallen und ein Drittel der Studienzeit würde dem Erwerb von Grundkenntnissen in dem anderen Inhaltsbereich dienen, auf denen die Weiterbildung aufbauen könnte. Nach dieser Weiterbildung wären dann die Unterrichtenden für beide Inhaltsbereiche des Faches hinreichend wissenschaftlich ausgebildet.

Die Erfahrung lehrt, dass ohne Lenkungsmaßnahmen die große Mehrheit der Studierenden Soziologie und Politologie und nur eine Minderheit Sozioökonomie als Studienschwerpunkt wählen würde. Wenn sichergestellt werden soll, dass auch genügend Lehrer/innen mit einer soziökonomischen Kompetenz an den Schulen vertreten sind, dann muss entweder eine entsprechende Kontingentierung oder Quotierung im Studium stattfinden oder muss die Einstellungsbehörde auf eine entsprechende Kompetenzverteilung bei den Lehrern/innen achten. Wenn Absolventen mit soziökonomischem Studienschwerpunkt z.B. bessere Einstellungschancen haben, wird sich das auch auf die Wahl der Studienschwerpunkte auswirken. Eine Bevorzugung von Absolventen mit soziökonomischem Schwerpunkt ist gerade in der jetzigen Übergangsphase besonders wichtig, da ein großer Mangel an dieser Kompetenz in den Schulkollegien besteht.

Ein größeres Problem als die Konzipierung adäquater Studiengänge für das Unterrichtsfach „Individuum und Gesellschaft" (Sozialkunde) ist die Bereitstellung dieser Studiengänge insbesondere dann, wenn das wissenschaftliche Studium an Universitäten und nicht an Pädagogischen Hochschulen stattfindet, weil Universitäten sich häufig weigern, lehramtsspezifische Studiengänge bereitzustellen. Man hält diesen Studierenden eine mangelnde wissenschaftliche Orientierung vor, die nicht noch durch ein spezifisches Lehrangebot für sie unterstützt werden sollte. Eine angemessene wissenschaftliche Qualifikation z.B. für die soziökonomische Bildung ist aber nicht erreichbar, indem die Studierenden für ihre fachwissenschaftliche Ausbildung auf das Veranstaltungsangebot der wirtschaftswissenschaftlichen Fachbereiche verwiesen werden. Deren Veranstaltungen sind in der Regel auf achtsemestrige Diplomstudiengänge, d.h. auf erheblich längere Studienzeiten abgestimmt, als den Lehramtsstudierenden zur Verfügung steht. Auch sind ihre Inhalte und erst recht nicht die leitenden Fragestellungen auf die Studienziele für das Unterrichtsfach „Individuum und Gesellschaft" ausgerichtet. Die fachwissenschaftliche Qualifikation für die soziökonomische Bildung kann nicht als Nebenprodukt der wirtschaftswissenschaftlichen Diplomstudiengänge erreicht werden. Vielmehr müssen dafür im Grund- und Hauptstudium spezifische soziökonomische Veranstaltungen angeboten werden, die sowohl auf die geringere Studienzeit als auch auf die spezifischen Inhalte und Fragestellungen des Unterrichtsfachs „Individuum und Gesellschaft" (Sozialkunde) bzw. des inhaltlichen Schwerpunkts Arbeit, Wirtschaft und soziale Sicherung ausgerichtet sind. Die wissenschaftliche soziökonomische Ausbildung der Studierenden ist nur möglich, wenn diese im Rahmen und im Verbund mit der sozialwissenschaftlichen Qualifizierung der Studierenden vorgenommen wird.

Für die sozialwissenschaftliche Ausbildung der Studierenden gilt entsprechendes. Auch für sie bedarf es eines spezifischen Studienangebots, das die

Studienzeit und die spezifischen Studienziele in Rechnung stellt. Auch sie ist nicht durch Verweis auf die Veranstaltungen der sozialwissenschaftlichen Diplomstudiengänge und als deren Nebenprodukt zu organisieren.

Die Bereitstellung von spezifischen Lehramtsstudiengängen für das Unterrichtsfach ist, das lehrt die Erfahrung an der Universität Frankfurt/M. mit dem Studiengang Arbeitslehre, ohne größeren Aufwand zu realisieren: In dem Studiengang werden die wissenschaftlichen Qualifikationen für den Unterricht über die Arbeits- und Wirtschaftswelt, d.h. für das Unterrichtsfach Arbeitslehre an Haupt-, Real- und Sonderschulen und den Schwerpunkt Wirtschaft des Unterrichtfachs „Politik und Wirtschaft" an Gymnasien vermittelt. Dieser Studiengang ist voll in die Diplomstudiengänge des Fachbereichs Gesellschaftswissenschaften für Soziologen und Politologen integriert. Die Diplomstudierenden können das Studienangebot der Arbeitslehre wahrnehmen und die Professoren der Arbeitslehre fungieren auch als Prüfer in den Diplomprüfungen. Wegen der spezifischen Ausrichtung des Studienangebots der Arbeitslehre ist dieses für die Diplomstudierenden von hoher Attraktivität und stellen sie die große Mehrheit in diesen Lehrveranstaltungen. Indem die Lehrenden der Arbeitslehre wesentliche Teile der Diplomstudiengänge mit abdecken, verursacht das spezifische Studienangebot für die Arbeitslehre keine wesentlichen zusätzlichen Aufwendungen. In dieser Weise könnte auch das spezifische Studienangebot für das Unterrichtsfach „Individuum und Gesellschaft" (Sozialkunde) in die sozialwissenschaftlichen Diplom- und zukünftig Bachelor- und Masterstudiengänge integriert und sehr ökonomisch bereit gestellt werden.

Zusammenfassend lässt sich festhalten, dass es durchaus möglich und wirtschaftlich vertretbar ist, die Lehrkräfte für das komplexe, interdisziplinäre Unterrichtsfach „Individuen und Gesellschaft" im Rahmen von Lehramtsstudiengängen hinreichend wissenschaftlich zu qualifizieren.

Es ist und bleibt deshalb eine spannende Frage, ob und wie die Landesregierungen, die für die angemessene Qualifikation der Lehrer/innen verantwortlich sind, die notwendigen lehramtsspezifischen Studiengänge gewährleisten und diesbezüglich die Autonomie der Universitäten beschränken.

9. Resümee

Unterrichtsziele, -inhalte und -methoden sowie die Interaktions- und Kommunikationsstrukturen der allgemeinbildenden Schule haben eine Bildung als Bezugspunkt, die die Individuen befähigen soll, ihre Persönlichkeit im sozialen Handeln in privaten, beruflichen und öffentlichen Bereichen zu entfalten, ihre Lebensentwürfe in eigener Verantwortung zu realisieren und an der Gestaltung der gesellschaftlichen Bedingungen für die Persönlichkeitsentwicklung mitzuwirken. Zu ihrer näheren Bestimmung bedarf es einer Bildungstheorie, die das gegenseitige Bedingungsverhältnis von den Gesellschaftsstrukturen moderner

Gesellschaften und autonom handlungsfähigen Subjekten, die die gesellschaftliche Konstitution der Individuen und deren Selbstbestimmungsanspruch inhaltlich hinreichend gehaltvoll fasst, um Kriterien für die Bestimmung u.a. von
Unterrichtszielen, -inhalten und -methoden zu begründen. Auf der Basis einer
derartigen, in ihren Grundzügen skizzierten sozialwissenschaftlichen Bildungstheorie lässt sich die Notwendigkeit eines Unterrichtsfachs bzw. Lernbereichs
„Individuum und Gesellschaft" (Sozialkunde) mit fünf inhaltlichen Schwer-
punkten (normative Grundlage moderner Gesellschaften; gesellschaftliche
Konstitution von Individualität; Arbeit, Wirtschaft und soziale Sicherung; Bedingungen und Implikationen gesellschaftlicher Modernisierungsprozesse;
Funktion von Staat und Demokratie für Entwicklung und Wahrnehmung individueller Selbstbestimmungsrechte) begründen, die unter der bildungsspezifi-
schen Fragestellung ihrer Bedeutung und Gestaltbarkeit für die Selbstbestimmung und -entfaltung der Individuen zu behandeln sind.

Die Inhalte des Fachs und der einzelnen Schwerpunkte sind in ihrer
Komplexität und ihren vielfältigen Bedeutungen für die Persönlichkeitsent-
wicklung, d.h. grundsätzlich interdisziplinär und integriert zu unterrichten.
Das gilt demzufolge auch für die Behandlung des wirtschaftlichen Schwerpunkts, der die gesellschaftlichen, politischen und rechtlichen Aspekte des
Wirtschafts- und Sozialsystems umfasst, und ebenso für den Schwerpunkt
Funktionen von Staat und Demokratie, der wesentliche rechtliche, gesellschaftliche und wirtschaftliche Aspekte des staatlichen Handelns einschließt.
Für die allgemeinbildende Schule kann die wirtschaftliche Bildung demnach
nur als interdisziplinäre und integrierte sozioökonomische und nicht als eine
wirtschaftswissenschaftliche Bildung konzipiert werden. Die sozioökonomische und die politische Bildung sind Teilbereiche des umfassenden Unterrichtsfach „Individuum und Gesellschaft". Sie beziehen sich auf unterschiedliche gesellschaftliche Funktionsbereiche. Deshalb kann die sozioökonomische Bildung auch nicht in die politische Bildung integriert werden et vice versa.

Die wissenschaftliche Qualifizierung der Lehrkräfte für das anspruchsvolle Unterrichtsfach „Individuum und Gesellschaft" (Sozialkunde) ist prinzipiell leistbar und auch ökonomisch vertretbar.

Fachwissenschaftliche Konzeptionen einer wirtschaftlichen und politischen
Bildung lassen sich dagegen für die allgemeinbildenden Schule nicht begründen. Ihr prinzipielles Manko besteht darin, dass sie dem Interesse an beruflichen Tätigkeitsfeldern in der Lehrerbildung und in der Schule für die jeweils
vertretene Fachwissenschaft Vorrang vor den Bildungsansprüchen der Jugendlichen einräumen. Wenn immer sie versuchen, für die fachwissenschaftlichen
Konzeptionen eine bildungstheoretische Begründung vorzustellen, verstricken
sie sich deshalb strukturnotwendig in Widersprüche. Auch mit den von ihnen
selbst in Anspruch genommenen allgemeindidaktischen Ansätze (Klafki, Robinsohn) lassen sich für die politische und die wirtschaftliche Bildung nur interdisziplinäre, integrierte Unterrichtskonzeptionen begründen.

Sofern die Rechtfertigung von fachwissenschaftlichen Interessen gegenüber den Bildungsansprüchen der Jugendlichen dominiert, kann sich eine wissenschaftliche Orientierung, d.h. das Streben nach Falsifikation der eigenen Theorien und nach Erkenntnisfortschritt nicht als leitende Orientierung durchsetzen und Fachdidaktik nicht als Wissenschaft betrieben werden. Und wenn die sozialwissenschaftlichen Fachdidaktiken keine Fortschritte in der Entwicklung einer gehaltvollen sozialwissenschaftlichen Bildungstheorie erreichen, die es ihnen ermöglicht, Kriterien für Unterrichtsziele, -inhalte und -methoden bildungstheoretisch zu begründen, fehlt ihnen ein essentielles Fundament für ihre wissenschaftliche Entwicklung.

Literatur

Ackermann, Paul u.a. (1994): Politikdidaktik kurz gefasst. Bonn

Bundesvereinigung der Deutschen Arbeitgeberverbände (BDA) und Deutscher Gewerkschaftsbund (DGB) (2000): Wirtschaft – notwendig für schulische Allgemeinbildung. Berlin: <www.sowi-online.de/reader/oekonomie/dgb_pm.htm>

Dauenhauer, Erich (1978): Didaktik der Wirtschaftslehre. Paderborn

Dauenhauer, Erich (1999/2001): Kategoriale Wirtschaftsdidaktik Bd. I: Anregungen zur inhaltlichen Neugestaltung. 2. Aufl., Münchweiler 1999; Bd. II: Anregungen zur curricularen Neugestaltungen. Münchweiler 2001

Deutscher Ausschuss für das Erziehungs- und Bildungswesen (1966): Empfehlungen und Gutachten 1953-1965. Gesamtausgabe. Stuttgart

Deutscher Lehrerverband (DL)-aktuell (2000): Memorandum: Ökonomische Grundbildung ist Teil der Allgemeinbildung. <www.lehrerverband.de/memoekon.htm>

Durkheim, Emil (1893): Über die Teilung der sozialen Arbeit. Eingeleitet von Niklas Luhmann. Frankfurt a. M. 1977

Hedtke, Reinhold (2002): Wirtschaft und Politik. Über die fragwürdige Trennung von ökonomischer und politischer Bildung. Schwalbach/Ts.

Himmelmann, Gerhard (2003): „Standard-Entwicklung" in der Diskussion. In: POLIS 4/2003, S. 4-7

Kahsnitz, Dietmar (1996): Politische Bildung: Ohne Krisenbewusstsein in der Krise. In: Aus Politik und Zeitgeschichte. Beilage zur Wochenzeitung „Das Parlament", B 47/96 vom 15.11.1996, S. 23-33

Kahsnitz, Dietmar (1999): Sozioökonomische Bildung – eine Kernelement der Allgemeinbildung? In: Aus Politik und Zeitgeschichte. Beilage zur Wochenzeitung „Das Parlament", B 35-36/99 vom 27.8.1999, S. 33-38

Kahsnitz, Dietmar (2001): Marktwirtschaft, individuelle Freiheitsrechte und Persönlichkeitsentwicklung. In: Unterricht Wirtschaft, H. 8 (2001), S. 56-63. Seelze

Kaminski, Hans (1997): Neue Institutionenökonomik und ökonomische Bildung. In: Kruber (1997 a), S. 129-159

Karpe, Jan/Krol, Gerd-Jan (1997): Ökonomische Verhaltenstheorie, Theorie der Institutionen und ökonomische Bildung. In: Kruber (1997 a), S. 75-102

Karpe, Jan/Krol, Gerd-Jan (1999): Funktionsbedingungen moderner Gesellschaften und Neue Institutionenökonomik als Herausforderungen für die ökonomische Bildung. In: Krol/Kruber (1999), S. 21-48

Klafki, Wolfgang (1964): Das pädagogische Problem des Elementaren und die Theorie der kategorialen Bildung. Weinheim

Klafki, Wolfgang (1996): Neue Studien zur Bildungstheorie und Didaktik. 5. Aufl. Weinheim und Basel

Krol, Gerd-Jan/Kruber, Hans Peter (1999) (Hg.): Die Marktwirtschaft an der Schwelle zum 21. Jahrhundert – Neue Aufgaben für die ökonomische Bildung? Bergisch-Gladbach

Kruber, Klaus-Peter (1997 a) (Hg.): Konzeptionelle Ansätze ökonomischer Bildung. Bergisch Gladbach.

Kruber, Klaus-Peter (1997b): Stoffstrukturen und didaktische Kategorien zur Gegenstandsbestimmung ökonomischer Bildung. In: Kruber (1997 a), S. 55-74

Kultusministerkonferenz (KMK) (2000): Pressemitteilung des Präsidenten der Kultusministerkonferenz (KMK) vom 21.08.2000: Wirtschaftliche Bildung an Schulen stärken. <www.sowi-online.de/reader/kmk_pm.htm>

Massing, Peter/Weißeno, Georg (1995) (Hg.): Politik als Kern der politischen Bildung. Opladen

Massing, Peter (1995): Wege zum Politischen. In: Massing/Weißeno (1995): S. 61-98

Massing, Peter (2000): Kategoriale Bildung und Handlungsorientierung im Politikunterricht. In: Journal für politische Bildung. 2/2000, S. 36-39

May, Herrmann (1978): Arbeitslehre. Wirtschaftswissenschaftliche und wirtschaftsdidaktische Grundlagen. München/Basel

Reinhardt, Sibylle (1997): Didaktik der Sozialwissenschaften: gymnasiale Oberstufe. Sinn, Struktur, Lernprozesse. Opladen

Robinsohn, Saul B. (1971): Bildungsreform als Revision des Curriculum und Ein Strukturkonzept für Curriculumentwicklung. Darmstadt

Sander, Wolfgang (2000): Politikdidaktik – eine „normale Wissenschaft" vor den Herausforderungen der Modernisierung. In: Journal für politische Bildung 2/2000, S. 40-43

Schweizer, Gerd (1997): Zur Frage des didaktischen Zentrums in ökonomischen Bildungskonzepten. In: Kruber (1997 a), S. 37-54

Seeber, Günther (1997): Moderne Sozioökonomie als Herausforderung für die ökonomische Bildung. In: Kruber (1997 a), S. 187-210

Steinmann, Bodo (1997): Das Konzept „Qualifizierung für Lebenssituationen" im Rahmen der ökonomischen Bildung. In: Kruber (1997 a), S. 1-22

Sutor, Bernhard (1984): Neue Grundlegung politischer Bildung. Bd. II., Paderborn.

Terhart, Ewald (1999): Konstruktivismus und Unterricht. In: Zeitschrift für Pädagogik, 45. Jg. 5/1999, S. 629-647

Weber, Max (1904): Die „Objektivität" sozialwissenschaftlicher Erkenntnis. In: Weber (1968), S. 186-262

Weber, Max (1917): Der Sinn der „Wertfreiheit" der Sozialwissenschaften. In: Weber, Max (1968): S. 263-310

Weber, Max (1968): Soziologie, Weltgeschichtliche Analysen, Politik. Stuttgart

Weiler, Hans N. (2002): Bildungsforschung und Bildungsreform: Von den Defiziten der deutschen Erziehungswissenschaft. In: Ingrid Gogolin und Rudolf Tippelt (Hg.): Innovation durch Bildung. Beiträge zum 18. Kongress der Deutschen Gesellschaft für Erziehungswissenschaft. Opladen 2003, S. 181-203. <http://www.stanford.edu/~weiler/DGfE_Weiler_rev.pdf>

Weinbrenner, Peter (2000): Welche ökonomischen Kenntnisse brauchen Schüler? Referat – gehalten im Rahmen des Landesforum 2000 der Deutschen Vereinigung für politische Bildung <www.Hausarbeiten.de>

Wunder, Dieter (2000): Welche Bedeutung hat die Berufsausbildung von Lehrerinnen und Lehrern für die Erziehungswissenschaft? Eine besorgte Anfrage. In: Erziehungswissenschaft. 11. Jg., 2000, Heft 22, S. 46-52 <www.dgfe.de/zeitschr/heft22/Beitrag_Wunder.htm>

Ehlert Brüser-Sommer

Neuausrichtung der ökonomisch-politischen Bildung in Baden-Württemberg

Zwei Entwicklungslinien laufen bei der Neukonzeption der politischen und ökonomischen Bildung im Bundesland Baden-Württemberg zusammen: Zum einen ist sie eingebettet in eine umfassende Bildungsreform aller Schularten. Zum anderen kann die Weiterentwicklung der ökonomischen Bildung wie in den vergangenen Jahren fortgeführt werden.

Bildungsreform in Baden-Württemberg

Es würde zu weit führen, an dieser Stelle die Bildungsreform in Baden-Württemberg umfassend darzustellen. Bestimmend für die Neukonzeption der Politischen Bildung ist allerdings die mit der Reform verbundene Einführung von Bildungsstandards, die Wissen und Kompetenzen definieren, über die ein Schüler zu einem bestimmten Zeitpunkt verfügen muss. Außerdem werden statt einer wachsenden Zahl von Einzelfächern zukünftig Fächer in Verbünden vernetzt.

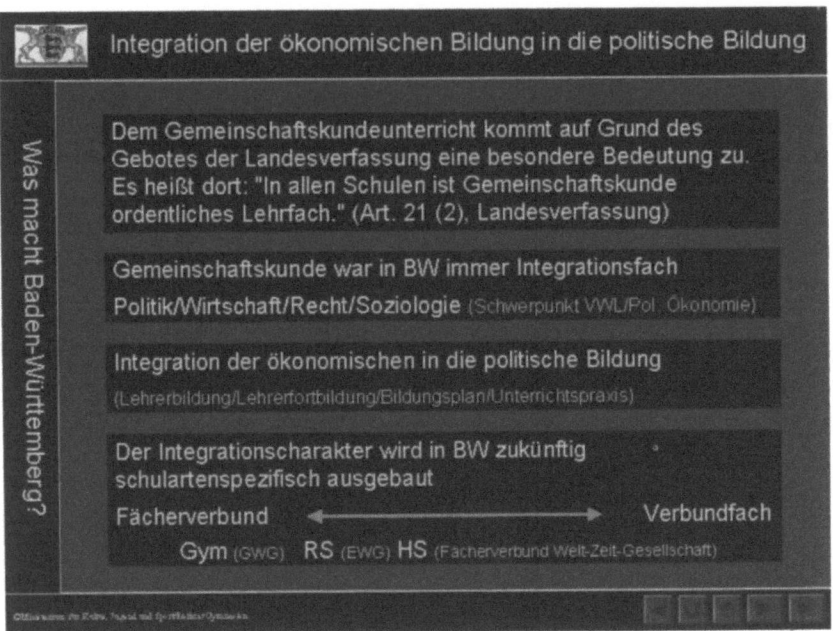

Fächerverbünde

Die folgende Darstellung der Neukonzeption derjenigen Fächerverbünde, die politische und mit ihr ökonomische Bildung umfassen, setzt den Schwerpunkt auf das allgemeinbildende Gymnasium. Die Entwicklung an Hauptschulen und Realschulen kann dem nebenstehenden Textfeld entnommen werden. In allen drei Schularten wird ein Fächerverbund und kein vollkommen integriertes Verbundfach eingeführt. Dies hat nicht zuletzt mit dem Verfassungsrang von Gemeinschaftskunde in Baden-Württemberg zu tun. Allerdings ist der Grad der Integration abgestuft und wurde in der Hauptschule am weitestgehenden realisiert, während im Gymnasium der spezifische Charakter der Einzelfächer gewahrt wurde. Geographie wurde wegen der überwiegenden wirtschafts- und sozialgeografischen Fachanteile diesem Fächerverbund in allen Schularten zugeordnet. Geschichte dagegen ist nur in den Hauptschulen mit der politischen Bildung verknüpft.

Entwicklung der ökonomischen Bildung

Über mehrere Stationen ist eine Stärkung der ökonomischen Bildung erfolgt. Dabei wurde Wirtschaft nie als eigenständiges Fach konzipiert, sondern wurde stets als Teil der Politischen Bildung verstanden und deshalb in Lehrerbildung, Lehrerweiterbildung und Lehrerfortbildung mit Gemeinschaftskunde verbunden. Die Vermittlung von Wirtschaftswissen zu stärken ist ein Ziel, für das sich in der Vergangenheit viele Kräfte aus Hochschulen, Wirtschaft und Parteien stark gemacht haben. Dabei wird ökonomische Bildung als Teil der Allgemeinbildung verstanden und soll dazu verhelfen, die „Interdependenzen zwischen Gesellschaft, Wirtschaft und Politik" zu verstehen (Bildungsstandards Wirtschaft).

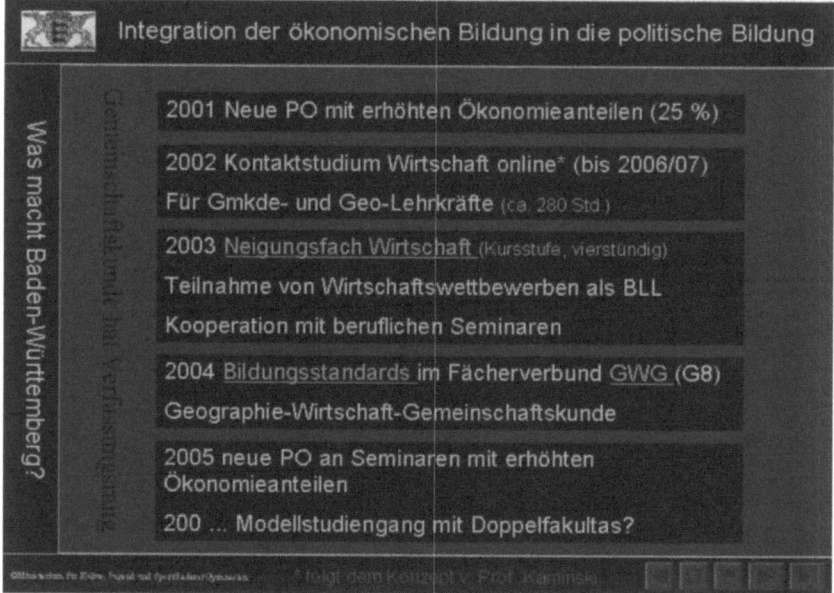

Bereits mit Blick auf die weiteren Entwicklungen wurde 2001 bei der Novellierung der Wissenschaftlichen Prüfungsordnung für das Lehramt an Gymnasien (WPO) der wirtschaftliche Anteil in der universitären Ausbildung künftiger Gemeinschaftskundelehrkräfte erhöht: Rund 25% der qualifizierten Leistungsnachweise müssen demnach in wirtschaftsbezogenen Teilbereichen erworben werden.

Kontaktstudium Wirtschaft-online

Neuland wird seit dem Schuljahr 2002/2003 beschritten: Um kurzfristig die 400 Gymnasien im Land mit kompetenten Lehrkräften für den Fächerverbund Geographie – Wirtschaft – Gemeinschaftskunde (GWG), vor allem aber für das geplante Neigungsfach Wirtschaft versorgen zu können, wurde ein internetgestütztes Kontaktstudium Wirtschaft-online eingerichtet. An dieser Weiterbildungsmaßnahme nehmen, verteilt über einen Zeitraum von fünf Jahren, insgesamt fast 400 Lehrkräfte teil; auch die Ausbilder an den gymnasialen Seminaren für Didaktik und Lehrerbildung sind einbezogen. Zugelassen werden Lehrerinnen und Lehrer, die Gemeinschaftskunde oder Geographie unterrichten.

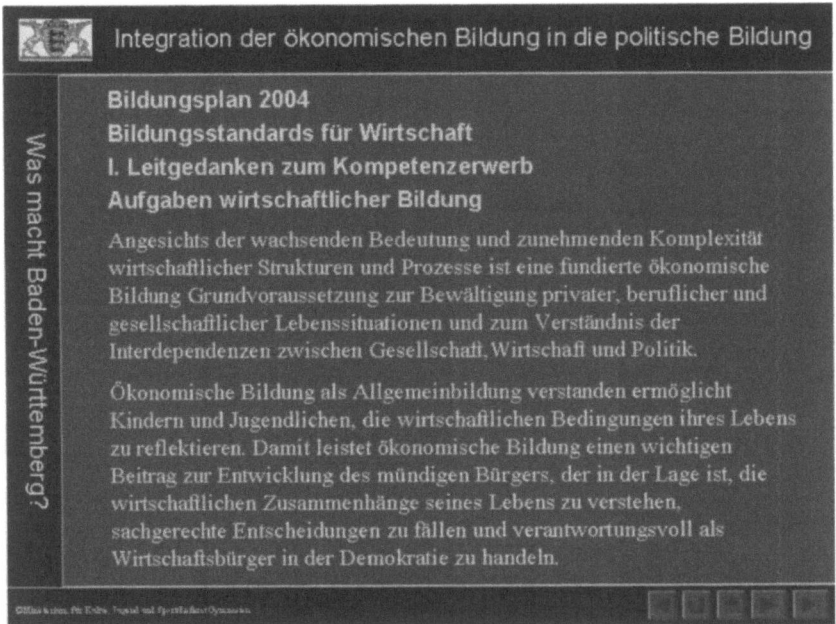

Neigungsfach Wirtschaft

Seit dem Schuljahr 2003/2004 wird – vorerst im Rahmen eines Schulversuchs – das vierstündige Neigungsfach Wirtschaft auf der Kursstufe in den Klassen 12 und 13 angeboten. Im folgenden Schuljahr ist eine Bildungsreform in Kraft getreten. Zugleich mit der Umstellung auf das achtjährige Gymnasium werden Bildungsstandards in allen Fächern eingeführt.

Fächerverbund GWG

Zu dieser Bildungsreform gehört die Einführung eines Fächerverbunds, der die Fächer Geographie und Gemeinschaftskunde mit Wirtschaft einschließt. Auch bisher schon integrierte Gemeinschaftskunde Politik, Wirtschaftsinhalte, Rechtskunde und soziologische Themen. Die Neukonzeption geht darüber hinaus.

Die Bildungsstandards der Fächer Geographie und Gemeinschaftskunde – jeweils verbunden mit Wirtschaft – sind intensiv aufeinander abgestimmt und in den Bildungsplänen sind Bezüge zu den anderen Fächern im Fächerverbund enthalten, sodass eine Vernetzung gemeinsamer Inhalte stattfindet. Die Leitgedanken der Einzelfächer und die fachspezifischen Kompetenzen werden dort, wo es möglich ist, in gemeinsamen übergreifenden Leitgedanken und Kompetenzen gebündelt. Die Vermittlung von Wirtschaftswissen liegt in den unteren Klassen in den Händen der Geographielehrkräfte, in den höheren Klassen übernehmen die Gemeinschaftskundelehrerinnen und -lehrer die Integration der ökonomischen Lehrinhalte in die politische Bildung.

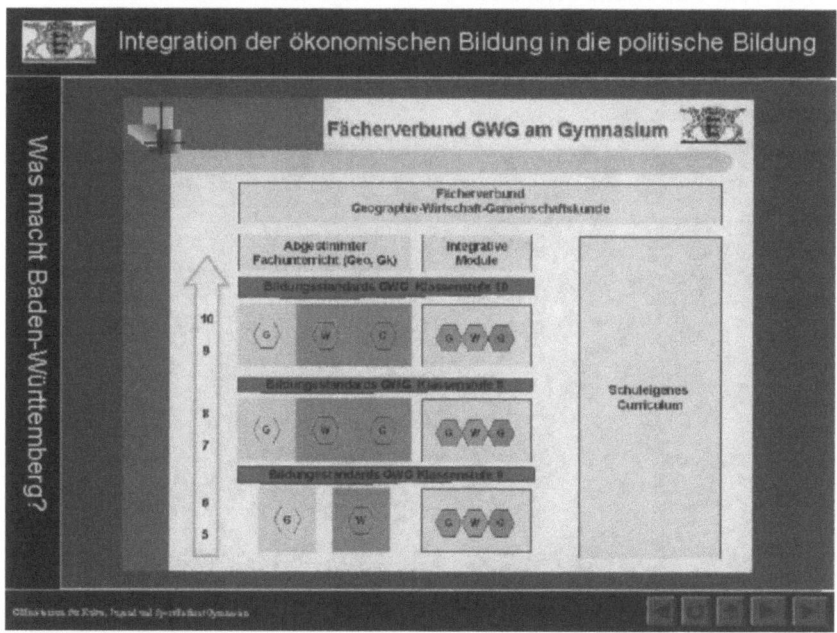

Methodische Fähigkeiten

Ein wichtiges Anliegen des Fächerverbundes sind gemeinsame methodische Fähigkeiten:

- Informationen aus unterschiedlichen Quellen beschaffen, bewerten und verwerten;
- mit Medien umgehen lernen;
- Tabellen, Diagramme und Grafiken analysieren, auswerten sowie selbstständig erstellen;
- Simulationen analysieren und beurteilen.

Integrative Module

Besonders ausgeprägt ist der Verbundcharakter in den so genannten integrativen Modulen. Hier werden fächerübergreifende Themen mit gesellschaftlichen, politischen, geographischen und wirtschaftlichen Verflechtungen losgelöst vom Einzelfach behandelt. Diese integrativen Module umfassen die Themenfelder „Beobachten, Orientieren und demokratisches Handeln im nahen Erfahrungsraum" (Klasse 6), „Leben und Arbeiten in verschiedenen Kulturräumen" (Klasse 8) und „Globale Herausforderungen und Zukunftssicherung" (Klasse 10).

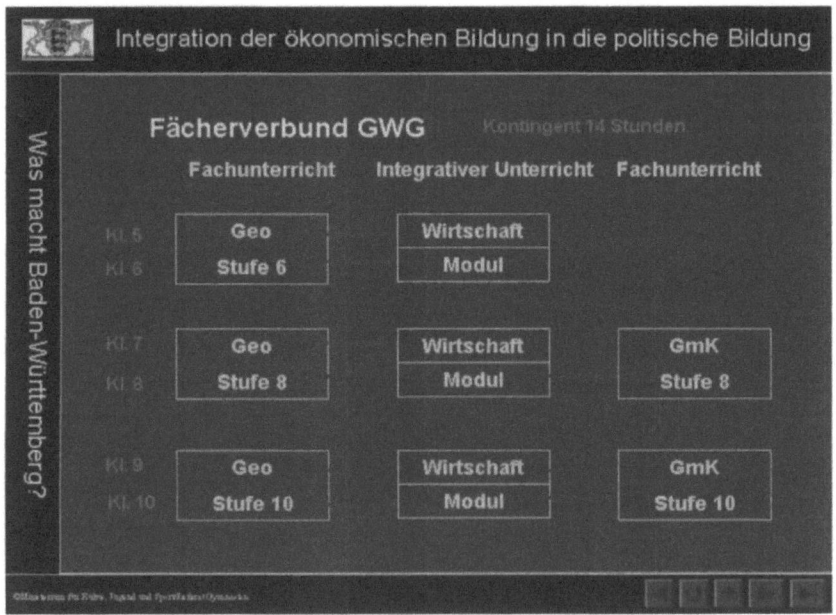

Als Rückmeldung für die richtige Kurswahl der Schülerinnen und Schüler am Ende der Klasse 10 werden die Leistungen getrennt nach Fächern benotet. Wegen der Vermittlung der Hochschulreife und der wissenschaftspropädeutischen Funktion des Gymnasiums bleiben die Fächer erhalten und werden von den jeweiligen Fachlehrkräften unterrichtet. Damit wird in den Klassen 5 bis 10 die fachliche Basis für die Wahl der vierstündigen Neigungsfächer Geographie oder Gemeinschaftskunde gelegt, die Teil der Abiturprüfung sind.

Vernetztes Denken, die Herstellung von fächerübergreifenden Bezügen und die Fähigkeit zu ganzheitlicher Betrachtungsweise – all dies verlangt eine gesicherte fachliche Basis. Wer systematische fachspezifische Kenntnisse und Fähigkeiten in den Einzelfächern erworben hat, kann diese kompetent in einen größeren Zusammenhang stellen. Der Fächerverbund GWG am Gymnasium hat daher das Ziel, fachorientiert-systematisches und fächerübergreifend-integratives Lernen zu verbinden. Dabei stellt die Geographie den Raumbezug in den Mittelpunkt und die Gemeinschaftskunde politische und soziale Handlungskompetenz mit dem Ziel des mündigen Bürgers in der Demokratie. In beide Fächer aufgenommen ist die Wirtschaftserziehung: Ziel ist der mündige Wirtschaftsbürger, der wirtschaftliche Kenntnisse hat und wirtschaftliche Entscheidungen kompetent treffen kann.

Aus all dem ergibt sich, dass der Fächerverbund GWG im Gymnasium im Spannungsfeld zwischen Fachspezifik der Einzelfächer und ihrer Vernetzung steht.

Lehrerbildung

Weiterbildungs- und Lehrerfortbildungsmaßnahmen können selbstverständlich eine fundierte Ausbildung in „Wirtschaft" nicht ersetzen. Auf diesem Feld muss über die bereits erreichte Stärkung der wirtschaftlichen Kompetenz in der universitären Ausbildungsphase hinaus weiter gearbeitet werden. Angestrebt wird ein universitärer Lehramtsstudiengang, der die Doppelfakultas für Politikwissenschaft und Wirtschaftswissenschaft vermittelt. Dazu steht das Kultusministerium in Kontakt mit den Hochschulen.

An den Seminaren für Didaktik und Lehrerbildung wurden bereits seit 2001 zusätzliche Ausbildungsmodule entwickelt und durchgeführt, die eine Stärkung der wirtschaftlichen Fachkompetenzen und Vermittlungskompetenzen dienen. Mit der neuen Ausbildungs- und Prüfungsordnung für den Vorbereitungsdienst (APrOGymn), wird für eine Versuchszeit von drei Jahren das Volumen der Ausbildung in Gemeinschaftskunde um etwa 50% erweitert, um die künftigen Lehrkräfte in geeigneter Weise auf die Anforderungen des Fächerverbunds vorzubereiten. Auch die künftigen Lehrkräfte des Fachs Geographie nehmen an den wirtschaftsbezogenen Ausbildungsveranstaltungen teil.

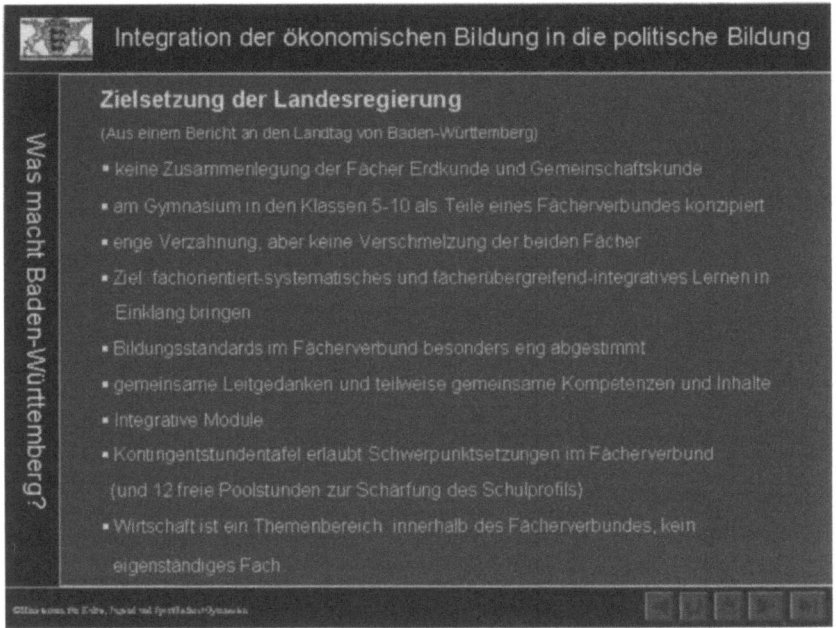

Kontroversen

Wie sollte es anders sein: Die Einführung des neuen Fächerverbundes GWG verlief nicht konfliktfrei. Landtagsanfragen, Eingaben von Fachverbänden und Zuschriften an das Kultusministerium spiegeln den Diskussionsprozess wider. Im Zentrum standen die folgenden Fragen:

- Wie weit sollte der Integrationscharakter gehen? Ist ein Verbundfach oder ein Fächerverbund anzustreben?
- Wie kann der wissenschaftspropädeutische Charakter der Fächer im Gymnasium gewahrt werden und wie kann zugleich einer Vernetzung der Fachinhalte gelingen?
- Wie sind zukünftig an den Schulen die Stundenkontingente zwischen Geographie und Gemeinschaftskunde jeweils mit Wirtschaft aufzuteilen? Dies wirft die Frage nach dem relativen Gewicht der beiden Fächer auf.
- Wird Gemeinschaftskunde in einem Verbund noch dem Verfassungsanspruch gerecht?

Das Kultusministerium hat in seinen Stellungnahmen, auch gegenüber dem Landtag von Baden-Württemberg, Eckpunkte gesetzt, wie sie die oben abgebildete Grafik markieren.

Hintergründe

Politisch-gestalterisches Handeln unterscheidet sich wesentlich von wissenschaftlichem. Dies wurde bei der Tagung „Integration der ökonomischen in die politische Bildung – theoretische Konzeptionen und Konsequenzen für die Lehrerbildung" am Institut für Arbeitslehre und Politische Bildung der Johann Wolfgang-Goethe-Universität Frankfurt am Main überdeutlich. Die Wissenschaftler sind der reinen Lehre verpflichtet und können in sich stimmige und nach außen überzeugende Konzepte begründen. Ob diese unter Fachkollegen konsensfähig sind, steht auf einem anderen Blatt.

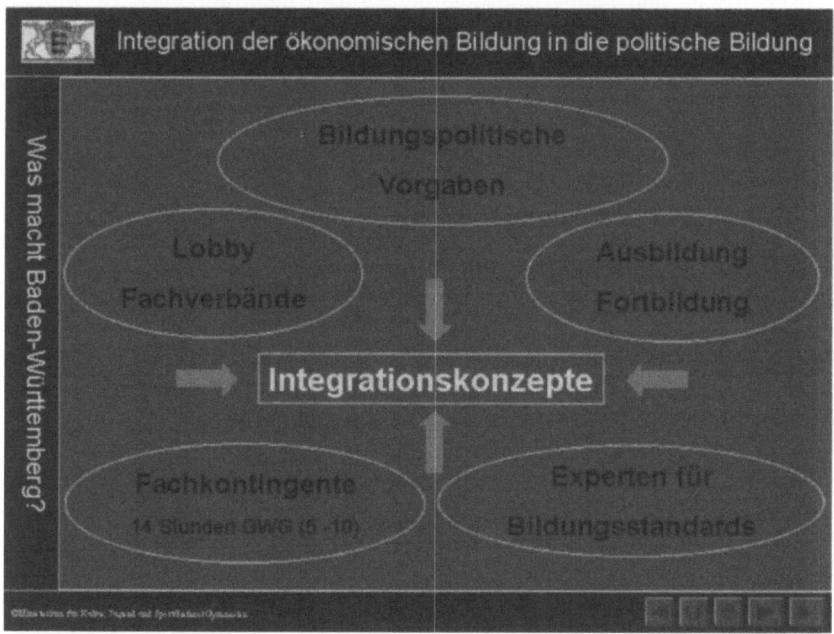

Für Referenten in den Ministerien gilt ein anderer Handlungsrahmen. Bildungspolitische Vorgaben sind umzusetzen, Verbände versuchen Einfluss zu nehmen und müssen ernst genommen werden. Das Gesamtkonzept gymnasialer Bildung begrenzt den Stundenrahmen, der für politische Bildung zur Verfügung steht, wobei alle anderen Gruppen und universitären Disziplinen die gleichen Begehrlichkeiten entwickeln wie die Anhänger einer Stärkung der Demokratieerziehung. Ausbildungs-, Weiterbildungs- und Fortbildungskapazitäten sind begrenzt und auch nicht kurzfristig und schon gar nicht in Zeiten knapper Ressourcen beliebig erweiterbar.

Die Autoren der Bildungspläne selbst sind ausgewiesene Didaktiker der Studienseminare und zugleich Schulpraktiker. Sie kennen den universitären Forschungs- und Diskussionsstand und versuchen im Gespräch mit den zuständigen Verantwortlichen in den Ministerien überzeugende Konzeptionen zu entwickeln. Dabei stoßen sie an Fachegoismen: Die am Fächerverbund beteiligten Fächer stehen in einem Konkurrenzverhältnis. Es geht um die Reputation des Faches und die zukünftige Verteilung von Ressourcen. Während Beratungsgremien aus Schulpädagogen und Elternvertreter genauso wie Bildungspolitiker überwiegend der Integration von Fächern zuneigen, tendieren Fachvertreter von Lehrerverbänden und universitären Disziplinen dazu, das fachspezifische und fachwissenschaftliche Profil nicht aufgeben zu wollen, wobei sie Qualitätsansprüche ins Feld führen. Gymnasialer oder gar oberstufengerechter Unterricht ist vollständig integrativ nur schwer vorstellbar.

So muss jede Neukonzeption von Kompromissen geprägt sein und wird angreifbar bleiben. Ergebnisse dieser Prozesse liegen nunmehr aus Baden-Württemberg vor. Interessenten, die in die Bildungsstandards der Fächer im Fächerverbund GWG des Gymnasiums oder entsprechender Verbünde anderer Schularten Einblick nehmen möchten, finden alle Bildungsstandards unter www.bildungsstandards-bw.de. Die gesamte Bildungsreform wird unter www.km-bw.de fortlaufend dokumentiert.

Ausblick

Mit der Bildungsreform in Baden-Württemberg ist die Einführung von Schulcurricula verbunden. Diese sollen ungefähr ein Drittel der Unterrichtszeit einnehmen und die Schärfung schuleigener Profile ermöglichen. Außerdem stehen im zukünftigen achtjährigen Gymnasium noch insgesamt 12 Jahreswochenstunden für die Klassen 5 bis 10 den Schulen zur freien Verfügung, die gleichfalls der Profilbildung dienen. Diesen Freiraum können auch wirtschafts- oder politikbezogene schulische Schwerpunkte einnehmen. Dabei wird vom Kultusministerium daran gedacht, dass Demokratieerziehung als eine schulartübergreifende Aufgabe aller Fächer und der gesamten Schule wahrgenommen wird.

Martin Speck

Zur Bedeutung und Organisation der politischen und ökonomischen Bildung im Schulwesen der Freien und Hansestadt Hamburg

1. Die politische und ökonomische Bildung in den fachlichen Rahmenplänen

Der politischen und ökonomischen Bildung wird im Hamburgischen Schulwesen eine große Bedeutung beigemessen. Die Bedeutung der politischen Bildung war seit jeher anerkannt und unstrittig. Im Zuge der Diskussion um die Bedeutung der ökonomischen Bildung in den letzten Jahren hat Hamburg auch die gesellschaftlichen Forderungen nach einer Verstärkung der ökonomischen Bildung als Bestandteil der Allgemeinbildung anerkannt. Dies geschah nicht durch die Schaffung eines eigenständigen Faches, sondern zunächst durch den Auftrag aller Schulen zur Berufsorientierung (mit dem Hamburgischen Schulgesetz 1997), dann durch die Stärkung der ökonomischen Anteile im Rahmen des Unterrichts in den gesellschaftswissenschaftlichen Fächern und im Fach Arbeitslehre sowie durch die Einführung des Faches Politik/Gesellschaft/Wirtschaft am Gymnasium (ab Klasse 8, in Ersetzung des Faches Sozialkunde/Berufsorientierung und mit doppeltem Stundenkontingent).

Vorrangiges Ziel des Unterrichts in den gesellschaftswissenschaftlichen Fächern im engeren Sinne ist es, die Fähigkeit und Bereitschaft der Schülerinnen und Schüler zu stärken, sich in komplexen gesellschaftlichen, wirtschaftlichen und politischen Zusammenhängen zu orientieren, diese auf ihren Sinn, auf ihre Zwänge und Gestaltungsmöglichkeiten hin zu befragen, sie sachkundig und wertorientiert zu beurteilen und zunehmend selbstständiger eigene Möglichkeiten der verantwortlichen Teilnahme am politischen, gesellschaftlichen und wirtschaftlichen Leben zu nutzen.

Die Konzeption der politischen und ökonomischen Bildung findet ihren Ausdruck in den neuen Rahmenplänen für die Fächer des gesellschaftswissenschaftlichen Unterrichts. In der Sekundarstufe I betrifft dies die Fächer Geschichte/Politik und Geographie an den Haupt- und Realschulen, Gesellschaft (Integrationsfach für Sozialkunde, Geschichte, Geographie) an den Gesamtschulen sowie Politik/Gesellschaft/Wirtschaft, Geschichte und Geographie an den Gymnasien. Diese Rahmenpläne sind ab August 2003 in der verbindlichen Erprobung.

Auf der gymnasialen Oberstufe betrifft dies die Fächer Geschichte, Geographie und Gemeinschaftskunde. Gemeinschaftskunde ist in Hamburg Pflichtfach. Es integriert die Bereiche Politik, Gesellschaft, Wirtschaft und wird deshalb wahrscheinlich bald auch so heißen. Die neuen Rahmenpläne für die gymnasiale Oberstufe werden im August 2004 verbindlich. [1]

Betrachten wir die Fächer(folge) Politik/Gesellschaft/Wirtschaft – Gemeinschaftskunde als dem zentralen Fach für politische und ökonomische Bildung im gymnasialen Bildungsgang genauer, wird deutlich, dass auf den Jahrgangsstufen 8-10 und 11 jeweils ein Drittel der Zeit für die Erarbeitung ökonomischer, sozialer und politischer Fragestellungen vorgesehen ist. Auf der Jahrgangsstufe 12/13 ist es ein Halbjahr, also ein Viertel der Zeit.

Die in der folgenden Übersicht dargestellten Inhaltsbereiche in der gymnasialen Sekundarstufe I finden sich in ähnlicher Form auch in der Sekundarstufe I der Haupt- und Realschule und der Gesamtschule.

Übersicht über die verbindlichen Inhaltsbereiche in PGW – Gemeinschaftskunde:

Klasse 8

8-1	8-2	8-3
Jugend, Gesellschaft und Politik im Nahraum	Wirtschaft I: – Private Haushalte im Wirtschaftsprozess – Betriebe und Arbeitswelt	Rechtsetzung, Rechtsfindung, Rechtsprechung

Klasse 9 und Klasse 10

9/10-1	9/10-2	9/10 3
Wirtschaft II: Marktwirtschaft, Marktprozesse und Wirtschaftspolitik	Soziale Fragen und Sozialstaat	Zivilgesellschaft: Akteure, Möglichkeiten, Bedeutung
9/10-4 Parlamentarische Demokratie und politisches System	9/10-5 Nachhaltige Entwicklung: Wirtschaft, Umwelt und Politik	9/10-6 Weltwirtschaft, internationale Politik und Menschenrechte (Wirtschaft III)

Vorstufe

11.1	11.2	11.3
Wirtschaft: Märkte und Unternehmen	Gesellschaft: Individuum, Gruppen, Institutionen – Rollen und Sozialisation	Politik/Internationale Politik: Europa

Studienstufe

12/13-1	12/13-2	12/13-3	12/13-4
Wirtschaft und Wirtschaftspolitik	Gesellschaft und Gesellschaftspolitik	Politisches System und Politik	Internationale Politik

Für das verkürzte, achtstufige Gymnasium ist folgende Änderung vorgesehen:

---

1   Alle Bildungs- und Rahmenpläne sind zu finden unter www.bildungsplaene.hamburg.de

Jahrgangsstufe 9/10		
9/10-1	9/10-2	9/10-3
Wirtschaft II: Marktwirtschaft, Marktprozesse und Wirtschaftspolitik	Parlamentarische Demokratie und politisches System (incl. EU-Ebene)	Soziale Fragen und Sozialstaat
9/10-4	9/10-5	9/10-6
Gesellschaft: Individuum, Gruppen, Institutionen – Rollen und Sozialisation	Wirtschaft III: Europa als wirtschaftlicher und politischer Raum – Verbraucher, Produzenten, Bürger der EU	Internationale Politik: Menschenrechte, Umwelt und Internationale Organisationen

Studienstufe (Gemeinschaftskunde)			
11/12-1	11/12-2	11/12-3	11/12-4
Wirtschaft und Wirtschaftspolitik (incl. EU-Ebene)	Gesellschaft und Gesellschaftspolitik	Politisches System und Politik (incl. EU-Ebene)	Internationale Politik (incl. EU-Ebene)

Mit den neuen Rahmenplänen Politik/Gesellschaft/Wirtschaft und Gemeinschaftskunde liegt hiermit ab Klasse 8 ein spiralcurriculares Konzept für ökonomische Bildung vor, dass in seinen Anforderungen und verbindlichen Inhalten die Bereiche private Haushalte, Betriebe, Wirtschaftsordnung und Marktprozesse, Wirtschaft in Europa sowie Wirtschaft und Wirtschaftspolitik in Deutschland, Europa und der Welt in den Blick nimmt.

Neben dem Fach Gemeinschaftskunde wird in einer geringen Anzahl der gymnasialen Oberstufen Hamburgs das Fach Wirtschaft als Grund- oder Leistungskurs angeboten. Dieses Fach wurde bisher in Anlehnung an das profilgebende Leistungskursfach Wirtschaft (als Volkswirtschaft/Betriebswirtschaft mit einem zugeordneten Kurs Rechnungswesen) am Wirtschaftsgymnasium unterrichtet. Da dieses Fach am WG jetzt als Betriebswirtschaft und Rechnungswesen neu ausgerichtet und Volkswirtschaft ihm als Grundkurs zugeordnet wurde[2], wurde für die gymnasiale Oberstufe an Gymnasien und Gesamtschulen erstmalig ein eigenständiger Rahmenplan Wirtschaft mit engem Bezug auf das Fach Gemeinschaftskunde entwickelt.

2. Die Situation in der Lehrerbildung

Die bisherige Verordnung über die Erste Staatsprüfung für Lehrämter an Hamburger Schulen sah für Sozialwissenschaften drei mögliche Schwerpunktbildungen vor: Politik, Soziologie oder Wirtschaft. Die Gemeinsamkeiten in diesen drei Studiengängen waren gering. Diese Engführung des sozialwissenschaftlichen Studiums trug mit dazu bei, dass die Einstellungschancen

---

2   Die geringere Gewichtung volkswirtschaftlicher Fragen spiegelt nicht nur das Schülerinteresse, sondern auch einen Wechsel in der Diskussion um die Ausrichtung der ökonomischen Bildung wider.

der Lehramtsanwärter aus den Sozialwissenschaften relativ gering waren.[3]
Mit der Stärkung der ökonomischen Bildung in allen Schulformen, der Etab-
lierung des Faches Politik/Gesellschaft/Wirtschaft in der Sekundarstufe I des
Gymnasiums und der Ausweitung des Angebots Wirtschaft in der gymnasialen Oberstufe ist aber mit einer steigenden Nachfrage der Schulen nach sozialwissenschaftlich ausgebildeten Lehrerinnen und Lehrern mit fundierten
ökonomischen Kenntnissen zu rechnen. Eine bessere Regelung des sozialwissenschaftlichen Studiums war deshalb in die Wege zu leiten.

Parallel zur Erstellung der Bildungs- und Rahmenpläne wurde nach einer
Expertise der Kommission Lehrerbildung die Reform der Lehrerbildung eingeleitet.[4] Es wurden Sozietäten für die verschiedenen Studien- und Ausbil-
dungsgänge eingesetzt, in denen Vertreter der Fachwissenschaft(en) und der
Fachdidaktiken für die 1. Phase, des Studienseminars für die 2. Phase und der
Lehrerfortbildung für die 3. Phase sowie ein Vertreter der Behörde für Bildung und Sport gemeinsam einen Blick auf die Ausbildung in den drei Phasen richten und Empfehlungen für eine Anpassung der Kerncurricula geben
sollten, die gleichzeitig in den jeweiligen Bereichen entwickelt wurden.[5]

Die Diskussion über die 1. Phase war dadurch erschwert, dass die beteiligten Fachwissenschaften in drei Instituten an zwei verschiedenen Fachbereichen organisiert sind und dort die Lehramtsstudenten und ihre Ausbil-
dungsinteressen von jeweils unterschiedlichem Gewicht sind. Dies wirft Probleme für das gemeinsame Design des Studiengangs auf. Eine Abstimmung
der Veranstaltungen über die Institutsgrenzen hinweg ist schwierig. Der
Fachdidaktik Sozialwissenschaften, angesiedelt am Pädagogischen Institut,
kommt die Aufgabe zu, die verschiedenen Fachperspektiven in den didaktischen Veranstaltungen zusammenzuführen.

Nach intensiver Beratung in der Sozietät sowie den Fachbereichen und
Instituten konnte ein Vorschlag für ein neues Curriculum für das Lehramts-
studium Sozialwissenschaften entwickelt werden. Die Übernahme in die anstehende Novellierung der Lehrerprüfungsordnungen wird vorbereitet.

Das neue Konzept umfasst ein deutlich breiter angelegtes Studium der
Sozialwissenschaften mit einführenden und aufbauenden Veranstaltungen in
den Disziplinen Politische Wissenschaft, Soziologie und Wirtschaftswissen-

---

3   Sahen sie sich bei Vorstellungsgesprächen schon kaum in der Lage, die anderen sozialwis-
    senschaftlichen Bereiche zu unterrichten, so erst recht nicht das Fach Geschichte. Ganz an-
    ders reagierten die Historiker auf diese Frage.
4   Reform der Lehrerbildung in Hamburg. Hg. J. Keuffer/J. Oelkers. Weinheim 2001
5   Da zur selben Zeit die Vorarbeiten und ersten Entscheidungen für die Neustrukturierung der
    Hamburgischen Universitäts- und Hochschullandschaft anstanden, war der Kommission
    Lehrerbildung und den Sozietäten klar, dass diese Reform der Lehrerbildung mittelfristig an
    die Neugestaltung der BA- und MA-Studiengänge angepasst und durch umfassendere
    Überlegungen zur Neukonzeption der Lehrerbildung ergänzt werden müsse.

schaften. Erst danach ist im Studium für das Lehramt Oberstufe eine Schwerpunktbildung Politik/Zeitgeschichte oder Wirtschaft vorgesehen.

Als problematisch kann angesehen werden, dass auf weitere aufbauende Veranstaltungen in Soziologie verzichtet wird. Jedoch verbietet die Anzahl der jetzt fest geschriebenen Veranstaltungen eine Ausweitung.

Eine gewisse Problematik ergibt sich zudem für das Studium der wirtschaftswissenschaftlichen Anteile: Da die Lehramtsstudenten nur ca. 5% der Studierenden ausmachen, wird es für sie bei knappen Ressourcen dort keine eigenständigen Veranstaltungen mehr geben. Sie müssen sich vielmehr in den Diplomstudiengang und den dort üblichen Vorlesungsbetrieb mit seinen Großveranstaltungen (bis zu 600 Teilnehmer), gemildert durch Tutorien, „einfädeln". Hier ist umstritten, ob die bisherige Anlage des Diplomstudiengangs Wirtschaft die Lehrerinnen und Lehrer auf den Unterricht angemessen vorbereitet.

Sehen die einen in einem durch Sachorientierung und Mathematisierung bestimmten Studium gerade die besondere und gewünschte wirtschaftwissenschaftliche Sozialisation der Fachlehrer, fordern die anderen gerade mehr Realitätsbezug, Reflexion und Kontroversität.

Dagegen ist zu halten, dass die Lehramtsstudentinnen und -studenten mit Absolvieren der vorgeschriebenen wirtschaftswissenschaftlichen Veranstaltungen (fast) eine Doppelqualifikation erlangen können, weil sie (fast) die Voraussetzungen für den vorgesehenen Bachelor-Abschluss erfüllen.

Mit dem neuen Konzept ist sichergestellt, dass alle Lehramtsanwärter der Studienrichtung Sozialwissenschaften breit angelegte Fähigkeiten und Kenntnisse erwerben und fachlich in der Lage sind, die Ziele der ökonomischen und politischen Bildung in ihrem Unterricht zu verfolgen.

Für die 2. Phase der Lehrerbildung wird eine Neuorganisation der Fachseminare am Studienseminar überlegt, bei der auch hier die Belange der politischen und ökonomischen Bildung gestärkt werden sollen.

Für die 3. Phase, die Lehrerfortbildung, wurde im Rahmen des Zentrums Schule & Wirtschaft im Landesinstitut für Lehrerbildung und Schulentwicklung eine Fortbildungsoffensive, unter anderem mit den Angeboten von Ökonomische Bildung online, begonnen.

	Schwerpunkt Wirtschaft		Schwerpunkt Politik/Zeitgeschichte
Hauptstudium	Je ein Seminar und eine Vorlesung zur Volkswirtschaftstheorie und zur Volkswirtschaftspolitik	} oder {	zwei politikwissenschaftlichen Hauptseminare
			zwei Veranstaltungen zur Zeitgeschichte (20. Jh.)
	Vier weitere vertiefende Veranstaltungen zur Volkswirtschaftslehre und zur Finanzwissenschaft nach Wahl		zwei weitere Vorlesungen
Grundstudium	VWL II (Mikro) (4) VWL III (Makro) (4)		Politische Theorie/ Ideengeschichte (2+2) *oder* Politische Systeme/ Politikanalyse (2+2) *und* Internationale Politik (2+2))
		Methoden I (2) Methoden II (2)	
	VWL I (3) BWL I (4)	Einführung (2) PS Gesellschaft (2) PS Sozialstrukturanalyse (2) PS Sozialisation (2)	Einführung Vorlesung und PS (2+2) Politische Theorie/Ideengeschichte (2+2) *oder* Politische Systeme/ Politikanalyse (2+2)
	Wirtschaft	*Soziologie*	*Politologie*

3. Fragen an die Fachdidaktik(en)

Abschließend möchte ich die Möglichkeit nutzen, vor dieser Versammlung von wichtigen und an der erfolgreichen Entwicklung des Unterrichts zur politischen und ökonomischen Bildung interessierten Vertretern der Fachdidaktiken sprechen zu dürfen, um Ihnen gegenüber aus Sicht der Schulen, der Lehrerausbildung und der Verantwortlichen in den Kultusministerien die dringende Bitte zu äußern:

– Wir benötigen Ihre Hilfe und Expertise bei der Professionalisierung der Lehrerinnen und Lehrer, hier für den sozialwissenschaftlichen Unterricht.

Bei allen Differenzen, die auf dieser Tagung zwischen den verschiedenen Didaktikern der politischen und ökonomischen Bildung aufgetreten sind:

– Unternehmen Sie als gemeinsames Projekt alle Anstrengungen und helfen Sie uns.

Zu dem erbetenen Hilfspaket gehört einerseits die Anbindung an den fachwissenschaftlichen wie an den bildungstheoretischen Diskurs, um die bildungsrelevanten Unterrichtsgegenstände zu bestimmen. Dazu haben die meisten von Ihnen bisher gearbeitet und dazu haben Sie in Ihren Vorträgen und Stellungnahmen hier sehr interessante und – wie könnte es auch anders sein – sehr unterschiedliche Vorschläge gemacht. Dazu gehört aber eine ebenso intensive Untersuchung der anderen Seite, der Schülerinnen und Schüler. Soll Bildung „funktionieren", wollen wir die Schülerinnen und Schüler als Subjekte des Lernprozesses im Unterricht wirklich ernst nehmen, um ihr Lernen besser organisieren zu können oder auch ihnen helfen zu können, selbst ihr Lernen besser zu organisieren, brauchen wir dringend eine „Professionalisierung" der fachdidaktischen Lernforschung.

- Wie funktioniert Lernen, wie funktionieren Lernprozesse in unserem Fach?
- Was wissen wir über die Lernprogression (fachliche Denkoperationen, begriffliches Verständnis etc.) in ihrer Abhängigkeit vom Lern- und Lebensalter in unserem Fach?
- Welche Thematisierungen als wichtig anerkannter Unterrichtsinhalte sind auf welchen Altersstufen möglich und erfolgversprechend?

Der wissenschaftlich fundierte fachdidaktische Beistand für Bildungsplan-MacherInnen, FortbildnerInnen und Unterrichtende in diesen Fragen ist meines Wissens äußerst schwach. Liegt es daran, dass bisher die mit solchen Fragen im Wissenschaftsbetrieb zu verdienenden Meriten zu dürftig waren/ sind, der Abstand und die Anerkennung von den Fachwissenschaften noch größer resp. geringer wird oder das Forschungsgebiet zu groß und unwegsam ist?

Solange diese Fragen aber in den Fachdidaktiken nicht angegangen werden, bleibt die Diskussion um die festzulegenden Standards, die Sie in Ihren Vereinigungen aktuell führen und die bei der Festlegung bundesweiter Standards sicherlich große Beachtung finden werden, weiter im Bereich des äußeren, nicht validierten Sollens. Neben die bisher übliche und auch in den bisherigen Beiträgen auf dieser Tagung im Mittelpunkt stehende Frage, was (wie) gelernt werden *soll*, gehört unbedingt die Frage, was gelernt werden *kann*! Wenn die Schulen über output-Orientierung gesteuert werden, muss der vorgegebene output wohl überlegt und durch die didaktische Lernforschung überprüft sein. Anders gesagt: Wir benötigen noch viel mehr Wissen darüber, wie wir Schülerinnen und Schüler davor bewahren können zu sollen, was sie nicht können können, oder einfacher gesagt, was guter, altersangemessener Unterricht ist.

Dass gute Lehrerinnen und Lehrer dies für ihre Praxis im Alltag wissen, ist beruhigend. Sie machen aber nicht die Pläne, die Vorgaben und stellen nicht die zentralen Anforderungen.

Autorenhinweise

Ehlert Brüser-Sommer, Studiendirektor, Referent im Ministerium für Kultus, Jugend und Sport Baden-Württemberg, Referat allgemein bildende Gymnasien

Dr. Reinhold Hedtke, Professor für Didaktik der Sozialwissenschaften und Wirtschaftssoziologie an der Universität Bielefeld

Dr. Dietmar Kahsnitz, Professor für Arbeitslehre an der Johann Wolfgang Goethe-Universität, Frankfurt

Dr. Klaus-Peter Kruber, Professor für Wirtschaft/Politik und ihre Didaktiken an den Christian-Albrechts-Universität zu Kiel

Martin Speck, Leiter des Referats Gesellschaftswissenschaftlicher Unterricht, Amt für Bildung, Behörde für Bildung und Sport.

MIX
Papier aus verantwortungsvollen Quellen
Paper from responsible sources
FSC® C105338

If you have any concerns about our products,
you can contact us on
ProductSafety@springernature.com

In case Publisher is established outside the EU,
the EU authorized representative is:
Springer Nature Customer Service Center GmbH
Europaplatz 3, 69115 Heidelberg, Germany

Printed by Libri Plureos GmbH
in Hamburg, Germany